Karl Friedrich Stumpf

Urkunden zur Geschichte des Erzbistums Mainz im zwölften

Jahrhundert

Karl Friedrich Stumpf

Urkunden zur Geschichte des Erzbistums Mainz im zwölften Jahrhundert

ISBN/EAN: 9783743674820

Hergestellt in Europa, USA, Kanada, Australien, Japan

Cover: Foto ©ninafisch / pixelio.de

Weitere Bücher finden Sie auf **www.hansebooks.com**

ACTA MAGUNTINA SECULI XII.

URKUNDEN ZUR GESCHICHTE

DES

ERZBISTHUMS MAINZ

IM ZWÖLFTEN JAHRHUNDERT.

AUS DEN ARCHIVEN UND BIBLIOTHEKEN DEUTSCHLANDS
ZUM ERSTENMAL HERAUSGEGEBEN

VON

Dr. KARL FRIEDRICH STUMPF,

PROFESSOR AN DER K. K. UNIVERSITAET ZU INNSBRUCK.

INNSBRUCK.

VERLAG DER WAGNER'SCHEN UNIVERSITÄTS-BUCHHANDLUNG.

1863.

Druck der Wagner'schen Universitäts-Buchdruckerei.

JOHANN FRIEDRICH BÖHMER

IN FRANKFURT AM MAIN

ALS GERINGER BEITRAG

ZU SEINEN

REGESTEN DER ERZBISCHÖFE VON MAINZ

IN DANKBARER VEREHRUNG

GEWIDMET.

EINLEITUNG.

Dem Forscher nach neuen Quellen deutscher Geschichte des zwölften Jahrhunderts, besonders für die westlichen Länder, dürfte es nicht sehr leicht fallen einigen, wenn auch noch so bescheidenen Erfolg wirklich zu erzielen. Denn bei den emsigen und allseitigen Publicationen mittelalterlicher Quellenwerke ist es kaum zu vermuthen, dasz noch Unbekanntes aus jenen Zeiten und Gegenden irgendwo verborgen liege, das auch nur annäherd nach Inhalt und Umfang den Aufwand von Mühe und Zeit lohnte, den das Suchen darnach nothwendigerweise von ihm erheischen würde. Und doch, ist nicht gerade in Betracht jener Epochen, aus deren reichem Leben uns verhältnissmäszig doch nur spärliche Fragmente übrig geblieben sind, jedes auch noch so geringfügig scheinende Stückchen von Werth und Bedeutung zur Herstellung eines Mosaikbildes, dessen Vollendung uns allerdings kaum je gelingen dürfte, wobei wir uns aber doch erst zufrieden geben können, wenn wir nichts unversucht gelaszen haben, um es wenigstens in seinen Hauptzügen mit einiger Sicherheit zu restauriren?

Derlei Erwägungen haben mich abwechselnd gehemmt und wieder ermuthigt als ich vor Jahren durch eingehendere Beschäftigung mit der Geschichte der Erzbischöfe von Mainz besonders im zwölften Jahrhundert die Ueberzeugung gewonnen, wie lückenhaft auch hier unsre Kenntniss ist und wie dürftig die Berichte flieszen, aus denen wir zu schöpfen genöthiget sind. Jede Aussicht auf Erweiterung derselben durch Auffindung noch so geringfügiger neuer Notizen muste daher schon willkommen sein, und als nun wirklich einige Anhaltspunkte zu der Hoffnung berechtigten, dasz ich bei einem hierauf gerichteten Unternehmen nicht mit leeren Händen heimkehren würde, reifte der Entschlusz bald zur That und rasch ward eine Rundreise durch die Mehrzahl der deutschen Archive und Bibliotheken angetreten, um Alles zusammenzulesen, was sich von bisher Ungedrucktem über die Mainzer Geschichte des

zwölften Jahrhunderts nur irgendwie und wo auftreiben liesz. Das Resultat
dieser Wanderschaft mit beinahe anderthalbhundert Urkundenstücken ist's,
das ich heute dem wiszenschaftlichen Publikum vorzulegen wage, und wenn
es auch bescheiden genug aussieht, wird es doch hoffentlich gerne aufgenom-
men werden und damit zugleich das Unternehmen selbst hinreichend gerecht-
fertigt erscheinen.

Da es sich zunächst um E r g ä n z u n g unsrer Quellen über die Geschichte
des Mainzer Erzbisthums, insbesondere seiner Erzbischöfe im zwölften Jahrhundert handelt, so wird ein Wort über den bisherigen Bestand derselben
zur Uebersicht und Orientierung am zweckmäszigsten hier angebracht sein.

Die G e s c h i c h t s c h r e i b e r dieser Epoche hat Böhmer bereits 1849 in
den „Periodischen Blättern für die beiden historischen Vereine des Groszher-
zogthums und Kurfürstenthums Hessen" Nr. 13, S. 169 ff. zusammengestellt.
Einen Lambert von Hersfeld gab es innerhalb der Mainzer Dioecese in unserm
Jahrhundert freilich nicht, allein an schriftstellerischer Thätigkeit fehlte es ,
doch keineswegs, wie es die Annales Disibodenbergenses, S. Petri Erphes-
furdenses (Lothariani), Palidenses, Reinhardsbrunnenses, Seligenstadenses,
Moguntini und Lippoldesbergenses, die vitae Adelberti II und Arnoldi archiepiscoporum, Ludovici de Arnstein und Paulinae, der Codex Laureshamensis
wie die Codices epistolarum Reinhardsbrunnensis und S. Hildegardis hinreichend beweisen. Herausgegeben sind diese Schriften sämmtlich bis auf An-
selmi vita Adelberti II archiepiscopi, wovon das ungedruckte Manuscript in
Brüssel liegt (vergl. Pertz Archiv der Ges. 8, 519) und die vita Paulinae
auctore Sigebotone, die verloren gegangen ist; und zwar die wichtigsten von
Böhmer, in seinen Fontes rerum Germanicarum Bd. 2 und 3, und dann in den
Monumentis Germaniae Bd. 6, 16, 17 von Pertz, Waitz, Bethmann, ferner
einzelne durch Martene et Durand, Lamey, Höfler und Wegele. Eine Wür-
digung derselben gibt Wattenbach Deutschlands Geschichtsquellen im Mittel-
alter S. 342, 386, 400, 409 ff.; dort sind auch S. 441 ff. die betreffenden
Necrologien verzeichnet, deszgleichen bei Potthast Bibl. hist. medii aevi ad
verb. Necrologium S. 453 [1]). Dasz aber mit den eben aufgezählten Schrift-
stellern der Mainzer Dioecese keineswegs zugleich sämmtliche historische
Nachrichten, welche wir aus den Geschichtschreibern über die Schicksale der
Erzbischöfe zu gewinnen im Stande sind, erschöpft seien , brauche ich wol
nicht besonders zu erwähnen. Vielmehr werden fast alle zeitgenöszischen
Berichterstatter in Deutschland und Italien zu Rathe gezogen werden und
herhalten müszen um hier Auskunft und Belehrung zu ertheilen, so z. B. die

---

[1]) Vergl. über das literarische Leben in Thüringen zu jenen Zeiten „H e s s e: Der Epi-
stolarcodex des Klosters Reinhardsbrunn" im Serapeum Jahrg. 1862 Nr. 22 ff.

Chroniken und die annales Admuntenses, Aquenses, Augustani, Colonienses maximi (Godefridus S. Pantaleonis), Corbeienses, Fossae novae, Halberstadenses, Hildesheimenses, Montis Sereni, Pegavienses et Bosovienses, Pisanorum, Ratisbonenses, Wirziburgenses, der sächsische Annalist, Albertus Stadensis, Arnoldus Lubecensis, Baldericus, Boncampagni, der Cardinal Boso, Burcardus Urspergensis (Biberacensis), Cafari Januensis, Cosmas und dessen Fortsetzer, Ekkehardus Uraugiensis, Gerhardus Stederburgensis, Gislebertus Hasnoniensis, Otto Frisingensis, Otto Morena, Otto San-Blasiensis, Pandulfus, Ragewin, Romualdus Salernitanus, Sicardus Cremonensis, Vincentius Pragensis, der Weingürtner Mönch u. s. w. [2])

Jedoch in vielfacher Beziehung ausgiebiger und reichhaltiger als die genannten Quellen erweisen sich die Nachrichten, die wir aus den Urkunden im weitesten Sinne des Wortes zu schöpfen haben. Gerade für die Specialgeschichte und also auch für die Mainzer bilden sie eine unschätzbare Grundlage. Wir brauchen nur hervorzuheben, dasz uns jetzt bei sechshundert directe urkundliche Nachrichten von den Mainzer Erzbischöfen des zwölften Jahrhunderts vorliegen, wovon gegen vierhundert aus erzbischöflichen Urkunden selbst und über zweihundert aus Zeugenunterfertigungen derselben herrühren, um jeder weitern Betonung über die Bedeutsamkeit dieser Quellen überhoben zu sein. Einer gleichen Reichhaltigkeit an urkundlichen Notizen wird sich aber freilich auch kaum ein zweites geistliches oder weltliches Reichsfürstenthum aus jenen Tagen zu rühmen haben. Allerdings haben wir uns darüber nicht zu verwundern. Dehnte sich doch der unmittelbare Sprengel der erzbischöflichen Gewalt von den Quellen der Nahe bis an jene der Saale, vom Odenwald und Spessart bis an den Harz aus, somit über die ganzen rheinfränkischen, hessischen, thüriugischen und südsächsischen Länder. Und nun gar die Gränzen der Erzdioecese! mit vierzehn Suffraganbisthümern umspannten sie von den Quellen des Rheins bis zur Mündung der Elbe und von den Vogesen bis an die Sudeten und Karpathen beinahe die Hälfte des Reiches und lieszen diese Provinz des Primas von Deutschland geradezu als eine der gröszten der damaligen Christenheit erscheinen. Es ergibt sich aber hieraus schon selbstverständlich, dasz auch die Spuren dieser erzbischöflichen Thätigkeit weithin sichtbar sein musten und dasz daher das urkundliche Material, dem wir sie entnehmen, zerstreuter auseinanderliegt als bei irgend einem andern Kirchenfürsten des Reiches. Schon ein Blick auf die heutigen Aufbewahrungorte der erzbischöflichen Originaldocumente wird uns darüber belehren können, diese sind: Cassel, Coblenz, Darmstadt, Dresden, Düssel-

---

2) Vergl. auch über sie Wattenbach Deutschlands Geschichtsquellen und Potthast Bibl. hist. medii aevi.

dorf, Duisburg, Frankfurt am Main, Gotha, Hannover, Heidelberg, Idstein, Karlsruhe, Mainz, München, Münster, Rudolstadt, Vollrads, Weimar, Wertheim, Wolfenbüttel, Wirzburg u. s. w., mehrere Originale finden sich auch im Privatbesitz. Aber noch vollständiger und klarer für obige Behauptung zeugt jene Literatur, welche die von den Mainzer Erzbischöfen selbst ausgestellten Documente oder die Regesten solcher Urkunden enthält. Hier ein Verzeichniss der betreffenden Werke, die eine Art „Bibliotheca Maguntina diplomatica seculi XII" bilden:

Abhandlungen der historischen Classe der königlich bayrischen Akademie der Wissenschaften 8 b Bd. München 1857 (in der Reihe der Denkschriften der 32. Bd.).

Acta academiae Theodoro-Palatinae historica. 7 part. Mannheimii 1766 sq.

Andreae Crucenacnm palatinum. Heidelbergii 1784.

Anzeiger, Braunschweigischer. — Jahrgang 1752.

Anzeiger für Kunde des deutschen Mittelalters (der deutschen Vorzeit. — Herausgegeben von H. von Aufsess und T. J. Mone). Jahrg. 1—8. München (Karlsruhe) 1832—39. — Jahrg. 2.

Archiv für Geschichte und Literatur. Herausgegeben von Chr. F. Schlosser und G. A. Bercht. 6 Th. Frankfurt a. M. 1830 ff.

Archiv für Hessische Geschichte und Alterthumskunde. Herausgegeben von Steiner (und Baur). Darmstadt. Seit 1835.

Aschbach, Geschichte der ältern Grafen von Wertheim. 2 Bde. Frankfurt a. M. 1843.

Avemann, Vollständige Beschreibung des Geschlechtes der Reichsgrafen und Burggrafen von Kirchberg in Thüringen 4 Th. Frankfnrt a. M. 1747.

Bär H., Beiträge zur Mainzer Geschichte mittleren Zeiten. 2 Th. Mainz 1789—90.

Bär H., Diplomatische Geschichte der Abtei Eberbach im Rheingau. 2 Bde. Wiesbaden 1855—58.

Baringii Clavis diplomatica, specimina veterum scripturarum tradens. Hanoverae 1737. Ed. sec. 1754.

Baur, Hessische Urkunden. Aus dem groszherzoglich-hessischen Haus- u. Staatsarchive herausgegeben. 2 Bde. Darmstadt 1849—62.

Bernhard, Antiquitates Wetteraviae. Hanau 1731.

Beyer, Urkundenbuch zur Geschichte der, jetzt die preussischen Regierungsbezirke Coblenz und Trier bildenden mittelrheinischen Territorien. 1 Bd. Coblenz 1860.

Boczek, Codex diplomaticus et epistolaris Moraviae. 7 Bd. Olomucii 1836—58. — Bd. 1.

Bodmann, Rheingauische Alterthümer ... im mittleren Zeitalter. 2 Th. Mainz 1819.

Böhmer, Codex diplomaticus Moenofrancofurtanus. 1 tom. Francofurti 1836.

(Brückner) Vermischte Nachrichten zu einer Beschreibung des Kirchen- und Schulenstaates im Herzogthum Gotha. 3 Bde. und 2 Supplementbde. Gotha 1753—68.

Büsching, Magazin für die neue Historie und Geographie. 23 Th. Hamburg und Halle 1767—93. — Bd. 13.

Butkens, Trophées tant sacrés que profanes du duché de Brabant. 2 vol. und 2 suppl. La Haye 1724—26.

Calmet, Histoire ecclesiastique et civile de la Lorraine. 3 vol. Nancy 1728.

Cantalus, Thesaurus monumentorum ecclesiasticorum et historicorum seu lectiones antiquae. 6 tom. 1601—1604. — Bd. 2.

Crollii Brevis notitia historico-diplomatica de Cella S. Mariae in Offenbach ad Glanum. Monachii 1768.

Crollii Origines Bipontinae. Spec. 3. Bipontii 1756.

Crollius, Erläuterte Reihe der Pfalzgrafen zu Aachen. Zweibrücken 1762.

Domeier, Geschichte der Stadt Moringen. Hannover 1786.

Duchesne, Historiae Francorum scriptores coaetanei. 5 tom. Luteciae Parisiorum 1636 sqq. — Bd. 4.

Eccard, Corpus historicum medii aevi. 2 tom. Lipsiae 1723.

Eckardt J. L., Tria diplomata archivi ducalis Vinariensis. Vinariae 1782.

Erath, Codex diplomaticus Quedlinburgensis. Francofurti 1764.

Erhard, Regesta historicae Westfalicae, accedit codex diplomaticus. 1 tom. Münster 1847.

Faber, Historisch-juridische Abhandlung von den Freygütern und Freyzinsen im Erfurtischen. Erfurt 1793.

Falke, Codex traditionum Corbeiensium. Lipsiae 1752.

Falkenheimer, Geschichte Hessischer Städte und Stifter. 2 Bde. Cassel 1841.

Falkenstein, Thüringische Chronika mit vielen genealogischen Nachrichten. 2 Bde. Erfurt 1738.

Falkenstein, Historia critica et diplomatica civitatis Erfurtensis. 2 tom. Erpesfurti 1739.

Feller, Historie des Braunschweig-Lüneburgischen Hauses. Genealogische Geschichte. Leipzig 1718.

Feller, Monumentorum ineditorum ... fasciculi XII. Jenae 1718.

(Förstemann), Neue Mittheilungen aus dem Gebiet historisch-antiquar. Forschungen. 8 Bde. Halle 1834—50.

Freyheiten, kaiserliche und erzbischöfliche konfirmirte, des hochadeligen, freien, geistlichen Klosterstiftes zu St. Rupertsberg und Eibingen. Koblenz 1732.

Gallia christiana, opera congregationis S. Mauri. 13 tom. Parisiis 1716 sqq. — Bd. 4 u. 5.

Gatterer, Praktische Diplomatik. Göttingen 1799.

Grandidier, Histoire ecclesiastique de la province d'Alsace. 2 vol. Strasbourg 1787.

Gretser, Opera.omnia in XVII tomis digesta. Ratisbonae 1734—41. — Bd. 6 und 10.

(Gruber), Zeit und Geschichtbeschreibung der Stadt Göttingen aus Urkunden und sichern Nachrichten. 3 Th. Hannover 1734—38.

Grüsner, Diplomatische Beiträge. 4 Th. Frankfurt 1775—77.

Gruneri Opuscula ad illustrandam historiam Germaniae. 2 vol. Coburg 1760.

Gudenus, Codex diplomaticus exhibens anecdota Moguntiaca. 5 tom. Göttingae 1743—68.

Günther, Codex diplomaticus Rheno-Mosellanus. 5 tom. Coblenz 1822 ff.

Hahn, Collectio monumentorum veterum et recentium ineditorum. 2 vol. Brunsvigae 1724—26.

(Hanstein), Urkundliche Geschichte des Geschlechtes der von Hanstein in dem Eichsfeld in Preussen nebst Urkundenbuche und Geschlechtstafeln. 2 Th. Cassel 1856.

Harenberg, Historia ecclesiae Gandersheimensis cathedralis et collegiatae diplomatica. Hannoverae 1734.

Hartzheim, Consilia Germaniae. 11 tom. Coloniae Agrippinae 1759—90. —. Bd. 3.

Hesse, Geschichte des Schlosses Rothenburg in der untern Herrschaft des Fürstenthums

Schwarzburg-Rudolstadt. Naumburg 1823. (Aus den Mittheilungen aus dem Gebiete hist. antiquarischer Forschungen herausg. von dem thüringisch - sächsischen Verein Heft 3.)

Heydenreich, Historie des ehemaligen gräflichen nunmehro fürstlichen Hauses Schwarzburg. Erfurt 1743.

Hodenberg, Verdner Geschichtsquellen. 2 Heft. Celle 1852—59.

(Hontheim), Prodromus historiae Treverensis diplomatica et pragmatica. 2 tom. Aug. Vindel. 1757.

(Hugo), Sacri et canonici ordinis Praemonstratensis annales. 2 vol. Nancii 1734.

Hund, Metropolis Salisburgensis ed. Gewoldus. 3 vol. Monachii 1620. — Bd. 3.

Jaffé, Geschichte des deutschen Reiches unter Conrad dem Dritten. Hannover 1845.

Joannes, Rerum Moguntiacarum scriptores. 3 vol. Francofurti 1722—24.

Joannes, Tabularum litterarumque spicilegium. Francofurti 1724.

Jongelini, Notitia abbatiarum ordinis Cisterciensium per universum orbem. Coloniae Agrippinae 1640.

Justi K. W. und Hartmann T. M., Hessische Denkwürdigkeiten. 4 Th. Marburg 1799—1806.

(Kausler), Wirtembergisches Urkundenbuch. 2 Bde. Stuttgart 1849-58.

Kettner, Antiquitates Quedlinburgenses et diplomata. Lipsiae 1712.

Kindlinger, Geschichte der deutschen Hörigkeit, insbesondere der sogenannten Leibeigenschaft. Berlin 1819.

Kleine, Diplomata Duisburgensia historica ex authographis codicibus nunc primum accurate edita.

Köllner Ad., Geschichte der Herrschaft Kirchheim — Boland und Stauf. Wiesbaden 1854.

Köllner Fr., Geschichte des vormaligen Nassau - Saarbrück'schen Landes und seiner Regenten. 1 Th. Saarbrücken 1841.

Kolb, Aquila certans pro immunitate et exemtione monasterii Arnsburg. Francofurti 1697.

Kremer J. M., Genealogische Geschichte des ehemaligen ardennischen Geschlechts, insbesondere des zu demselben gehörigen Hauses der ehemaligen Grafen von Saarbrück. Frankfurt 1785.

Kremer J. M., Origines Nassoicae. Entwurf einer genealogischen Geschichte des Nassauischen Hauses. 2 Bde. Wiesbaden 1779.

Kuchenbecker, Annalecta Hassiaca. 12 Bde. Marburg 1728—42.

Lacombet, Urkundenbuch für die Geschichte des Niederrheins. 4 Bde. Düsseldorf 1840 ff.

Lang, Regesta sive rerum Boicarum autographa e regni scriniis. 10 tom. Monaci 1822 ssq.

Lappenberg, Hamburgisches Urkundenbuch. 1 Bd. Hamburg 1842.

Ledderhose, Kleine Schriften. 5 Bde. Marburg (Eisenach) 1789—95.

Ledebur, Allgemeines Archiv für die Geschichtskunde des preussischen Staates. 18 Bde. Berlin, Posen und Bromberg 1830 ff. — Bd. 13.

Leibnitius Scriptores rerum Brunsvicensium. 3 tom. Hanoverae 1707-11.

Leuckfeld, Antiquitates Bursfeldenses. Leipzig 1713.

Leuckfeld, Antiquitates Ilfeldenses. Quedlinburg 1709.

Leuckfeld, Antiquitates Katelenburgenses. Leipzig und Wolfenbüttel 1713.

Leuckfeld, Antiquitates Michaelsteinenses et Amelunxbornenses. Wolfenbüttel 1710.

Leuckfeld, Antiquitates Walchenredenses. 2 Th. Jena 1705.

Leyser Polyc., Historia comitum Ebersteinensium. Helmstad. 1724.

Leyser Polyc., Opuscula. Nürnberg 1800.

Literaturzeitung, Hallische. — Jahrgang 1849.

Löber, De burggraviis Orlamundanis. Jenae 1741.

Ludewig, Reliquiae manuscriptorum omnis aevi diplomatum ac monumentorum ineditorum adhuc. 12 vol. Francofurti, Lipsiae et Halle 1720—41.

Lünig, Deutsches Reichsarchiv. 24 Th. Leipzig 1713 ff. — Bd. 17.

Lüntzel, Die ältere Dioecese Hildesheim. Hildesheim 1837.

Mansi, Conciliorum amplissima collectio. 30 vol. Florentiae 1759 sq. — Bd. 21.

Martene et Durand, Veterum scriptorum et monumentorum amplissima collectio. 9 vol. Parisiis 1724 ssq.

Mencken, Scriptores rerum Germanicarum, praecipue Saxonicarum. 3 vol. Lipsiae 1728—30.

Michelsen, Codex Thuringiae diplomaticus. Sammlung ungedruckter Urkunden zur Geschichte Thüringens. 1 Lief. Jena 1854.

Möller, Urkundliche Geschichte des Klosters Reinhardsbrunn. Gotha 1843.

Mohr, Codex diplomaticus. Sammlung der Urkunden zur Geschichte Cur-Rätiens und der Republik Graubünden. 1 Bd. Cur 1848—52.

Mone, Zeitschrift für Geschichte des Oberrheins. 15 Bde. Karlsruhe 1850-63.—Bd.2.11.

Monumenta Germaniae historica edidit H. G. Pertz. 17 tom. Hannoverae 1826 ssq.

Müldener, Commentatio historico-diplomatica de monumentis Slavicae, Vandalicaeque gentis in Guldenavia. Frankenhausen 1756.

Müldener, Historisch-diplomatische Nachrichten von einigen zerstörten Bergschlössern in Thüringen. Frankenhausen 1752.

Müldener, Merkwürdige historische Nachrichten von dem ehemals berühmten Cistercienser Nonnenkloster S. Georgii zu Frankenhausen in Thüringen. Leipzig 1747, mit zwei Suppl. Frankenhausen 1759-60.

Müldener, Vitae quorumdam Rotlebiae dynastarum. Frankenhausen 1746.

Muratori, Antiquitates Italicae medii aevi. 6 part. Mediolani 1738 ssq. — Bd. 4.

Nachrichten, historische von dem ... Cistercienserkloster St. Georgenthal. Gotha 1758.

Nachrichten, unschuldige oder Sammlung von alten und neuen theologischen Sachen. Leipzig 1701-50. — Jahrgang 1723.

Neugart, Codex diplomaticus Alemanniae et Burgundiae Transjuranae. 2 part. Typis San-Blasianis 1791.

Neugart, Episcopatus Constantiensis Alemannicus sub metropoli Moguntina. 2 tom. Typis San-Blasianis (Freiburg im Br.) 1803-62.

Origines Quelficae ed. Scheidius. 5 vol. Hannoverae 1750 ssq.

Paullini, Dissertationes historicae XVIII variorum monasteriorum diversi ordinis. Giessiae 1694.

Paullini, Historia Isenacensis. Francofurti ad M. 1698.

Paullini, Rerum et antiquitatum Germanicarum syntagma, annales, chronica et dissertationes (XXII) comprehendens. Francofurti ad M. 1698.

Pez, Codex diplomatico-historico-epistolaris. Aug. Vindel. 1729. (Ist auch Bd. 6 des Thesaurus.)

Pfeffinger, Vitriarius illustratus seu institutiones iuris publici Romano-Germanici. Ed. tertia. Gothae 1731.

Reinhardus, Antiquitates marchionatus et lantgraviatus Thuringiae. Dresden 1713.

Remling, Urkundliche Geschichte der ehemaligen Abteien und Klöster in Rheinbaiern. 2 Bde. Neustadt an der Hardt 1838.

Rethmeyer, Braunschweig-Lüneburgische Chronike. 3 Th. 1722.

Reuter, Albansgulden oder kurze Geschichte des Ritterstiftes zum h. Alban bei Mainz. Mainz 1790.

Rossel, Urkundenbuch der Abtei Eberbach im Rheingau. 1. Bd. Wiesbaden 1862.

Rudolfi, Gotha diplomatica. Ausführliche historische Beschreibung des Fürstenthums Sachsen-Gotha 6 Th. Frankfurt a. M. 1717.

Sagitarius, Historie der Grafschaft Gleichen. Frankfurt 1732.

Savioli, Annali Bolognesi. 3 par. Bassano 1784 sqq.

Schamelius, Beschreibung des Klosters zu Oltenaleben. 1730.

Schannat, Historia episcopatus Wormatiensis. 2 vol. Francofurti 1734.

Schannat, Vindemiae literariae. 2 vol. Fuldae et Lipsiae 1723.

Schaten, Annales Paderbornensis. 2 vol. Neuhusii 1693.

Schaumann, Geschichte der Grafen von Falkenstein am Harze bis zu deren Ausgange 1332. Aus Urkunden und historischen Quellen zusammengestellt. Berlin 1846.

Scheidt Chr. L., Anmerkungen und Zusätze zu Moser's Einleitung in das Lüneburgische Staatsrecht. Hannover 1757.

Scheidt Chr. L., Historische und diplomatische Nachrichten von dem hohen und niedern Adel in Deutschland mit Urkunden. 2 Th. Hannover 1754—55.

Schmincke, Monimenta Hassiaca, darinnen verschiedene zur Hessischen Geschichte dienenden Nachrichten. 4 vol. Cassel 1747—65.

(Schmincke), Versuch einer Beschreibung der Residenz und Hauptstadt Cassel. Cassel 1767.

Schneider, Vollständige hochgräfliche Erbachische Stammtafel, nebst deren Erklär- und Bewahrungen. Frankfurt a. M. 1736.

Schöppach (Bechstein und Brückner), Hennebergisches Urkundenbuch. 4 Bde. Meiningen 1842—61.

Schöttgen, Geschichte des Fürsten Conrads des Groszen, gebornen von Wettin, Mark grafen zu Meiszen und Lausitz. Dresden 1745.

Schöttgen und Kreysig, Diplomataria et scriptores historiae Germanicae medii aevi. 3 vol. Altenburgi 1753—60.

Schrader, Die älteren Dynastenstämme zwischen Leine, Weser und Diemel und ihre Besitzungen. 1 Bd. Göttingen 1832.

Schultes Aug., Directorium diplomaticum oder chronologisch geordnete Auszüge von sämmtlichen über die Geschichte Obersachsens vorhandenen Urkunden. 2 Bde. Altenburg-Rudolstadt 1820—24.

Schultes J. A., Coburgische Landesgeschichte des Mittelalters mit Urkundenbuche. Coburg 1814.

Schumacher K. W., Nachrichten und Anmerkungen zur Erläuterung der sächsischen Geschichte. 6 Lief. Eisenach 1766—72.

Schunk, Beiträge zur Mainzer Geschichte. 3 Bde. Frankfurt a. M., Leipzig (und Mainz) 1788—90.

Schunk, Codex diplomaticus exhibens chartas historiam medii aevi illustrantes. Moguntiae 1797.

Schwarzius, Memoria comitum Leisnicensium. Lipsiae 1730.

Scriba, Regesten der bis jetzt gedruckten Urkunden zur Landes- und Ortsgeschichte des Herzogthums Hessen. 4 Th. mit Registerbd. Darmstadt 1847—60.

Senkenberg, Meditationes ad ius publicum et privatum et historiarum specimina concernentes, fide monumentorum praecipue anecdotorum. 4 fasc. Giessiae 1739.

Simon, Die Geschichte der Dynasten und Grafen zu Erbach und ihres Landes. Frankfurt a. M. 1858.

Spangenberger, Hennebergische Chronika der alten Grafen und Fürsten zu Henneberg. Genealogie, Stammbaum und Historie. Meiningen 1755.

Spiess, Aufklärungen in der Geschichte und Diplomatik. Beyreuth 1791.

Spilcker, Beiträge zur ältern deutschen Geschichte. 2 Bde. Arolsen 1827—33.

Sudendorf, Registrum oder merkwürdige Urkunden zur deutschen Geschichte. 3 Bde. Jena 1849—54.

Teschenmacher, Annales Cliviae, Juliae, Montium, Marcae. 2 vol. Francofurti 1721.

Trithemii, Opera historica (Chron Sponheim.). Francofurti 1601.

Trouillat, Monuments de l'histoire de l'ancien évêché de Bale. 3 tom. Porrentruy 1852—58.

Thuringia sacra. Francofurti 1737.

Urkundbuch des historischen Vereins für Niedersachsen. Heft 2—3. (Die Urkunden des Stiftes Walkenried). Hannover 1852—55.

Ussermann, Episcopatus Bambergensis. Typis S. Blasianis 1802.

Varnhagen, Grundlage der Waldeckischen Landes- und Regentengeschichte. Göttingen 1825.

Watterich, Pontificum Romanorum vitae. 2 part. Lipsiae 1862.

Weidenbach, Regesta Bingensia inde ab anno 71 usque ad annum 1783. Regesten der Stadt Bingen, des Schlosses Klopp und des Klosters Rupertsberg. Bingen 1853.

Wenck, Hessische Landesgeschichte. 3 Bde. Darmstadt, Giessen, (Frankfurt und Leipzig) 1783—1803.

Werner, Der Dom von Mainz und seine Denkmäler nebst Darstellung der Schicksale der Stadt und Geschichte seiner Erzbischöfe. 3 Bde. Mainz 1827—30.

Wigand, Archiv für Geschichte und Alterthumskunde Westfalens. 8 Bde. Hamm (und Lemgo) 1826—28. — Bd. 4 und 5.

Wolf Jh., Diplomatische Geschichte des Petersstiftes zu Nörten. Erfurt 1800.

Wolf Jh., Geschichte des ehemaligen Klosters Steina bei Nörten. Göttingen 1800.

Wolf Jh., Politische Geschichte des Eichsfeldes mit Urkunden. 2 Bde. Göttingen 1792.

Wolff G. A. O., Chronik des Klosters Pforta nach urkundlichen Nachrichten. 2 Th. Leipzig 1845—46.

Würdtwein, Dioecesis Moguntina in archidiaconatus distincta. 3 part. Manhemii 1769—77.

Würdtwein, Diplomataria Moguntina, pagos Rheni, Mogani illustrantia. 2 vol. Moguntiae 1788.

Würdtwein, Monasticon Palatinum chartis et diplomatibus instructum. 6 part. Mannheimii 1793 sqq.

Würdtwein, Notitiae historico-diplomaticae de abbatia Ilbenstadt ordinis Praemonstratensis in Wetteravia. Moguntiae 1766.

Würdtwein, Subsidia diplomatica. 13 part. Heidelbergae, Francofurti et Lipsiae 1772—80.

Würdtwein, Nova subsidia diplomatica. 14 part. Heidelbergae 1781—90.

Würdtwein, Thuringia et Eichsfeldia medii aevi ecclesiastica. Mannheimii 1790.

Zeitschrift des Vereins für Hessische Geschichte und Landeskunde. Cassel, seit 1827.

Aber nicht minder bedeutsam als die Spuren der unmittelbaren Thätigkeit der Erzbischöfe, wie sie sich in ihren eignen Urkunden verfolgen laszen, erscheint bei der hervorragenden Stellung, die damals die geistlichen Würdenträger in allen weltlichen Angelegenheiten des Reiches eingenommen haben, die jeweilige Anwesenheit derselben an dem königlichen und kaiserlichen Hofe, worüber wir am genauesten aus den Zeugenunterfertigungen in den kaiserlichen Urkunden unterrichtet werden. Deszhalb werden diese als eine höchst wichtige und ergiebige Quelle auch für die Geschichte unsrer Erzbischöfe eine besondre Berücksichtigung verdienen. Gibt es doch kaum irgend ein für das Reich bedeutungsvolles Ereigniss, wodurch nicht zugleich mittelbar oder unmittelbar auch die Erzbischöfe von Mainz berührt worden wären. Ob dieselben für oder gegen den jeweiligen Herrscher gestimmt sind, ist beinahe stets maszgebend für den Verlauf der Begebenheiten, denn immer fällt ihnen eine Hauptrolle zu, schon der eminenten Stellung wegen, die mit ihrer Würde unzertrennlich verbunden war.[3]) Kommt nun noch das Gewicht persönlicher Ueberlegenheit hinzu, wie das bei der Mehrzahl der Mainzer Erzbischöfe des zwölften Jahrhunderts der Fall ist, so bei Adelbert I und II, bei Arnold und Christian I, dann treten sie entscheidend in den Vordergrund der Geschichte und gehören zu den bewegenden Mächten ihrer Zeit. [4]) Sind es doch auch Männer nicht blosz von glänzender

---

3) Ueber diesen Vorrang der Erzbischöfe von Mainz unter den Reichsfürsten vergl. Ficker Vom Reichsfürstenstande 1, 25. 156 ff. 172.

4) Neuere selbständige Bearbeitungen der Lebensgeschichten Mainzer Erzbischöfe des XII Jahrhunderts sind, und zwar:

über Erzbischof Adelbert I: Huperz, De Adelberto archiepiscopo Magontino. Diss. hist. Monasterii 1855.

über Erzbischof Arnold: Wegele, Arnold von Selenhof, Erzbischof von Mainz. Jena 1855.

über Erzbischof Christian I: Camici, Storia della vita di Cristiano arcivescovo di Magonza, in dessen Obsequi letterari (Supplementi d'istorie Toscani). Firenze 1772. — Uebers. ins Deutsche von Jagemann in Büsching Magazin für

Herkunft, sondern meist auch von erprobter und in den wichtigsten Staats-
geschäften, wie z.B. im Reichskanzleramte bewährter Thätigkeit, die wir als
Erzkanzler Deutschlands an der Spitze der Optimaten des Reiches glänzen
sehn. Und welch' wechselvolles Schicksal der Erhöhung und Erniedrigung
ist ihnen nicht vorbehalten, von jenem eisernen Adelbert I, dem zweiten
Gregor VII Deutschlands, bis herab auf Christian I, den Alcibiades jener
Tage. Weder Flucht noch Kerker noch auch gewaltsames Ende ist ihnen
erspart worden, denn jede politische Machtstellung will erkämpft sein und
fordert ihre Märtyrer, gerade so einstens wie noch zur heutigen Stunde. Eine
wahrheitgetreue Geschichte des Reiches jener Zeiten ohne genaue Kenntniss
des Antheils und der Wirksamkeit dieser hervorragenden Kirchenfürsten
kann ich mir gar nicht denken. Diese Männer zunächst werden daher in ihrer
gesammten Thätigkeit auf das schärfste beobachtet werden müszen, wenn
wir die volle Einsicht in das politische Gewirre jener Tage, aus dem sich eine
ganz veränderte Weltlage des Reiches entwickelte, gewinnen wollen. Scheinbar
ganz geringfügige Dinge, das Zusammentreffen mit dieser oder jener Persön-
lichkeit, die Anwesenheit ebenso wie auch die Abwesenheit am Hofe bei dieser
oder jener bestimmten Verhandlung und dergleichen mehr, worüber uns am
zuverläszigsten die genannten Zeugenunterfertigungen belehren können, dürften gar oft unerwartete Aufschlüsze über Verhältnisse gewähren, über die
wir uns sonst vergebens nach irgend welcher haltbaren Erklärung umsehn.
Eine chronologische Zusammenstellung derartiger Zeugen- und Recognition-
unterfertigungen der Mainzer Erzbischöfe des zwölften Jahrhunderts, den
kaiserlichen Urkunden entnommen, dürfte daher allen Geschichtforschern
dieser Epoche nur willkommen sein. Ich habe nur noch zu bemerken, dasz
ich die gefälschten Urkunden mit einem Sternchen * bezeichnet und die
wenigen Zeugenunterfertigungen der Mainzer Erzbischöfe in nichtkaiser-
lichen Documenten in die Anmerkungen verwiesen habe.

Histor. 13, 407. Halle 1779. — von Breitenbach
in Schunk Beitr. zur Mainzer Gesch. 3, 1. Frankfurt
und Leipzig 1790.

über Erzbischof Christian I: Berbisdorf, Annales des Lebens und der merkwür-
digen Schicksale des ehemaligen Propsts zu Merse-
burg und nachberigen Erzbischofs zu Mayntz, Christian I. Zwickau 1773.
(Heynig), Christian I, Erzbischof von Mainz. Nürnberg 1804.

über Erzbischof Konrad I: Conrad I, der Cardinal und Erzbischof von Mainz,
Pfalzgraf von Scheyern - Wittelsbach. Ein Lebens-
und Charakterbild. München 1859.

Erzbischof Ruthard. 1088 — 1109 Mai 2.

in den Urkunden K. Heinrichs V:

1107 Mai 2.   Magontiae, für S. Maximin. Böhmer Reg. imp. 1979. [4])

1108 Jan. 28. Magontiae, für S. Georg im Schwarzwald. BRI. 1986.

(1107 Mai — 1109 Apr.) ..., für das Kloster Hersfeld. Wenck Hess. Landesg. 2, 64.

*1111 Mai 14. Magontiae, für die Stadt Bremen. Lünig Reichsarch. 13, 218.

Erzbischof Adelbert I. 1111 Aug. — 1137 Juni 23.

1111 Sept. 4. Magontiae, für das Kloster Schaffhausen. BRI. 2010.

„   Sept. 24. Argentinae, für die Abtei Senones in den Vogesen. BRI. 2011.

„   Oct. 2.   Argentinae, für das Kloster Einsiedeln. BRI. 2012.

„   Oct. 2.   Argentinae, für das Kloster zu Ettenheim. Grandidier Hist. d' Als. 2, 316.

„   Oct. 22.   Moguntiae, für S. Eustachius zu Trier. BRI. 2013.

„   Nov. 9.   Herisfelt, für das Kloster Fulda. BRI. 2014.

1112 Jan. 11. Merseburc, für die Abtei Hersfeld. BRI. 2015.

„   Mrz. 26.   Goslariae, für das Schottenkloster zu Regensburg. BRI. 2016.

„   Apr. 25.   Monasterii, far das Kloster Laach bei Andernach. BRI. 2017.

„   Apr. 27.   Monasterii, für das Hochstift Bamberg. BRI. 2018.

„   Juni 16.   Salzwitele, Gütertausch zwischen Erzbischof Adelbert von Mainz und
               dem Erzbischof Adegot von Magdeburg bestätigend. BRI. 2019.

„   Juli 16.   Mogoncie, für S. Georg im Schwarzwald. BRI. 2020.

„   Oct. 16.   Frankenvort, die Zollfreiheit für die Stadt Worms bestätigend. BRI. 2024.

1122 (Aug.)   Wirceburch, für S. Georg in Bamberg. BRI. 2076 (Mon. Boic. 31a, 387).

„   Sept. 23. Wormatiae, im sogenannten Calixtinischen Concordat. Monum. Germ.
               Legg. 2, 76.

„   (Sept.)   apud Lobwisen, für das Kloster Kappenberg. Erhard Cod. Westf. 1, 152.

1124 Mai 30.   ante Wormatian, für das Mainzer Hochstift. BRI. 2085.

„   (Mai)   apud Nuhusen in obsidione Wormatiae, über den Streit zwischen S.
               Blasien und dem Hochstifte Basel. Vergl. BRI. 2039. [6])

in den Urkunden K. Lothars III:

1125 Nov. 20. Ratisponae, für das Stift S. Florian in Oberösterreich. Stülz Gesch. von
               S. Florian 235. Urkkb des Landes ob der Enns 2, 162.

„   Nov. 27.   Ratisponae, für das Hochstift Augsburg. BRI. 2095.

„   Dec. 28.   Argentinae, für das Kloster Pfävers. BRI. 2096.

1126 Jan. 2.   Argentinae, für das Kloster S. Blasien. BRI. 2098.

„   Jan. 2.   Argentinae, über den Streit zwischen dem Hochstift Basel und dem
               Kloster S. Blasien. BRI. 2099.

„   (Juni)   Maguntiae, für S. Servatius zu Maastricht. Brower Ant. Trev. 2, 21. [7])

---

5) 1103 ... (Maguntiae) in der Urk. des Propstes Anselm von S. Stephan zu Mainz.
   Günther Cod. Rheno-Mos. 1, 161. Beyer Mittelrh. Urkkb. 1, 466.

6) 1125 (Jan. — Mai) Jechaburg, in der Urk. des Propstes Heinrich von Jechaburg.
   Müldener Vitae quorundam Rotlebise dynast. 6.

7) 1126 (Aug. — Dec.) Argentinae, nach dem Brief Bischof Gebhards von Wirzburg.
   Udalric. Bambg. Cod. Nr. 335, vergl. Jaffé Gesch. des Reiches unter Lothar
   dem Dritten 55. Anm. 3.

*1127 Dec. 25. Würzburgk, für Ulrich von Hohenlohe. (Hanselmann) Hohenl. Landesh. 1, 366. Oetter Dritt. Vers. 247. Schönemann Prakt. Dipl. 2, 273.

1128 Dec. 27. Wormatiae, für Konrad von Hagen. BRI. 2103. (Böhmer Cod. Moeno-Francof. 1, 13.)

1129 Jan. 20. Argentinae, für die Bürger von Strassburg. BRI. 2104.

„ Apr. 10. Goslariae, für das Kloster zu Elten. BRI. 2107.

„ Juni 13. Goslariae, für Gerhard von Lochtenen. BRI. 2109. [1])

*1131 Mrz. 29. Leodii, für das Kloster Beuern an der Donau. Oest. Notizbl. 1, 98

„ (Mrz.) Leodii, für die S. Johanniskirche zu Lüttich. BRI. 2117. [8])

1133 Oct. 23. Maguntiae, für das Hochstift Bamberg. BRI. 2131.

1134 Apr. 25. Quitilineburc, für die Quedlinburger Kaufleute. BRI. 2137.

„ Juni 6. Merseburg, für S. Peter in Bamberg. BRI. 2139.

„ Oct. 26. Fuldae, für die Abtei Hersfeld. BRI. 2140 (das Datum ist nach dem Original in Cassel corrigiert).

1135 Mrz. 17. Babenbergae, einen Gütertausch zwischen Herzog Heinrich von Baiern und dem Abt von Madelhardsdorf betreffend. BRI. 2141.

1136 Jan. 8. Spirae, die Abtei S. Paul zu Verdun betreffend. BRI. 2148.

„ Mai 14. Merseburc, für das Kloster Formbach. BRI. 2151.

„ Mai 15. Merseburc, für das Kloster zu Bürgel bei Jena. BRI. 2152.

„ Aug. 16. Wirziburg, für das Hochstift Bamberg. BRI. 2156.

„ Aug. 16. Wirziburg, die Herabsetzung der Schiffzölle an der Elbe betreffend. BRI. 2157.

Erzbischof Adelbert II. 1138 Apr. (17—22) — 1141 Juli 17.

in den Urkunden K. Konrads III:

*1138 Apr. 15. Coloniae, für das Kloster Bürgel bei Jena. BRI. 2181.

„ (Apr. 17—22) Mogontiae, für das Kloster Laach. BRI. 2182.

„ (Apr. 17—22) Moguntiae, für das S. Walpurgiskloster im Hagenauer Forste. BRI. 2183.

„ (Apr. 17—22) Moguntiae, für das Kloster Waldsassen. Mon. Boic. 31a, 392.

„ (nach Mai 22) Babenberch, für das Kloster S. Blasien. BRI. 2184.

„ Juli 26. Quitilineburc, für S. Peter zu Naumburg. Lepsius Gesch. der Bischöfe von Naumburg 1, 242.

1139 Jan. 5. Goslariae, die Kirche zu Siegberg betreffend. Lappenberg Hambg. Urkkb. 1, 144. Urkkb. der Stadt Lübeck 1, 1.

„ (Aug.) in loco Hersfeldensi, für das Kloster zu Volkenroda. BRI. 2195.

1140 Feb. 9. Wormaciae, für die Abtei Stablo. BRI. 2199.

„ (Feb.) Wormaciae, für die S. Johanniskirche auf dem Bischofsberge im Rheingau. BRI. 2200.

„ (Feb.) Wormaciae, für das Kloster Pforta. BRI. 2201.

„ (Apr.) apud Vilisbur (Wirciburg), für die Bürger von Asti. Ughelli It. sac. 4, 362.

---

8) 1130 Feb. 9. Basiliae, in den Urk. des Bischofs Ulrich II von Constanz für S. Blasien. Herrgott Gen. 2a, 154.

9) 1131 (Mrz.) Leodii, in der Urk. Abt Heinrichs von Hersfeld. Wenck Hess. Landesgesch. 2, 80.

B

1140 Apr. 28.   Frankenfurt, für die Abtei S. Swibertus zu Werden. BRI. 2203.
  „   Mai 1.   Frankenfurt, für das Bisthum Gurk. (Hormayr) Arch. für Gesch. 1821, 237.
  „   Mai 3.   Frankenfurt, für das Hochstift Freising. BRI. 2204.
  „   (Mai)   Frankenfurt, für die Abtei Hirzenach bei Boppard. BRI. 2205.
  „   (Nov.)   Winesberch, für das Kloster Walkenried. BRI. 2207. [10])

Erzbischof Heinrich I. 1142 Sept. — 1153 Juni.

• 1143 (Juli)   Argentinae, für S. Afra in Augsburg. Mon. Boic. 22, 171.
1144 Oct. 16.   apud Hersfeldam, für das Kloster Reinhausen. BRI. 2237.
  „   Oct. 17.   apud Hersfeldam, für das Kloster zu Hersfeld. BRI. 2238.
  „   Oct. 17.   apud Hersfeldam, für das Kloster Helmershausen. BRI. 2239.
  „   (. . . . . . .)   für den Erzbischof Raimund von Arles. Saxius Pont. Arelat. 226
1145 (nach Apr. 15 — Mai) Wormatie, für das Hochstift Lausanne. BRI. 2246.
  „   (Apr. — Mai) Wormatie, für das Kloster Allerheiligen zu Schaffhausen. Fickler
            Quell. und Forschungen 50.
1147 Jan. 30.   Fulde, für das Kloster Lorsch. BRI. 2266.
  „   (Mitte Mrz.) Frankenovord, das Kloster Nienburg betreffend. BRI. 2270.
  „   Apr. 24.   Nurimberge, für das Kloster Ichtershausen. Hesse Beitr. zur Gesch.
            des Mittelalters 2, 41.
1149 Aug. 21.   Frankenvourt, Placitum über die Vogteirechte. Mon. Germ. Legg. 2. 561.

in den Urkunden K. Friedrich I:

1152 Dec. 12.   Moguntiae, für das Kloster Arnsburg in der Wetterau. BRI. 2316.
1153 Mrz. 28.   Constantiae, für das Kloster Bobbio. BRI. 2324.

Erzbischof Arnold. 1153 Juni — 1160 Juni 24.

1153 (Juni)   Wormatie, für den Erzbischof und das Capitel zu Vienne. BRI. 2330 —
            (eadem die qua Arnaldus cancellarius regis fuit electus in archiepis-
            copum Maguntinum).
1154 Feb. 3.   Babenberch, für das Hochstift Bamberg. BRI. 2331.
  „   Mai 3.   Wormacie, für das Nonnenkloster zu Cassel. BRI. 2336.
  „   Juni 17.   Tremonie, für das Kloster Park bei Löwen. BRI. 2338.
1155 Nov. 27.   Constantiae, für das Hochstift Constanz. BRI. 2354.
  „   (Nov.)   Constantiae, für das Kloster Salmansweiler. Wirtemb. Urkkb. 1, 81.
  „   Dec. 18.   Trivelis, für das Kloster Hert bei Germersheim. BRI. 2355.
1156 Jan. 8.   Spire, für das Kloster Maulbronn. BRI. 2356.
  „   Jan. 25.   Argentine, für die Kirchen S. Thomas und S. Peter zu Straszburg. BRI. 2357.
  „   Feb. 20.   Frankenvort, für Guido Grafen von Blandrate. Mon. Patr. Chart. 1, 807.
  „   Feb. 21.   Frankenvort, für das Kloster Lützel. Trouillat Mon. de Bale 1, 328.
  „   (Juni)   Wirceburg, für das Stift zu Berchtesgaden. Mon. Boic. 29 a, 321.
• „   . . . .   für das Cistercienserkloster Neuburg im Elsasz. Schöpflin
            Als. dipl. 1, 471.

—————————

10) 1141 Juni 1. Wirceburg, in der Urk. Bischof Rudolfs von Halberstadt für das
     Kloster Paulinzelle. Schumacher Ver. Nachr. 6, 45.
Erzbischof Markolf 1141 — 1142 Juni 9 erscheint in keiner Urk. Konrads III als Zeuge.

*1156 Oct. 20. Wormatie. Cunradus Moguntine sedis archiepiscopus, für die Stadt Worms. BRI. 2365.

1157 Apr. 6. Wormatie, über die Mainzölle. BRI. 2370 (Böhmer Cod. Moeno-Francof. 1, 15.) Mon. Germ. Legg. 2, 104.

* „ Aug. 3. Halle, Conradus Moguntinensis archiepiscopus, für das Kloster Ichtershausen. Vergl. unten (Nr. 62) S. 64.

1158 Mrz. 16. Frankenuort, für die Leute des neuangebauten Bruches bei Bremen. BRI. 3292.

„ Mrz. 16. Frankenuort, für das Erzstift Hamburg-Bremen. BRI. 2393.

„ Mrz. 16. Frankenuort, für das Erzstift Hamburg-Bromen, den Hof Liestimuode betreffend. BRI. 2394.

„ Mrs. 17. Frankenvort, für das Nonnenkloster zu Nordhausen. BRI. 2395.

„ Juni 14. Auguste, die Uebereinkunft Bischof Otto's von Freising und des Herzogs Heinrich des Löwen in Betreff der Märkte zu Vringen und München bestätigend. BRI. 2402.

„ Juli 10. super Mintium fluvium inter Voltam et Valez, für das S. Salvatorhospital in Mantua. Gütige Mittheilung Böhmer's. [11])

1160 Feb. 16. Papie, für den Patriarchen von Aquileia. BRI. 2438.

*1161 . . . Erfordie, für das Kloster Pfävers. Herrgott Gen. 2a, 183.

Erzbischof Konrad I. 1161 Mai — 1165.

1162 Juni 30. in territorio Bononiensi, für die Kirchen S. Victor und S. Johann auf dem Berge. BRI. 2462.

„ Aug. 18. apud Taurinum, für den Grafen Raimund von Barcelona. BRI. 2464.

„ Sept. 7. apud pontem Laone, für den Bischof von Genf. BRI. 2466 (Spon Hist. de Gen. 2, 30).

* „ Sept. 8. apud pontem Laone, Conradus Pragensis archiepiscopus, für den Bischof von Genf. BRI. 2467 (Spon Hist. de Gen. 2, 24).

„ Oct. 24. Salse, für S. Michel zu Hugshofen. BRI. 2469. [12])

1163 Apr. 12. Magantie, für die Stiftskirche zu Goslar. BRI. 2474.

„ Apr. 18. Moguntie, für S. Rupertsberg bei Bingen. Guden Cod. dipl. 1, 245. Beyer Mittelrh. Urkb. 1, 694.

„ Nov. 9. Lodi, für das Domstift zu Arezzo. Renn e Camici Ser. 4d, 30.

„ Nov. 27. Papis, für das Kloster S. Salvator und Julia zu Piacenza. BRI. 2480.

1164 Jan. 5. apud Faventiam, für das Kloster Polirone. BRI. 2483.

„ Feb. 9. in castro S. Archangeli, für das Kloster S. Apollinaris in Classe. BRI. 2484.

„ Mai 24. Papie, für die Stadt Ferrara. BRI. 2489.

Erzbischof Christian I. 1165 Sept. — 1183 Aug. 25.

1165 Dec. 28. Aquisgrani, für die Bürger von Duisburg. BRI. 2509.

„ Dec. 29. Aquisgrani, für die Abtei Bonne-Esperance im Hennegau. BRI. 2510.

---

11) 1160 (Feb.) Pavia, im Schreiben des Pavier Concils. Mon. Germ. Legg. 2, 127.
12) 1162 (Nov.) Constantie, in der Urk. Bischofs Hermann I von Constanz für S. Gallen. Neugart Cod. Al. 2, 95.

B*

1165 . . . . für den Bischof von Utrecht über den Rheincanal. Mieris Chart.
         von Holl. 1, 108. Bondam Chartb. von Gelderl. 1, 209.

1166 Jan. 8. Aquisgrani, für das Marienstift zu Aachen. Ledebur Arch. 7, 306. La-
         comblet Niederrhein. Urkkb. 1, 283.

„ Jan. 29. Frankenvort, für das Kloster Ilbenstadt. BRI. 2512.

• „ (Feb.?) Nürnberg, für das Erzstift Magdeburg betreffs des Klosters Nienburg.
         BRI. 2513.

„ Mrz. 8. apud Ulmam, für den Erzbischof Wichmann von Magdeburg. BRI. 2514.

„ Apr. 10. Ratispone, für die Hochstifter zu Bamberg und Regensburg. BRI. 2515.

„ Apr. 11. Ratispone, für die Kirche zu Undersdorf. BRI. 2516.

„ Mai 28. Frankenfort, für S. Christof zu Ravengirsburg. BRI. 2517.

„ Mai 31. Frankenfort, für das Erzstift Köln. Lacomblet Niederrh. Urkkb. 1, 288.

„ Aug. 20. apud castrum Boumeneburg, für den Erzbischof Wichmann von Magde-
         burg. BRI. 2519.

„ Oct. 15. Auguste, für das Hospiz im Cerewald. BRI. 2520.

„ Oct. 16. Auguste, für das Stift zu Oeningen. BRI. 2521.[13])

1167 Juli 30. Rome, für Erzbischof Reinald von Dassel. BRI. 2526.

„ . . . Pisis, für das Kloster S. Maria di Serena. Soldanus Hist. monst.
         Passin. 1, 159.

1168 Juni 28. Wirzeburg, für den Grafen Engelbert von Berg. Lacomblet Niederrh.
         Urkkb. 1, 297.

„ Juli 10. Wirzeburg, für den Bischof Herold von Wirzburg. BRI. 2529.

1169 Juni 23. Babenberg, für die Stiftskirche zu Goslar. BRI. 2532.

1170 Jan. 2. Frankenvort, für das Kloster Hilwartshausen. BRI. 2535.

„ Jan. 26. Wirceburg, die Gemeindevorsteher zu Heitingsfeld betreffend. BRI. 2537.

1171 Sept. 29. Leodii, für den Bischof von Lüttich. BRI. 2547.

„ Oct. 12. Aquisgrani, für den Bischof von Utrecht. Dodt von Flensburg Arch. 3, 107.

1173 Nov. 29. Wormatie, für das Wormser Domstift. Schannat Histor. Worm. 2, 82.

1177 Mrz. 22. apud castellum Cucurani, für das Kloster Fons Avellani. BRI. 2581.

„ Mai 24. (Ravenna), für das Hochstift Foligno. Gütige Mittheilung Bethmann's
         in Wolfenbüttel.

„ Mai 31. In Volona in archiepiscopatu Ravennatensi, für das Kloster Biburg.
         BRI. 2583.

„ Juli 20. apud monasterium S. Trinitatis, für die Canoniker von Aquileia. BRI. 2584.

„ Aug. 1. Venetiis, die Waffenruhe mit den Lombarden betreffend. BRI. 2585.

„ Aug. (1. Venetiis), im Friedensschluss mit König Wilhelm von Sicilien. Mon.
         Germ. Legg. 2, 157.

„ Aug. 3. Venetiis, für den Bischof von Torcello. BRI. 2586.

„ Aug. 5. Venetiis, für das Nonnenkloster Zachariae in Venedig. Cornelius Ecc.
         Venet. 11, 361.

„ Aug. 17. Venetiis, die alten Verträge mit Venedig bestätigend. BRI. 2587.

„ Aug. 17. Venetiis, für die S. Georgskirche zu Venedig. BRI. 2588.

---

13) 1167 Mrz. 23. (Rimini), im Placitum für die Bürger von Rimini. Clementini Stor.
     di Rimini 315. Tonini Rimini 2, 585.

1177 Aug. 19. Venetiis, für das Kloster S. Maria de Vangaditia. BRI. 2590.

„ Aug. 22. Venetiis, für den Grafen von Blandrate. Moriondi Mon. Aq. 2, 740.

„ Aug. 27. Venetiis, für das Kloster S. Maria ad carceres im Gobiete von Este.
BRI. 2592.

„ Sept. 3. Venetiis, für die Abtei S. Maria di Pomposia. BRI. 2594.

„ (. . . . Venetiis), für das Kloster Ruliswerda. Baur Hess. Urkk. 1, 62.

*1182 Mai . . Mogontie, Suffridus Mogontiensis archiepiscopus, für den Grafen Otto
von Geldern. BRI. 2649.

Erzbischof Konrad I. wiederholt 1183 Nov. — 1200 Oct. 25.

(1183 Nov. — 1184 vor Mrz.), für das Bisthum Feltre. Verci Marc. Trivig. 1, 23.

1184 Mrz. 15. Hagenoue, für das Bisthum Gurk. Ankershofen Reg. im Arch. für öst.
Geschq. 11, 328.

„ (Mai) Mogontie, für das Kloster Admont. BRI. 2662.

„ Juni 20. Geilenhusen, für den Bischof und die Bürger von Cambrai. (Mutte)
Memoires pour servir a l'hist. de Cambr. 24. [14]

„ Sept. 23. Verone, für die Gemeinde Lonato. Odorici Stor. di Bresc. 6, 57.

„ Sept. 29. Papie, für das Bisthum Gap. Gall. Christ. 1, 463. Huillard-Breholles
Hist. Frid. sec. 5a, 193.

„ Oct. 19. Verone, über die Belehnung des Obizo de Hess mit der Mark Genua
und Mailand. BRI. 2664.

„ Oct. 27. Verone, für S. Zeno in Verona. Biancolini Chiesa di Veron. 5a, 106.

„ Nov. 3. Verone, für den Bischof von Clermont. BRI. 2666.

„ Nov. 3. Verone, für das Kloster Casa dei. Gütige Mittheilung Bethmann's.

„ Nov. 4. Verone, für das Kloster Hersfeld. Görts Reg. der Erzb. von Trier S. 26.

„ Nov. 12. apud montem Siliceno, für das Hochstift von Ceneda. BRI. 2668.

„ Nov. 16. Vincentie, für die Abtei S. Oyan de Joux. BRI. 2669.

1185 Jan. 9. Verone, für das Kloster S. Salvator und Julia zu Brescia. BRI. 2671.

„ Jan. 17. Lodi, für S. Christin zu Olonna bei Pavia. Huillard - Breholles Hist.
Frid. sec. 4a, 305.

„ Feb. . . apud Regium, für Guido, Roland und Albert von Canossa. Muratori
Ant. It. 1, 809.

„ Mrz. 5. apud Castellaranum, für Garfagnana. BBL 2675.

„ Mai 17. apud Cremam, für das Bisthum Voltorra. BRL 2678.

„ Aug. 1. Florentie, für das Kloster Monticelli. Oest. Notizenbl. 1, 178 Ext.

„ Aug. 2. apud podium Bonitii, für das Nonnenkloster S. Petrus do Luco. BRI. 2681.

„ Aug. 8. apud montem Alcinum, für S. Eugen bei Siena. BRI. 2682.

„ Nov. 28. Papie, für den Johanniterorden. BRI. 2696 (Mon. Boic. 31a, 424).

1186 Jan. 23. . . . für den Bischof von Verona. BRI. 2693.

„ Feb. 11. Papie, für das Hochstift Parma. BRI. 2688.

„ Feb. 11. Papie, für den Bürger von Parma Guido dei Rogeri. BRI. 2689.

„ Feb. 11. Papie, für den Bischof Bernhard von Parma. BRI. 2697.

---

14) 1184 . . . in der Urk. des Bischofs Sigfrids von Paderborn für das Kloster Heerse.
Erhard Cod. Westf. 2, 175.

1186 Nov. 28. Geilenhusen, für dio Stadt Bremen. Lünig Reichsarch. 13, 319.

1187 Mrz. 5. Ratisbone, für das Kloster Seitenstetten. BRI. 2698.

„ Apr. 19. Gingen, für die Kirche zu Inningen. BRI. 2700.

„ Aug. 21. Wormatie, für das Kloster Kappenberg. BRI. 2702.

„ Sept. 23. Überlingen, für das Kloster Weingarten. Die Zeugen in der gefälschten Urkunde von 1153 Sept. 23 Überlingen, sind einem echten Document von obigem Datum entnommen. Wirtemb. Urkkb. 2, 83. [15])

1188 Sept. 1. Alstede, für das Kloster Walkenried. Urkkb. des histor. Vereins von Niedersachsen 2a, 27.

„ Sept. 19. apud castrum Lisenize, für die Stadt Lübek. BRI. 2709.

in den Urkunden K. Heinrich VI:

1189 Feb. 8. apud Andernacum, für den Erzbischof Philipp von Köln und Heinrich von Burgesheim. Lacomblot Niederrhein. Urkkb. 1, 362

„ Sept. 8. Spire, für das Kloster Steingaden. BRI. 2739.

„ Oct. 18. Mersburc — 1190 Juli 11 Fulde, über die Unveräusserlichkeit der bischöflichen Zehnt. Mon. Germ. Legg. 2, 186.

1190 Feb. 1. Wimpine, für das Kloster Eberbach. BRI. 2739.

„ Mrz. 25. Frankfordie, über die Münzstätten im Kölnischen. BRI. 2741

„ Apr. . . Wormatie, über den Bopparder Zoll. Mon. Boic. 31 a, 439.

1192 Feb. 15. Hagenowe, über die Grafschaft Chiavenna. BRI. 2777.

„ Mrz. 4. Hagenowe, für die Abtei Erstein. BRI. 2778.

„ Mrz. 5. Hagenowe, für die Stadt Cremona. BRI. 2779.

„ Juli 26. Geilenhusen, für das Bisthum Reggio. BRI. 2783.

„ Juli 27. Goilenhusen, für die Stadt Brescia. BRI. 2784.

• „ Juli 27. Gehynslengessen, für die Commende S. Maria zu Asola. Odorici Stor. Bresc. 6, 78.

„ Aug. 24. Witzenowe iuxta Moguntiam, für die Abtei Epternach. BRI. 2785.

„ Aug. 29. Wormatie, für die Mainzer Ministerialen. BRI. 2786.

„ Oct. 27. Hircesberg, für das Hochstift Firmana. BRI. 2788.

„ Nov. 4. Mulehusen, für den Bischof von Paderborn. BRI. 2789.

„ Nov. 20. Altenburg, für das Hospital zu Altenburg. Or. im Archiv zu Dresden.

„ Dec. 1. Altenburg, für das Kloster zu Buch. BRI. 2791.

„ Dec. 8. Mersburc, für das Kloster Bosau. BRI. 2792.

1193 Apr. 10. Spire, für das Hospital zu Hagenau. BRI. 2797.

„ Mai 30. Geilenhusen, für die Stadt Pisa. BRI. 2804 (= 2781). [16])

1194 Jan. 28. Wirceburc, für das Kloster Maulbronn. Wirtemb. Urkkb. 2, 301.

„ Jan. 29. Wirceburc, für das Kloster Waldsassen. Mon. Boic. 31 a, 452.

„ Feb. 28. Salfeld, für das Kloster zu Stederburg. Mon. Germ. SS. 16, 228.

1195 Aug. 24. Hagenowe, für den Bischof von Minden. BRI. 2855.

---

15) 1188 Feb. 28. (Passau). in der Urk. Herzogs Leopold V für das Kloster Wilhering. Urkkb. des Landes ob der Enns 2, 409.

16) 1193 . . . . . in der Urk. Erzbischof Bruno III von Köln für das Kloster Langwaden. Lacomblet Niederrhein. Urkkb. 1, 373.

Vergl. hierzu die Besiegelung fremder Urkunden durch die Erzbischöfe von Mainz (unt. Einl. XXXII).

1195 Oct. 20. Moguntie, für den Grafen Theodorich von Holland. BRI. 2858.

„ Oct. 24. Gailenhusin, für Adolf von Schaumburg. Lappenberg Hambg. Urkkb. 1, 270.

„ Oct. 27. Gailenhusin, für das Kloster Sychem. BRI. 2859.

„ Oct. 27. Gailenhusin, für das Kloster Pforta. BRI. 2860.

„ Oct. 27. Gailenhusin, für den Bischof von Merseburg. BRI. 2861.

„ Oct. 28. Gailonhusin, für das Erzstift Magdeburg. BRI. 2862.

„ Dec. 5. Wormatie, für die Kirche Heiligenkreuz zu Hildesheim. Arch. des hist.
Vereins für Niedersachs. Jahrg. 1844, 24.

„ Dec. 7. Wormatie, für das Nonnenkloster zu Ichtershausen. BRI. 2865.

„ Dec. 7. Wormatie, für das Kloster Georgenthal. BRI. 2866.

1196 Mai 20. Moguncie, für das Kloster Maulbronn. Wirtemb. Urkkb. 2, 317.

„ Mai 28. Moguncie, für die Stadt Coesfeld. BRI. 2872.

„ Mai 31. Moguncie, für das Hochstift Passau. Mon. Boic. 31 a, 459.

in den Urkunden K. Philipps:

1200 Mrz. 15. Nurinberc, für die Leute von Leukirsheim. Böhmer Reg. Phil. 24

„ Mrz. 18. Nurinberc, für den Abt Eberhard von Aldersbach. BRPh. 26.

„ Apr. 7. Argentine, für den Bischof zu Metz. BRPh. 27. [17])

Eine weitere Berücksichtigung insbesondere für die Geschichte des Erzbischofs Konrad I von Mainz als Cardinalbischofs von Sabina verdienen
dessen Unterfertigungen in den päpstlichen Bullen Alexanders III, Lucius' III und Urbans III (von 1166 Mrz. 18 — 1177 Aug. 6, ferner von 1184
Oct. 25 — 1185 Nov. 11 und von 1186 Jan. 11 — 1186 Mrz. 4), vergl. Jaffé
Reg. Pon. S. 677, 834, 854. Dagegen sind, wie wir oben gesehn, die Zeugenunterschriften der Erzbischöfe von Mainz in andern geistlichen und weltlichen
Urkunden auszerordentlich selten.

---

17) Da die Erzbischöfe von Mainz zugleich Erzkanzler des Reiches sind, in deren Namen
die kaiserlichen Urkunden für, beziehungsweise in Deutschland recogniert werden,
so dienen ihre Namen oft zur Rectificierung wie bei BRI. 2185, 2209, 2218, 2219
u. s. w. oder zur Kritik dieser Kaiserdiplome z. B. werden schon aus diesem Grunde
die folgenden Documente unhaltbar sein:

*1138 Mrz. 31. Nurenbergh, Urk. K. Kourads III für die Aebtissin von Kitzingen
mit: Arnoldus canc. recog. et recens. vice Heinrici archic. Mog.
Wibel Cod. Hohenl. 19. Oetter Vers. einer Gesch. der Burgg. von
Nürnberg 1, 245.

*1153 Sept. 23. Überlingen, Urk. K. Friedrichs I für Weingarten. Ego Johannes
imp. aul. canc. vice Conradi Mog. sed. archiep. et archicanc.
Wirtemb. Urkkb. 2, 83. 426. Vergl. oben Urk. von 1187 Sept. 23.

*1155 Sept. 23. Überlingen, Urk. K. Fr. I für S. Emmeran. Ego Johannes canc.
vice Conradi Mog. sed. archiep et archic. BRI. 2352.

*1156 Oct. 20. Wormatie, Urk. K. Fr. I für die Stadt Worms. Ego Godefridus . . .
canc. vice Conradi Mog. archiep. et archic. BRK. 2365.

*1162 Sept. 8. apud pontem Laone, Urk. K. Fr. I für das Hochstift Genf. Her-
zolinus canc. vice Arnoldi Mog. archiep. et archic. BRI. 2467.
(Spon Hist. de Gen. 2, 24.)

*1170 Juli 25. Frankenfort, Urk. K. Fr. I für S. Petersstift bei Goslar. Ego Rei-
naldus can. vice Arnoldi Mog. archiep. et archie. Kurze Gesch.
des Reichsstiftes auf dem Petersb. bei Goslar 26 u. s. w.

Trotz dieser reichfliesenden Quellen sind wir doch in einzelnen Jahren
ohne alle urkundlichen Nachrichten und zwar nicht blosz in Zeiten wo z. B.
die Gefangenschaft die Erzbischöfe in ihrer Thätigkeit lähmte, wie Adelbert I
1113 und 1114 und Christian I 1179, sondern selbst in Tagen ihres vielleicht
allzu rührigen Lebens, so unter Adelbert I in den Jahren 1116 und 1117, unter
Christian I 1172, 1176, 1178, 1181, 1182 und unter Konrad I während seines
Kreuzzuges 1197, 1198, 1199.

An diese ansehnliche Reihe veröffentlichter Quellen für Mainzer Geschichte schlieszt sich unsre bescheidene Sammlung von anderthalbhundert
Urkunden an. Sie beruht fast ausnahmsweise auf handschriftlicher Beglaubigung, die des Nähern in dem beigeschloszenen Inhaltsverzeichnisse angegeben
ist. Das gilt auch von jenen Documenten, die stückweise bereits anderwärts
gedruckt worden sind und worauf in den betreffenden Anmerkungen stets
Bezug genommen worden ist. Nur vier Urkunden (Nr. 144, 145, 147, 149)
sind aus gedruckten Abhandlungen entlehnt worden, weil die Seltenheit dieser
Bücher die Benutzung derselben sehr erschwert. — Neben den Originaldo-
cumenten kommen hier besonders die Copialbücher in Betracht. Ein reich-
haltiges Verzeichniss von Copialbüchern ältern und neuern Ursprungs für die
Geschichte von Mainz gibt Walther „Beiträge zur Kenntniss der handschriftlichen Literatur über Geschichte und Landeskunde von Hessen" (als 2 Suppl.
zu seinem Liter. Handbuch für Geschichte und Landeskunde Hessens) 1855.
Vergl. auch Friedemann in den Period. Blättern der histor. Vereine beider
Hessen 1849 Nr. 15 S. 197.[18]) Dasz die Ausbeute, die ich den Copialbüchern
verdanke, eine nicht unbedeutende war, zeigt das Inhaltsregister dieser
Sammlung. Es sind benutzt worden: in Cassel: die Schmincke'sche Sammlung hessischer Urkunden auf der kurfürstlichen Bibliothek und die Abschrif-
ten Lippoldsberger Documente im historischen Verein; im Darmstädter
Archiv: sämmtliche Mainzer Stifts- und Klöstercopialbücher und die Bod-
mannischen Abschriften; auf der Göttinger Bibliothek: die sehr reichhal-
tigen Gruber'schen Papiere; in Hannover: die Copialbücher von Northeim,
Poehlde, Reinhausen, Steine aus dem XVI Jahrhundert; im Idsteiner
Archiv: die Registratio rerum et censuum monasterii S. Ruperti sec. XIII und
Oculus memorie pars II sive testamentarium II, sec. XIV; in der Mainzer
Stadtbibliothek: das Copialbuch von S. Peter sec. XIII; im Münchener
Reichsarchiv die herrlichen Copialbücher des Mainzer Domstiftes sec. XIII—

---

18) Im Verzeichniss der Mainzer Capitelbibliothek bei Guden Cod. dipl. 2, 563 heiszt
es unter Nr. 71 (Seite 573): „continet meras litteras et diplomata, quorum bene
XX . . . codices, libri Praesentiarum appellati, in scrinio peculiari . . . prostant. Die
Bibliothek ist bekanntlich bei der Beschieszung von Mainz durch die Preuszen 1793
verbrannt.

XIV; ferner das Schulpfortaer Copialbuch; im Rudolstädter Archiv: die umfaszende Sammlung sämmtlicher Thüringen betreffenden Urkunden, die von dem unermüdlichen Eifer und Fleisze des Herrn Hofraths Hesse für alle Zeiten das beredteste Zeugniss ablegen werden, ferner die Paullini'schen, Müldener'schen, Schneider'schen Abschriften Paulinzeller, Jechaburger und verschiedner andern Thüringer Urkunden, dann die Reinhardsbrunner und Gorgenthaler Copialien; im Wolfenbüttler Archiv über fünfzig verschiedene Abschriftensammlungen, insbesondere das Walkenrieder Diplomatar sec. XIV und das Amelungsborner sec. XIII, dann die umfangreichen Collectaneen Overham's und die Abschriften Kotzebue's, Medem's, Leyser's sec. XVII über Georgenthal, Hardehausen, Hilwartshausen, Reinhardsbrunn, Reinhausen u. s. w. — Sämmtliche hier mitgetheilten Urkunden haben irgendwelchen Bezug auf das Territorium des Erzbisthums Mainz, rühren von den verschiedensten Ständen desselben her, wie sie auch die verschiedensten Verhältnisse, die entlegensten Stifter, Klöster in demselben betreffen. Beinahe die Hälfte, einundsiebenzig Stücke, sind unmittelbar von den Mainzer Erzbischöfen ausgestellt, dreiundzwanzig von den Päpsten, sechs von deutschen Königen und Kaisern, eilf von weltlichen Reichsfürsten, die übrigen von Pröpsten, Aebten, Grafen, Edlen und Bürgern. Am reichsten sind bedacht und vertreten: das Kloster Ichtershausen mit vierzehn Urkunden, Lippoldsberg und Walkenried mit je eilf, Stift Jechaburg mit zehn, Hasungen, Paulinzelle und Rupertsberg bei Bingen mit je neun, Hersfeld und Reinhardsbrunn mit je acht u. s. w.[19]) — Ich glaube, dasz mit diesen Beiträgen nunmehr das urkundliche Material für die Geschichte des Erzbisthums Mainz im XII Jahrhundert beinahe vollständig gedruckt vorliegt. Es wird ungefähr tausend Documente umfaszen. Einzelne Ergänzungen dürften sich allerdings noch finden laszen. So bin ich leider auszer Stande gewesen die umfangreichen Kindlinger'schen Papiere in Münster für meine Zwecke zu benutzen.[20]) Ob sie daher Unbekanntes auch für unsre Zeit enthalten, müste erst genauer untersucht werden. Manches Schriftstück, das urkundlich erwähnt oder von Andern benutzt und angezogen wurde, ist leider verschollen und war trotz meines eifrigsten Bemühens nicht wieder aufzutreiben. So finden wir

---

19) Ein Vorzeichniss über die verschiedenen Klöster der Mainzer Dioecese, freilich unkritisch und unvollständig, liefert Würdtwein Not. hist. dipl. de Ilbenst. in der Einleitung. Wann wird uns ein Monasticon Germaniae, wornach das Bedürfniss ein so allgemeines ist, nach den Anforderungen der heutigen Wizzenschaft geboten werden? — Über Mainzer Klöster vergl. auch Ficker Vom Reichsfürstenst. 1, 340 ff.

20) Verzeichniss über die Kindlinger'sche Handschriftensammlung und die darin vorkommenden Urkunden-Abschriften. Paderborn 1828. — Vergl. auch Friedemann in den Period. Blätt. für die beiden hist. Vor. Hessens 1851 Nr. 23 S. 318.

Schenkungen erwähnt von Erzb. Markolf für Winkel in der Urk. Erzbischofs
Heinrich I von 1145 Mai 30 (bei Guden Cod. dipl. 1, 167), desselben für
Dissibodenberg in der Bulle P. Eugen III von 1148 Feb. 18 (Jaffé Reg. Pont.
6388); von Erzb. Heinrich I für Ubenstadt in der Bulle P. Lucius II von
1144 Dec. 2 (Jaffé l. c. 6103); von Erzb. Arnold I für das Kloster Tiefen-
thal in der Urk. Erzb. Konrads I von 1183 (bei Guden Cod. dipl. 1, 282) u. s. w.
wofür aber die ursprünglichen Beglaubigungen fehlen. Ebenso ist anderseits von Bodmann in seinen Rheing. Alterthümer 1, 64. 181. 185. 312 Note d
auf ungedruckte Urkunden Bezug genommen, unter denen welche von Erzb.
Adelbert I sind; deszgleichen von Möller in seiner Urkundl. Geschichte des
Klosters Reinhardsbrunn 30 auf ein verstümmeltes Original Erzb. Adelbert I
von 1136, jetzt im Archiv zu Gotha befindlich. Bibliothekar Dr. Bethmann
in Wolfenbüttel machte mich auf zwei Urkunden Erzb. Christian I auf-
merksam, von 1177 zu Assisi für die Bewohner von Fermo ausgestellt, die
er selbst im Stadtarchiv zu Fermo eingesehen hat. Ja in manchen Archiven
konnten früher repertorisierte Stücke nicht wieder ausfindig gemacht werden!
Zu finden ist also noch immer etwas; wenn ich auch schon behaupten darf,
dasz ich keine Mühe gescheut, um den urkundlichen Stoff womöglichst zu
vervollständigen. Ein Blick auf die jüngsten Quellenpublicationen über dieselben Gegenden wird diesz am besten bestätigen, denn sie alle, wie z. B.
Weidenbach Reg. Bingensia, Beyer Mittelrheinisches, Rossel Eberbacher,
Baur Hessisches Urkundbuch haben nicht unwichtige Ergänzungen aus unsrer
Sammlung erhalten. — Freilich hätte ich selbst noch gar Manches gewünscht,
z. B. wäre mir manche nochmalige Collationierung der Abschriften mit dem Original, besonders bei jenen aus Gotha, höchst willkommen gewesen, das fühlte
ich während der Bearbeitung dieser Sammlung nur zu oft; allein ein längeres
Zögern mit der Veröffentlichung schien mir schon im Interesse der Verwer-
thung des neugebrachten Stoffes unstatthaft. Denn wer weisz wie lange die
Zeiten gerade für derartige Forschungen noch günstig sind? so sonderbar es
auch klingen mag, so ist es dennoch wahr, dasz die Wiszenschaft auch ihre
Modestoffe hat und was daher heute noch verwendet würde kommt vielleicht
morgen schon zu spät.

    Gerade die Erforschung der inneren Verhältnisse des Reiches, die eben
jetzt das lebhafteste Interesse in Anspruch nimmt, weil wir über die Grund-
bedingungen der wechselvollen Schicksale unsres Vaterlandes genauere Kenntniss zu erlangen wünschen, wird aus den dargebotenen Documenten manch'
nutzreichen Gewinn ziehen können. Die allmählige Erstarkung der territo-
rialen Gewalt der Reichsfürsten, die Heranbildung einer von ihnen abhängigen
Beamtenschaft und was damit zusammenhängt, bilden die wesentlichsten

Momente in der Entwicklunggeschichte des XII Jahrhunderts und dürften den besten Schlüszel zur Erklärung der verhängnissvollen Ereignisse des XIII Jahrhunderts abgeben. Wo aber sind uns über alle diese Verhältnisse zuverläszigere Aufschlüsze aufbewahrt, denn gerade in den Urkunden? Documente wie z. B. das unten Nr. 112 mitgetheilte, können deszhalb nicht Berücksichtigung genug finden.

Bei der Herausgabe dieser Urkunden stand bei mir die diplomatische Genauigkeit des Textabdruckes als oberster Grundsatz fest, ohne jedoch dabei den Hauptzweck, dem zu lieb ich sie unternommen habe, irgendwie auszer Acht laszen zu wollen. Es ist daher die Bearbeitung nur mit Rücksicht auf die historische Forschung und nicht für palaeographische Studien gemacht worden. Die Schreibweise muste deszhalb z. B. betreffs der einzelnen Anfangs- und Endungbuchstaben (nicht aber bei ꝑ ŏ und ů), dann bei sämmtlichen Abkürzungen, welche alle ohne Ausnahme aufgelöst wurden, wie auch in Hinsicht auf Interpunction und dergleichen mehr sich der modernen Art bequemen und während einerseits die verlängerte Schrift in Zeilen und Namen keineswegs besonders hervorgehoben und nur die Länge der ersten Urkundenzeile bei Originalen in der Regel durch Doppelquerstriche ‖ angedentet wurde, sind dagegen der leichtern Uebersichtlichkeit wegen Zeugen- wie Datierungzeilen vom übrigen Texte stets getrennt und überhaupt im Ganzen die Vorschläge Böhmers (in Friedemanns Zeitschr. für Arch. 2, 131) möglichst treu befolgt worden. Dasz sich oft ganz unerwartete Schwierigkeiten zeigen, weisz am besten jeder, der einmal derartige Arbeiten unternommen hat. Er wird vielleicht auch hier einzelne Versuche zur Hebung derselben, so wenig sie sich aufdrängen mögen, bemerkt haben und es würde mich freuen, wenn dieselben seine Zustimmung erhalten könnten. Was im Texte Ergänzung des Herausgebers ist, wurde stets in Klammern gesetzt und Zweifel über die Richtigkeit der Lesart mit Fragezeichen versehn. Grammatikalische Fehler aber oder entschiedene Corruptionen, von denen es besonders in den nachläszigen Copien der spätern Jahrhunderte wimmelt, sind einfach corrigiert worden, denn mit derartigen Anmerkungen die Urkunden des XII Jahrhunderts gleichsam gelehrt verzieren zu wollen, halte ich geradezu für überflüszig. Deszhalb wurde z. B. ein hier unrichtiges *amplificationem* in das gewisz ursprüngliche „amplificare" umgewandelt, deszgleichen *consuali* in „censuali", *dimittere* in „dimitterem", *egligante* in „negligente", *geruinum* in „genuinum", *in die Thome XIIII* in „indictione XIIII", *in illa* in „nulla", *initasiam* in „in Italiam", *iniuvimus* in „inivimus", *inmarcescilibus* in „inmarcescibilis", *inmortalitatibus* in „inmortalibus", *munime* in „munimine", *obvirare* in „obviare", *peccorum* in „peccatorum", *premissione* in „pro remissione",

presentis in „presentibus“, *rabice* in „rabie“, *si* in „sibi“, *sicut* in „sunt“,
sive in „sue“, *subceptionis* in „subreptionis“, *successit* in „successor“,
suscipe in „suscipere“, *ullius* in „ullus“, *veneratio peterit* in „generatio
preterit“ u. s. w. Wo Ausnahmen hievon dennoch stattgefunden, werden sie
sich hoffentlich von selbst rechtfertigen.

Bei den ungefähr zweitausend Z e u g e n u n t e r f e r t i g u n g e n habe ich
auf die Genauigkeit und Richtigkeit der Namen und Würden die gröszte
Sorgfalt verwendet, zugleich die bereits gedruckten Urkunden verglichen,
benutzt und zu Rathe gezogen. Ohne dieses Verfahren würde manche Berichtigung unmöglich geworden sein. Denn ich habe mich hinreichend überzeugt,
dasz eine Uebersicht über den mitzutheilenden Stoff gerade in dieser Beziehung unumgänglich nothwendig sei, will der Herausgeber auch nur mit einiger
Sicherheit auftreten. Er musz daher nicht blosz Sammler, sondern gewiszer-
maszen auch Bearbeiter seines Stoffes werden, sonst glaube ich, den gemachten
Erfahrungen zur Folge, dasz er denselben kaum richtig herzustellen im Stande
sein wird. Denken wir nur an die Unterfertigungen besonders der deutschen
Zeugen in den Turiner „Monumenta patriae“, deren Namen bis zur Unkennt-
lichkeit entstellt sind, wie soll da auch nur annähernd eine umsichtige Kritik
geübt werden? — Einzelne Bemerkungen über die Zeugenunterschriften in
den Mainzer Urkunden mögen hier am passenden Orte stehn: Eine fest-
bestimmte Rangordnung unter den Zeugen geistlichen Standes der Mainzer
Dioecese, wie wir sie z. B. in den Urkunden der Erzbischöfe von Köln im
XII Jahrhundert finden, treffen wir hier nicht an. — Dasz Zeugenunterschriften bei doppelter Ausfertigung ein und derselben Urkunde nicht selten differieren und darum stets genau verglichen werden müszen, lehrt uns z. B. das
Privileg Erzbischofs Heinrich I von 1151 für das S. Jakobskloster bei Mainz,
wovon zwei Orig. jetzt noch im Archiv zu Darmstadt vorhanden sind, vergl.
Bodmann Rheing. Alterth. 1, 47—48. Ebenso wird eine Vergleichung selbst
späterer Abschriften miteinander immer rathsam und oft nutzbringend sein,
so laszen sich z. B. die fehlenden Zeugen in der Strunck'schen Copialurkunde
Erzbischofs Konrad I von 1193 für Hardehausen bei Erhard Cod. Westf. 1,
228 aus Overham's Coll. vol. 5 im Archiv zu Wolfenbüttel also ergänzen:
*Laici quoque: Christianus comes de Bodenberg, Bertoldus vicedominus in
Erpsford, Thirricus pincerna noster et frater eius Thirricus camerarius,
Hellenwicus de Ringelderod, Heinricus villicus in Erpsford, Hugo magister fori.* — Interessant wegen doppelter Zeugenbestätigungen, gleichsam
als Doppelurkunden, sind die unten mitgetheilten Nr. 10, 28 und *88. — Deszgleichen fallen die Originale Nr. 45, 46 mit dem leergelasznen Raum für die
Zeugen auf. — Ebenso selten trifft es sich, dasz die Aussteller einer Urkunde

zugleich als Zeugen in derselben erscheinen, wie in Nr. 2 und 86. — Wichtig ist die Nachricht über die Zusammenkunft der Erzbischöfe Konrad I von Mainz und Philipp I von Köln mit Herzog Heinrich dem Löwen 1190 Mrz. 11 zu Nörten, die durch die Zeugenunterschriften derselben in Nr. 111 urkundlich feststeht. — Häufig finden wir in Abschriften wie Drucken die Namen verschrieben, die Würden verwechselt, die Interpunctionen falsch gesetzt und gerade diesen wichtigen Theil der Urkunden unverzeihlich verstümmelt, daher ist hier doppelte Wachsamkeit nöthig. Vergl. unten Nr. 51, 127, 146 u. s. w. In Nr. 22 musz es wol statt des handschriftlichen „*Albertus*, praepositus sancti Severi“ richtiger „(*Adelhardus*)“ heiszen. Deszgleichen in der Urkunde Erzbischofs Heinrich I von 1143 Mrz. 19 (gedr. bei Scheidt Anmerk. zu Möser's Staatsr. 688) statt „*Guntherus* abbas de Eberbach“ richtiger „*Ruthardus*“; ferner in desselben Urk. von 1143 (sic) Juli 10 (gedr. bei Schrader Aelt. Dynastenst., 1, 232) statt „Conradus. *Albertus*. Volcnandus —— Cuno S. Disiberti“ richtiger „Conradus. *Abbates*: Volcnandus *Laureacensis*. Cuno“ u. s. w.; ebenso in Erzb. Heinrichs Urkunde von 1144 Juni 19 (gedr. Orig. Quelf. 4, praef. 81) statt „*Cuno de Jecheburg*“ richtiger „Cuno (*de sancto Disibodenberche. Heinricus* oder *Burchardus*) de Jecheburg“; dann in dem Documente Erzb. Heinrichs von 1144 (gedr. bei Guden Cod. dipl. 1, 158. Rossel Eberb. Urk. 1, 18. Orig. in Mainz) statt „*Adelhardus abbas S. Albani. Wernherus abbas S. Jacobi*“ richtiger „Adelhardus (*praepositus S. Severi.*) Abbas S. Albani Wernherus. Abbas S. Jacobi (*Heinricus*)“; ebenso in der Urkunde Erzb. Arnolds von 1160 (gedr. bei Kremer Orig. Nass. 2, 193 und Beyer Mittelrh. Urkkb. 1, 682) statt „*Hermannus* praepositus maior“ richtiger „*Hartmannus*“; zu vergl. ist auch der ganz mangelhafte Abdruck der Urk. Erzb. Arnolds von 1160 bei Guden Cod. 1, 233 mit jenem bei Joannis SS. 2, 645, das Orig. ist jetzt in der Heidelberger Bibliothek u. s. w. [21]) — Dasz übrigens auch in Originalurkunden derartige Versehn vorkommen können, davon liefert uns ein Beispiel Nr. 39 (vergl. Anmerkung hierzu). Das Orig. im Archiv zu Gotha zeigt deutlich: „Hartmannus *decanus* maioris ecclesie“ und an eine Aenderung des Datums in 1143 oder dergleichen ist, abgesehen von der sehr genau bestimmten Datierungzeile, schon wegen anderer Zeugenunterschriften wie z. B. des Wirzburger Bischofs S i e g f r i e d wie des Abtes G e l f e r a d von S. Peter und des Propstes H a r t w i g s vom Hospital zu Erfurt gar nicht zu denken. Vergl. auch Anmerkung zu Nr. 30.

Hinsichtlich der C h r o n o l o g i e in den mitgetheilten Documenten ist bei den einzelnen Berichtigungen, die stets in Klammern den urkundlichen

---

21) Vergl. auch Schaab Gesch. der Stadt Mainz 2, 45 über die Urk. Erzb. Adelbert I bei Guden Cod. dipl. 1, 119. — Mone Zeitschr. für Gesch. des Oberrh. 14, 432 ff.

Daten beigefügt sind, wie bei Nr. 1, 3, 52, 55, 83, 104, 110, 118 u. s. w., das
Nothwendigste beinahe immer gleich in den betreffenden Anmerkungen ange-
führt worden. In der falschen Bulle Nr. 3 ist das Jahr 1100 schon durch die
Erwähnung von 1104 im Texte derselben unmöglich. Bei Nr. 52 weist „pontificatus ... anno VIII" und der Ausstellungort „Laterani" unzweifelhaft auf
1153. Deszgleichen bei Nr. 55, wo „anno ... decemnovenalis cycli XIIII"
und „regis Fritherici secundo" nur auf das 1153 passen. Zur Berichtigung
des Datums in Nr. 83 vergl. auch Bartholomaeus de la Pugliola Hist. misc.
Bonon. ad ann. 1175 bei Muratori SS. 18, 243. In Nr. 110 läszt sich die
Jahreszahl, wenn die Zeugenunterschrift „Hartmannus cantor (sc. maioris
ecclesie)" richtig ist, annähernd genauer in 1184—1186 ergänzen. Die Berichtigung des Datums in Nr. 118 ergibt sich aus der Berechnung der verschiedenen Regierungsjahre des Erzbischofs Konrad I. Bei Nr. 104 endlich
würde nebst dem „imperatore Henrico" auch der Zusatz „regente .."domno
Thitmaro abbaciam in Walkenred" gegen das Jahr 1187 sprechen, weil noch
1188 (Aug.) in einer Urkunde Erzbischofs Konrad I (Urkkb. des hist. Ver. von
Nieders. 2 a 29) „Hekkebertus" als Abt von Walkenried erscheint. — Die ganz
oder theilweise undatierten Urkunden hingegen wie Nr. 11, 23, 43, 49, 50, 51,
53, 58, 59, 69, 70, 71, 72, 73, 74? 89, 97, 98, 102? 103, 112, 122, 123, 129, 131,
134? 135, 143, habe ich mittelst der chronologisch beachtenswerthesten Anhaltspunkte womöglichst genau zu bestimmen gesucht, so dasz nur wenige
Urkunden innerhalb eines gröszern Zeitraums von 20—30 Jahren zu schwanken
kommen, wie z. B. Nr. 69, 74, 102 und 123. Die zuverläszigste Auskunft über
nähere Zeitbestimmung dieser Urkunden gewährten vor Allem die Zeugenunterfertigungen, öfter war aber auch der Ausstellungort entscheidend, so bei Nr. 53,
73, 89, 97, 98, und nicht selten mancher unscheinbare Nebenumstand, wie z. B.
bei Nr. 11 die Gleichzeitigkeit der Verleihung einer Bulle durch P. Honorius II
ebenfalls für ein Thüringisches Kloster, vergl. Jaffé Reg. Pont. 5198; bei Nr. 23
die Anführung der „temporibus papae Innocencii"; deszgleichen bei Nr. 43
das „in causa Wormaciensis electi"; in Nr. 70 die Erwähnung des Papstes
Hadrian IV; bei Nr. 131 die Bezugnahme auf die Urkunde Bischofs Leopold
von Worms von 1196 Jan. 9 u. s. w. — Einige Schwierigkeiten hinsichtlich
der Zeitbestimmung bietet das so überaus wichtige Document Erzbischofs
Konrad I (Nr. 112). Die wiederholte Unterscheidung und getrennte Anführung des Kaisers (also Friedrichs I) und des Königs (Heinrichs VI), deszgleichen des Landgrafen von Thüringen (d. i. Ludwigs III [V]) und daneben
wieder des Pfalzgrafen von Sachsen (also Hermanns, des Bruders und Nach-
folgers Ludwigs III), gestatten den Ausstellungtermin dieser Urkunde höch-
stens bis 1190, dem Todesjahre Kaiser Friedrichs I und Landgraf Ludwigs III

anszudehnen. Dagegen fällt allerdings die Erwähnung der Frau des Pfalzgrafen (Hermanns) von Sachsen als „*nepoti nostre*" auf, denn damit kann
nur die Nichte des Erzbischofs, Sophie, Tochter des bairischen Herzogs
Otto I von Wittelsbach, als zweite Gemalin des Pfalzgrafen gemeint sein;
demnach müszte diese sich bereits vor 1190 mit Hermann vermählt haben?
Oder sollte das Document, dessen Inhalt wesentlich Zustände vor 1190
bezeichnet, vielleicht einige Jahre später wieder umgeschrieben und mit derlei
kleinern Zusätzen versehn worden sein? — Nicht minder schwierig zeigt sich
die Zeitbestimmung bei den undatierten Hersfelder Urkunden Nr. 58 (dürfte
wol richtiger in die Jahre 1146—1153 zu setzen sein), 59, 102, weil noch gar
kein feststehendes Verzeichniss der untergeordneten kirchlichen Würdenträger des Klosters vorhanden ist. Ungedruckte Hersfelder Urkunden aus dem
XII Jahrhundert könnten sich vielleicht noch im Casseler Archiv finden. Ueber-
haupt wäre ein „Codex Hersfeldensis abbatiae diplomaticus" gewisz eine der
schönsten und lohnendsten Aufgaben hessischer Historiker. — Bei Nr. 31
ist im Jahresdatum und bei Nr. 111 im Tagesdatum die Ziffer V absichtlich
verstümmelt gesetzt worden, weil von derselben in den betreffenden Originalen gleichfalls nur sehr undeutliche Spuren sichtbar sind. — Die undatierte
Bulle P. Innocenz II für Hersfeld bei Wenck Hess. Landesgesch. 2, 84 weist
im Original im Archiv zu Cassel folgende Datierungzeile auf: *Data Pisis,
per manum Aimerici sancte Romane ecclesie diaconi cardinalis et cancellarii, kalendas Novembris, indictione XII, incarnationis dominice
anno M.C.XXXV, pontificatus domni Innocentii pape II, anno V.* —
Besonders mittelst Zeugenvergleichung hätte sich allerdings manche Urkunde,
die mit einfachem Jahresdatum versehn ist, genauer nach Monat und Ausstellungort bestimmen laszen, allein das ist zunächst Aufgabe der Regesten,
die in ihrer Aufeinanderfolge zugleich am besten die entscheidenden Beweise
zu liefern im Stande sind. [22]) Hier war das um so weniger unsre Aufgabe,
als diese Arbeit bereits von bekannter Meisterhand handschriftlich vollendet
bereit liegt.

---

22) Freilich musz dann anders zu Werke gegangen werden als z. B. in Scriba Regesten
des Groszherz. Hessen, wo abgesehn von unrichtigen Citaten, Verwechslungen der
Urkunden und dergleichen mehr, auch in der Zeitbestimmung die ärgste Verwirrung
anzutreffen ist. Oder was soll man sagen wenn in Abth. 3 sammt Suppl. Nr. 950
eine Urk. Erzb. Adelberts I in das Jahr 1024! eingereiht ist; deszgleichen Nr. 4945
eine Urk. Erzb. Adelberts I zu dem Jahre 1175 statt 1134 (Juni — Sept.); Nr. 5137
eine Urk. Erzb. Konrads I in das Jahr 1063! oder Nr. 5139 in Urk. Erzb. Christians I zu 1068! u. s. w. Es darf uns dann freilich nicht befremden, wenn im Register
zur Abth. 3 Seite 353 Erzb. Adelbert I zwischen den Erzbb. Erkenbald (1011—21)
und Luitpold I (1051—59) eingereiht erscheint oder im Generalregister Seite 71
zwischen Erzb. Bardo (1031—51) und Luitpold! — Wie ganz anders ist dagegen
Schultes Directorium diplomaticum über die Geschichte Obersachsens gearbeitet und
zwar bereits vor vierzig Jahren.

Die Art der Besiegelung unsrer Urkunden ist bei jedem Originaldocumente besonders hervorgehoben. Die allgemeine Sitte, wornach das
Siegel zunächst auf der Vorderseite des Documents aufgedrückt und erst
seit den sechziger Jahren des XII Jahrhunderts, wahrscheinlich nach dem
Vorgange in der kaiserlichen Kanzlei, angehängt wurde, sehen wir auch in
der erzbischöflichen, wie in den übrigen geistlichen und weltlichen Kanzleien
der Mainzer Dioezese befolgt; deszhalb treffen wir auch erst bei Erzbischof
Christian I (vergl. Nr. 83) das erzbischöfliche Siegel angehängt an; dann
aber auch immer häufiger wie in Nr. 95, 109, 113, 117, 120, 121, 123, 126,
130, 131, 134 u. s. w. Die eine von den Originalurkunden Erzbischofs Adelbert I für Klingenmünster von 1115 im Archiv zu Karlsruhe mit angehängtem
Siegel wird deszhalb schon als verdächtig zu beanstanden sein. Nur aus-
nahmweise werden Siegel auch auf die Rückseite der Urkunde aufgedrückt,
wovon unten Nr. 75 und 85 Beispiele liefern. Auch finden sich im XII Jahrhundert nicht gar zu häufig mehrere Siegel an ein und demselben Documente,
wie hier Nr. 75 und 128. Von dem gleichfalls selten vorkommenden Gebrauch
an Urkunden nur fremde nicht vom Aussteller herrührende Siegel anzubrin-
gen, liegen uns einige Fälle vor, wie in Nr. 84, insbesondere aber von den
Erzbischöfen Ruthard und Adelbert I. So drückt sein Siegel:

Erzb. Ruthard		1103 an die Urk. des S. Stephansstifts zu Mainz. Günther Cod. Rheno-Mos. 1, 161. Beyer Mittelrh. Urkkb. 1, 466.
-	„	1106 an die Urk. des Dompropstes Embrico von Mainz. Wenck Hess. Landesgesch. 3, 63.
„	„	1108 an die Urk. des Abtes Burkhard von S. Jakob bei Mainz. Vergl. unt. Nr. 2.
„	„	1108 an die Urk. eines gewissen Ludwigs für S. Jakob bei Mainz. Bodmann Rheing. Alterth. 1, 104.
„	Adelbert I	1112 an die Urk. des Propstes Ceizolf von Altenmünster zu Mainz. Bär Beitr. 1, 140.
„	„	1125 an die Urk. des Propstes Heinrich von Jechaburg Müldener Vitae quorumdam Rotleibiae dynast. 6.
„	„	1136 an die Urk. für das Kloster Lippoldsberg. Vergl. unten Nr. 19 u. s. w.

Abbildungen der Mainzer erzbischöflichen Siegel von Ruthard, Adelbert I
und II, Markolf, Heinrich I, Arnold, Konrad I und Christian I liefert unter
Andern Würdtwein in den Vorreden zu seinen Nova subs. dipl. Bd. 1 und 2.
Ich habe als Titelvorblatt das Mainzer Stadtsiegel, das älteste von allen uns
erhaltenen deutschen Stadtsiegeln ganz genau abbilden laszen, die Gabe wird
hoffentlich willkommen sein. Von diesem Siegel findet sich allerdings nur
noch ein ganz kleines Fragment an der Urkunde Nr. 50, die, nach den ange-

führten Zeugen: „Hartmannus ecclesie maioris prepositus" (seit 1143 Sept.) und „Arnoldus camerarius" (bis 1153 Juni) zu schlieszen, innerhalb der bezeichneten Jahre ausgestellt sein muste. Beszer erhalten ist dasselbe Siegel an der Urkunde von 1175 (unten Nr. 84), wovon auch die Abzeichnung genommen worden ist. Das nunmehr zweitälteste erhaltene deutsche Stadtsiegel ist das von Köln an der Urkunde von 1159, vergl. Lacomblet Niederrh. Urkkb. 1, 276. Ennen Quell. zur Kölner Gesch. 1, 550, wo auch die Abbildungen desselben zu finden sind.

Am Schlusze des Buches ist ein P e r s o n e n - u n d O r t s r e g i s t e r angefügt. Fast scheint es unerlaubt heutigen Tages ein Urkundenbuch ohne ein derartiges Verzeichniss in die Welt zu schicken. Ich hoffe, dasz man mit der Einrichtung desselben zufrieden sein wird. Auch habe ich getrachtet, es so vollständig wie nur möglich zu machen und soweit meine Hilfsmittel es erlaubten, auch an genauern Bestimmungen in chronologisch, genealogisch und geographischer Beziehung es nicht fehlen zu laszen. Dasz übrigens der Specialforschung gerade hier ein weites Feld zu mancherlei Ergänzung und Berichtigung offen steht, brauche ich nicht besonders hervorzuheben. Jedem verbeszernden Beitrage zoll ich in vorhinein meinen vollsten Dank. — Das beigeschloszne I n h a l t s v e r z e i c h n i s s endlich weist nebst der rectificierten chronologischen Reihenfolge der Documente (vergl. Nr. 58, 71 [wegen Markgraf Konrads I von Meissen wol richtiger zu 1153—1156] und 110) insbesondere die Quellen nach, welchen die einzelnen Urkunden entlehnt worden sind.

Mit Recht bemerkt Waitz in dem Aufsatze: „Wie soll man Urkunden ediren?" bei Sybel Hist. Zeitschr. 4, 447, dasz der Herausgeber von Urkunden die P r ü f u n g d e r E c h t h e i t und die Erörterung all' der Punkte, die auf diese Frage Bezug nehmen, zu geben habe. In der nachstehenden Sammlung habe ich sieben Documente: Nr. 3, 4, 62, 76, 79, 88 und 109 für geradezu unecht oder doch für sehr verdächtig erklärt und den jeweiligen Hauptgrund des Anstoszes mehr oder minder ausführlich angedeutet. Da bis auf die letzte Urkunde alle übrigen noch im Original vorhanden sind, so kann die Kritik mit um so gröszerer Sicherheit verfahren. Denn sonst ist sie allerdings dadurch sehr gehemmt, dasz die erzbischöflichen Documente aus jener Zeit keineswegs wie z. B. die Kaiserprivilegien in den Formalien ein strenges Gesetz beobachten, an welchem der zuverläszigste Maszstab zur Beurtheilung der Giltigkeit derselben gewonnen werden könnte. Deszenungeachtet fehlt es aber dennoch nicht an Anhaltspunkten, die uns hinreichende Festigkeit zur Begründung unsrer Zweifel zu geben im Stande sind. — Nr. 3, die Bulle P. Paschals II erweist sich schon durch das Jahr 1100 und die für päpstliche Bullen unerhörte Eingangsformel: „In nomine summae et individuae trinitatis" als unhaltbar. — Enge mit derselben, auch den nämlichen Gegenstand betreffend, hängt Nr. 4, das Document Erzbischofs Adelbert I von 1109 zusammen, worin Adelbert, damals mit der römischen Curie am wenigsten befreundet, sich schon „apostolice sedis legatus" nennt, was er doch erst zehn Jahre später geworden ist (vergl. Jaffé Reg. Pont. 4971), ganz abgesehn von dem Bedenken, das überhaupt gegen jede Urkunde spricht, die er als Erzbischof bereits 1109 ausgestellt haben sollte, da er im genannten Jahre nur zum Erzbischof designiert (Ann. Corb. ad h. a. in Mon. Germ. SS. 3, 7) und erst 1111 gewählt (Ann. Hild. contin. Pader. ad h. a. in Mon. Germ. SS. 3, 113) und am 15. Aug. dieses Jahres investiert wurde (Ekkehard Uraug. chron. in Mon. Germ. SS. 6, 245). — Nr. 62, das Privileg Kaiser Friedrichs I ist, wie sich unzweifelhaft aus den Zeugen ergibt, auf Grundlage der Kaiserurkunden Nr. 61 und 87 gröblich gefälscht; am schönsten ist dabei, dasz hier Konrad als Mainzer und zugleich angeblich ein anderer Konrad als Salzburger Erzbischof erscheint, während es doch ein und dieselbe Person war, die diese beiden Würden, freilich zu verschiedenen Zeiten begleitete. — Die Fälschung von Nr. 76 mit der ganz sinnlosen Genealogie Herzog Heinrichs des Löwen, des Ausstellers der Urkunde, bedarf wol keiner weitern Erörterung. — Ebensowenig Nr. 79, das Originaldocument von Erzbischof Heinrich I aus dem Jahre 1166, da er bereits 1153 Juni seines Amtes entsetzt wurde (Mart. Arnoldi bei Böhmer Fontes rer. Germ. 3, 273. Otto Fris. Gest. Frid. 2, c. 9 bei Muratori SS. 6, 705. Ann. Dissib. und Ann. Col. max. ad h. a.), auch sind die unterfertigten Zeugen zum Theil aus noch späterer Zeit entlehnt, als das Datum der Urkunde andeutet. — Bei Nr. 88 dürfte das in der betreffenden Anmerkung Zusammengestellte vollkommen genügen, um die Unhaltbarkeit dieses erzbischöflichen Actenstückes zu beweisen. — Endlich ist noch Nr. 109, das Document Erzbischofs Konrad I für das Kloster Weende herauszuheben, es ist das einzige, das uns nicht mehr in Original, sondern nur in neuerer Abschrift und zwar einer vidimierten Urkunde von 1300 Aug. 27 erhalten ist, die Beglaubigung heiszt: *Nos dei gracia de Northeim, de Stene, de Reinhusen monasteriorum abbates ordinis S. Benedicti, Maguntine dioecesis, litteras prescriptas, sigillatas, non concellatas et in nulla parte viciatas nos vidisse cognoscimus et sigillis nostris in testimonium et credenciam appositis lucide protestamur. Datum anno domini millesimo trecentesimo, sabbatho post Bartholomei apostoli.* Die Vergleichung mit dem nur sieben Jahre jüngern Privileg (Nr. 127) desselben Erzbischofs für das nämliche Kloster dürfte aber den Verdacht gegen die Echtheit unserer Urkunde bedeutend erhöhen; denn abgesehn von einer Menge auffallender stylistischer Unzukömmlichkeiten, ist es geradezu undenkbar, dasz eine so bedeutende Anzahl von Gütern, wovon im echten Document von 1196 trotz der Aufzählung der: „bona predicti cenobii, que sub banni nostri (sc. archiepiscopi) protectionem suscipimus simul cum adquirendis" mit keiner Silbe Erwähnung geschieht, in dem kurzen Zeitraum von sieben Jahren dem Kloster hätte abhanden kommen können, ohne dasz darüber auch nur die geringste Andeutung des Weitern gemacht worden wäre. Es scheint mir vielmehr wahrscheinlich, dasz die Fälschung zur Zeit des Vidimus verfertigt wurde und zwar mit Benutzung einer echten Urkunde, der auch die Zeugen, wenn auch incorrect entlehnt worden sind. — Diese Beispiele, die wir noch mit manchem Stück aus dem erzbischöflichen Urkundenvorrathe vermehren könnten, mögen genügen, um uns zu zeigen, wie behutsam wir bei Benutzung nicht blosz päpstlicher und kaiserlicher Documente aus jenen Zeiten, sondern auch bei Urkunden aus verhältnissmäszig untergeordneteren Kreisen zu Werke gehen müszen, wenn uns nicht der gerechte Vorwurf treffen soll, ungeprüft und im guten Glauben hin eine Menge falscher Nachrichten verwerthet zu haben. Die Fälschung kannte eben keine Gränzen und ergosz sich gleichsam über den gesammten Urkundenstoff.

Die ursprüngliche Absicht des Herausgebers ging allerdings dahin, mit der Veröffentlichung dieser Sammlung zugleich eine Bearbeitung der Geschichte der Mainzer Erzbischöfe im XII Jahrhundert zu verbinden, wozu auch die Vorarbeiten in ausgedehntem Masze angelegt und vorgeschritten sind. Allein anderweitige Studien und Verpflichtungen machten es ihm für jetzt unmöglich zugleich die Früchte seiner Bemühungen einernten und dabei diese „Acta Maguntina" doch nicht länger zurückhalten zu wollen. Aber aufgegeben ist deszhalb dieser Lieblingsplan seiner Studien keineswegs. Mit wahrem Vergnügen denke ich oft an die kleinen wechselvollen Schicksale, die mir während des Sammelns dieser Urkunden in Nord und Süd und West unsres schönen groszen Vaterlandes begegnet sind. An jene wolgemeinte Bewirthung in den Räumen eines städtischen Archivs „damit mir die Arbeit leichter würde", und auch wieder an jene entgegengesetzte Ueberraschung in den Sälen einer deutschen Staatsbibliothek, wo ich mich plötzlich in später Dämmerstunde und noch dazu an einem Sonnabend vor verschloszenen Thüren befand mit der Aussicht auf eine höchst unerquickliche Nacht- und nicht minder trostlose Sonntagsruhe. Doch auch an wirklich ernsten Erfahrungen sollte es mir nicht gebrechen. Wie war ich erstaunt als ich von dem Vorstande eines deutschen Staatsarchivs auf meine Erkundigung nach einem bestimmten Copialbuche die unerwartete Auskunft erhielt: „Ja, was verstehn Sie unter einem Copialbuch?" Es war mir allerdings vergönnt die Räumlichkeiten jenes Archivs besichtigen und mich auch von den Verdiensten des

Schreiners und Schloszers bei den neuen Einrichtungen desselben überzeugen
zu können, damit m u s t e sich aber auch mein Forschungtrieb zufrieden geben,
denn jede weitere Bemühung wäre hier ganz vergeblich gewesen. Wie lange
werden noch solchen Leuten solche Schätze anvertraut bleiben? — Nicht
minder unangenehm berührte mich die Erfahrung, dasz ununterbrochen auch
noch in jüngster Zeit deutschen Grund und Boden betreffende Originaldocumente nach England verkauft werden und noch dazu von — angeblichen —
Freunden vaterländischer Geschichte, so lauteten wenigstens mir gegenüber
die Betheuerungen eines solchen Verkäufers mehrerer Ichtershauser Urkunden
aus dem XII Jahrhundert. Sollte denn ein Mr. Wilkisson wirklich mehr für
derartige Documente bezahlen als ein deutsches Landesarchiv? — Dagegen
ist mir freilich ein reicher Ersatz für alle kleinen und gröszern Widerwärtig-
keiten in der Bekanntschaft mit so vielen trefflichen Männern erwachsen, die
ich auf meinen Reisen in allen Gauen Deutschlands zu treffen das Glück hatte.
Vor allem bin ich dem Mann auf das innigste verpflichtet, dessen Name dieser
Sammlung voransteht, denn von ihm kam Anregung, Ermuthigung und die
wolwollendste Unterstützung. Aber auch gegenüber allen Vorständen an den
von mir benutzten Archiven und Bibliotheken, die mir überall auf das freund-
lichste entgegengekommen sind und denen ich ein gut Theil an dem Zustande-
kommen dieser Blätter einzuräumen habe, so zu Berlin, Cassel, Darmstadt,
Dresden, Erfurt, Frankfurt, Gotha, Göttingen, Hannover, Heidelberg, Idstein,
Karlsruhe, Mainz, München, Rudolstadt, Wertheim, Wolfenbüttel, Wirzburg
u. s. w., ist es mir eine angenehme Genugthuung hier öffentlich meinen auf-
richtigsten Dank aussprechen zu können, insbesondere den HH. Archivdirector
Baur in Darmstadt, Archivar Landau in Cassel und Grotefend in Hannover,
Freiherrn von Preuschen zu Idstein, Oberbibliotheker Halm zu München,
Hofrath Hesse zu Rudolstadt, Bibliothekar Bethmann, Archivdirector Schmidt
und W. Ehlers zu Wolfenbüttel und Professor Contzen in Wirzburg, denen
ich mich noch nachträglich für die grosze Nachsicht verpflichtet fühle, die sie
mit meinem vielleicht nur allzu lästigen Eifer stets so wolwollend geübt haben.
Schlieszlich kann ich nicht umhin auch meinen hiesigen Freunden, Professor
Dr. J. Ficker für die Freundlichkeit, womit er mir seine reichhaltige Hand-
bibliothek zur Verfügung stellte und Dr. Alfons Huber für die Bereitwilligkeit
zu danken, mit der er sich entschloszen die so lästige Correctur dieses Buches
mit mir theilen zu wollen.

Innsbruck im December 1862.

K. F. Stumpf.

INHALTS-VERZEICHNISS.

BERICHTIGUNGEN.

Vergl. für die Eigennamen im Allgemeinen die Personen- und Ortsregister.

Seite	3	Zeile	32	zu lesen:	preponatur
„	10	„	18	„	eine Hufe
„	11	„	8	„	archiepiscopus et apostolice sedis
„	11	„	9	„	adversarios
„	12	„	31	„	protectione suscipimus
„	14	„	5	„	preponatur
„	14	„	23	„	pontificatus
„	16	„	14	„	Jechaburg
„	16	„	20	„	comitis
„	23	„	36	„	presbiteri:
„	26	„	29	„	(Adelhardus) vergl. Einl. XXIX
„	26	„	39	„	Moguntine
„	27	„	31	„	eine halbe Hufe
„	28	„	42	„	pontificum
„	32	„	7	„	Bursfeldensi
„	32	„	10	„	quia
„	35	„	1	„	confirmaremus
„	41	„	16	„	preesse
„	61	„	6	„	(1146—1153) vergl. Einl. XXXI
„	64	„	5	„	antecessores
„	68	„	12	„	— Mainz 1158.
„	74	„	39	„	(1153—1156) vergl. Einl. XXXIII
„	75	„	30	„	eine Hufe
„	85	„	19	„	Alb. com. de Scoemburch Ditmelle eccl. adv.
„	88	„	10.27	„	Cûnradus Winzo,
„	94	„	33	„	Johannes
„	95	„	37	„	Dêdo
„	95	„	39	„	frater,
„	55	„	40	„	Dietherus
„	96	„	26	„	Conradus Winz,
„	100	„	5	„	eine Hufe Landes
„	106	„	34	„	(1184—1188)
„	108	„	9	„	milites omnes; praeterea testes de
„	112	„	2	„	duae
„	112	„	33	„	(1184—1186) vergl. Einl. XXX
„	115	„	44	„	Ludolfo de Dassele
„	117	„	43	„	jährliche überschüszige Einkommen
„	135	„	14	„	Rudelstedt
„	139	„	9	„	Rudersdorf
„	141	„	25	„	Coufungen
„	144	„	12	„	(1199—1200)

ACTA MAGUNTINA

SECULI XII.

Paschalis episcopus servus servorum dei dilecto in Christo fratri Giselberto abbati venerabilis monasterii sancte dei genitricis et virginis Marie sanctique Johannis Evangeliste quod in loco situm est, qui Reginherisbrun dicitur, eiusque successoribus regulariter substituendis in perpetuum. || Iustis votis assensum prebere iustisque petitionibus aures accommodare nos convenit, qui licet indigni iustitiae custodes atque precones in excelsa apostolorum principum Petri et Pauli specula positi domino disponente conspicimur. Tuis igitur fili in Christo venerabilis atque karissime iustis petitionibus annuentes monasterium Reginesherisbrun, cui deo auctore presides, ad honorem sancte dei genitricis et virginis Marie sanctique Johannis Evangeliste, quorum nomini dedicatum est, sub tutela apostolice sedis specialiter confovendum protegendumque suscepimus. Quod nimirum monasterium Liudowicus comes infra silvam que vocatur Liuba propriis sumptibus edificans et propriarum possessionum collatione ditans pro animæ suæ ac parentum suorum salute beatis apostolis Petro et Paulo noscitur obtulisse, et in Romani pontificis defensionem vos perpetuo delegasse. Eius ergo votum assensionis nostre favore firmantes per huius privilegii paginam apostolica auctoritate statuimus: ut quicquid idem religiosus comes in mancipiis, in campis, silvis, pratis, aquis, aquarumque decursibus, in molendinis et in mansis circa silvam Liube prediorum prefato cenobio contulit, quicquid preterea hodie iuste possidet, sive in crastinum concessione pontificum, liberalitate principum, vel oblatione fidelium iuste atque canonice poterit adipisci, firma tibi tuisque successoribus et illibata permaneant. Decernimus ergo, ut nulli omnino hominum liceat idem cenobium temere perturbare, aut ei subditas possessiones auferre vel ablatas retinere, minuere, vel temerariis vexationibus fatigare, sed omnia integra conserventur eorum, pro quorum sustentatione ac gubernatione concessa sunt, usibus omnimodis profutura, salvo episcoporum iure canonico. Obeunte nunc eius loci abbate vel tuorum quolibet successorum nullus ibi qualibet subreptionis astutia vel violentia proponatur, nisi quem fratres communi consensu

---

*) Gleichzeitig mit Jaffé Reg. Pont. 4414 — 4415. Im Jahre 1103 war bereits E r n s t Abt von Reinhardsbrunn vergl. Böhmer Reg. imp. 1970.

vel fratrum pars consilii sanioris secundum dei timorem et beati Benedicti regulam elegerint. Quod si iu suo collegio invenire nequiverint, qui huic regimini idoneus habeatur, liceat eisdem quocunque maluerint loco sui ordinis virum sueque professionis assumere. Crisma, oleum sanctum, consecrationes altarium sive basilicarum, ordinationes monachorum, qui ad sacros fuerint ordines promovendi, ab episcopo in cuius diocesi estis accipietis, siquidem gratiam atque communionem apostolicę sedis habuerit et si ea gratis ac sine pravitate voluerit exhibere, alioquin liceat vobis catholicum quem malueritis adire antistitem et ab eo consecrationum sacramenta suscipere, qui apostolice sedis fultus auctoritate quod postulatur indulgeat. Sane predictum comitem vestri cenobii advocatum sicut a vobis est electus permaneat, quamdiu vixerit eiusque posteros si idonei fuerint statuentes; decetero sancimus ut nullus unquam vestri monasterii advocatus esse presumat, nisi quem fratres communi consensu providerint eligendum. Ad indicium autem percepte a Romana ecclesia libertatis secundum ipsius iam dicti comitis constitutionem per annos sigulos duos monete vestre solidos Lateranensi palatio persolvetis. Si quis autem in crastinum archiepiscopus aut episcopus, imperator aut rex, princeps aut dux, comes aut vicecomes, iudex aut persona quelibet potens aut inpotens huius nostri privilegii paginam sciens contra eam temere venire temptaverit, secundo terciove commonitus si non satisfactione congrua emendaverit cum honoris sui et officii periculo subiacere decernimus, et a Christi atque ecclesie corpore auctoritate potestatis apostolice, segregamus, conservantibus autem pax a deo et misericordia presentibus ac futuris seculis conservetur. Amen. Amen. Amen.

Scriptum per manum Petri notarii regionarii et scriniarii (?) sacri palatii.

Ego Paschalis catholice ecclesie episcopus.

Datum Laterani, per manum Johannis sancte Romane ecclesie diaconi cardinalis. III idus Aprilis, indictione X, incarnationis dominice anno M.C.IIII, pontificatus autem domini Paschalis II papae III.

Die päpstliche Bulle fehlt.

2. — *Abt Burkhart von S. Jacob bei Mainz bestimmt einem gewiszen Anselm den zu entrichtenden Erbpachtzins von der Schenkung seines Vaters Ezzo aus Lorch, und Erzbischof Ruthard von Mainz besiegelt diese Verfügung.* — *1108.*

(In nomine patris et filii) et spiritus sancti. Ego Burchardus humilis provisor ecclesię sancti Jacobi notum esse cupio cunctis fide'|(libus futuris quam pre)sentibus, qualiter Ezzo de villa Loricha ad conversionem venieus mansum unum quem in predicto loco proprium posse (dit..........) ac sollempni donatione ad altare sancti Jacobi tradidit. Hunc filius eius Anselmus iure hereditario a nobis suscepit eo tenore, ut ipse et posteri propinquiores eius omnibus annis in festo sancti Martini uncias septem custodi et quinque solidos fratribus persolvant. Quem censum si statuto tempore reddere neglexerint, datis legitimis induciis si non satisfecerint ab hereditate excludantur et ad utilitatem ecclesie pro libitu custodis ac fratrum idem mansus disponatur.

Acta sunt anno dominice incarnationis millesimo C.VIII, indictione I, regnante Heinrico rege huius nominis quinto, sub reverentissimo Mogontine sedis archipresule Rûthardo, cuius sigilli impressione carta hec signata ac contra (omnes) adversarios tali testimonio confirmata est.

Preterea et alii sunt testes adhibiti: ego quidem Burchardus abbas, Udo, Rûthardus, Williclinus, Gerungus, Diemo, Rûdolfus fratres et prelati coenobii nostri et laici: Anselm, Walther, Bûbo et alii quam plures.

Das aufgedrückte Siegel des Erzbischof Rudharts von Mainz.

3. — *Papst Paschal II bestätigt in einer gefälschten Bulle dem Kloster Reinhardsbrunn die Kirche zu Tettenborn, eine Schenkung eines gewissen Reginfrieds. — Rom 11.. (1104 — 1109).*)

In nomine summae et individuae trinitatis (!). Paschalis servus servorum dei. Quoniam iustis votis assensum prebere iustisque petitionibus aures accommodare nos convenit ‖ omnibus Christi fidelibus notum esse volumus, quod monasterium quoddam Reginherisbrunno dictum a Ludowico comite circa Loibam silvam propriis sumptibus edificatum et propriarum possessionum collatione ditatum, proque animae suae ac parentum suorum salute beatis apostolis Petro et Paulo oblatum et in Romani pontificis defensionem iure perpetuo delegatum, nos quemadmodum et antecessor noster beatae memoriae Urbanus ad honorem sanctae dei genitricis et virginis Mariae, sanctique Johannis Evangelistae, quorum nomini dedicatum est, sub tutela apostolice sedis specialiter confovendum protegendumque suscepimus. Quod nimirum monasterium paulatim per incrementa temporum ex oblatione fidelium nec minus in timore dei ampliari et succrescere audientes gaudemus, ac ne quis collata et concessa, quod absit, inposterum aliqua violentia auferat universali Christi aecclesiae commendantes intimamus, quod vir quidam Reginfridus et uxor eius Wilecha in loco proprii predii sui, qui dicitur Tithenbrunno ecclesiam ad honorem dei eiusque matris, perpetuae virginis Mariae condiderint, cui omnem circumiacentem terram suae ditionis tradiderint, cum silvis, pratis, campis, aquis aquarumve decursibus viis et inviis, exitibus et reditibus, deinde in proxima villa, quae Bergeridon dicitur, duos mansos, in Hervesliebon quatuor mansos, in Elbingon duos item duos in Rithrode, unum apud Rothagorode, dimidium apud Waffenliebe, in villa Stuchfurte predium unum octo mansorum cum omnibus suis appenditiis, item in secunda Pergeriedon XXX mansos aut amplius, nec non in Steinbrucchon tres mansos, insuper decem mancipia: VI eorum censualia et IIII servili operi mancipata. Preterea recognoverunt ibidem deo (?) omnem

---

*) Vergl. Jaffé Reg. Pont. 4354? — Die Fälschung scheint auf Grundlage der Urkunden des Erzbischof Rutharda von Mainz vom Jahre 1104 und Reginfrieds vom Jahre 1109 (vergl. Schultes Dir. dipl. 1, 217, 225) vorgenommen zu sein.

decimationem trium dominicalium suorum, quae quoniam in potestate erant
Mogontiensis archiepiscopi, cuius diocesi locus ille subiacet, Rûthardi scilicet,
qui ecclesiam eandem dedicavit, anno dominice incarnationis MCIIII, indictione
XII, tradidit eandem decimationem ęcclesiae illi ad usum ibidem deo servientium; cimiterium etiam eiusdem ęcclesiae consecravit et licentiam illic sepeliendi et baptizandi episcopali auctoritate concessit. Aecclesiam autem illam
et omnia bona ad hanc pertinentia tradidit prenominatus vir Reginfridus pro
remedio animae sue, uxoris sue, omniumque debitorum suorum ad monasterium Reginherisbrunno, super altare sanctae Mariae, sanctique Johannis Evangelistę, ea conditione abdicans se omnibus his, ut quamdiu ipse vivat advocatus
illic sit, post in abbatis pendeat arbitrio, quem potissimum eligere velit, idemque provideat, ut certis temporibus et statutis diebus nullus ibi sit divinę
servitutis defectus. Has concessiones et donationes pontificalis banni obli-
gatione iam dudum more ęcclesiastico confirmatas, nos quoque petitione Er-
nesti venerabilis abbatis assertionis nostrae favore corroborantes, per huius
nostri privilegii paginam apostolica auctoritate statuimus, ut quicquid uterque
locus Reginherisbrunno sive Titenbrunno hodie iuste possidet sive in crastinum
concessione pontificum liberalitate principum vel oblatione fidelium adipisci poterit firma sibi suisque successoribus et illibata permaneant. Decernimus ergo
ut nulli omnino hominum liceat supra dicta loca temere perturbare, aut eis
subditas possessiones auffere vel ablatas retinere, minuere vel temerariis vexationibus fatigare, sed omnino integra conserventur eorum, pro quorum sustentatione ac gubernatione concessa sunt, usibus omnimodis profutura. Si
quis autem in crastinum archiepiscopus aut episcopus, imperator aut rex,
princeps aut dux, comes aut vicecomes, iudex aut persona quaelibet potens aut
inpotens huius nostri privilegii paginam sciens contra eam temere venire temptaverit, secundo terciove commonitus, si non satisfactione congrua emendaverit,
eum honoris sui et officii periculo subiacere decernimus et a Christi atque
aecclesiae corpore auctoritate potestatis apostolicae segregamus. Conservantibus autem pax a deo et misericordia presentibus ac futuris seculis conservetur. Amen. Amen. Amen.

Data Romae, per manum Johannis sanctae Romanae ecclesiae diaconi
cardinalis. Anno dominice incarnationis M.C....

Keine Spur einer Bulle.

**4. — Erzbischof Adelbert I von Mainz und apostolischer Legat (!) bestä-
tigt in einer falschen Urkunde dem Kloster Reinhardsbrunn das Gut
Tettenborn. — 1109.*)**

In nomine summe et individue trinitatis. Adelbertus dei gratia Moguntinensis archiepiscopus et apostolice sedis legatus. Omnibus tam presentibus
quam futuris Christi fidelibus notum esse volumus, qualiter vir quidam nobilis
Reinfridus nomine pro remedio animę suę et uxoris suę Wileke omniumque

*) Vergl. die Anmerkung zur vorhergehenden Urkunde.

parentum ipsorum animarum salute tradidit ecclesię sanctę dei genitricis Marię, sanctique Johannis Evangeliste in loco qui Reinherisbrunnun dicitur constructę proprii Iuris sui locum Dietenbrunnun dictum cum capella ibidem constructa et universa circumiacente suę potestatis terra et nemore et cum omnibus ad eandem capellam pertinentibus cultis et incultis, mancipiis et universis utilitatibus suis ea scilicet conditione, ut nullis temporibus ibidem sit divine servitutis defectus, sed prout possibilitas patitur a monachis inibi deo iugiter serviatur. Eadem siquidem capella a prodecessore nostro Rûthardo sancte Mogonticensis ecclesię archiepiscopo est consecrata, hacque libertate cum privilegii sui auctoritate donata, ut liceat illic baptizari, sepeliri, sed et decimationem trium dominicalium eorundem fidelium quam ibidem recognoverunt eidem ecclesię perpetuo iure persolvi. Hanc igitur traditionem ac pontificali auctoritate concessam libertatem firmam et inconvulsam cunctis permanendam temporibus, rogante Ernesto venerabili abbate Reinherisbrunnense, banno dei et nostro predicto cenobio quiete et potestative in sempiternum perfruendam firmavimus, eamque scripto hoc memorie commendantes sigilli nostri impressione signari iussimus.

Actum anno ab incarnatione domini M.C.VIIII, indictione II.

Das aufgedrückte Siegel des Erzbischof Adelberts ist noch zur Hälfte vorhanden.

5. — *Kaiser Heinrich V bestätigt dem Kloster Reinhardsbrunn das tauschweise von dem Abt Hartwig von Hersfeld, einer gewiszen Kunigunde und dem Pfalzgrafen Siegfried erworbene Gut Steinfürst. — Worms 1111 Aug. 27.* *)

In nomine summae et individuae trinitatis. Heinricus divina favente clementia Romanorum imperator augustus.|| Notum esse volumus tam futuri quam presentis temporis fidelibus, qualiter nos petitione Ernesti abbatis Reginherisbrunnensis cenobii et Ludowico comite interveniente, locum qui dicitur Steininfirst suo monasterio in proprietatem concambio quodam acquisitum erga Hartwigum Hersfeldensem abbatem per manum Sizonis comitis sui advocati, tribus videlicet mansis et dimidio in villa Merchesliebe dicta, nec non erga Kunigundam cum sex mansis in Ingrisliebe, Thuoteliebe, Hantschuhesliebe, nec non erga palatinum comitem Sigifridum eiusque coniugem Gertrudem, qui partem ad se pertinentem felici conmutatione pro servicio ab abbate et fratribus sibi inpenso tradiderunt, regia auctoritate predicto monasterio Reinhardsbrun stabilitum esse perpetualiter possidendum volumus cum omnibus appenditiis ad eundem locum Steininfirst pertinentibus, hoc est areis, pratis, pascuis, silvis, venationibus, piscationibus, viis et inviis, cultis et incultis, exitibus et reditibus (quesitis et inquirendis) cum omni utilitate quę quocunque modo nominari vel dici possit; hoc imperiali censura statuentes, ut

---

*) Ist wol die ursprüngliche Fassung und Böhmer Reg. Imp. 2009 eine spätere Erweiterung derselben?

nemo illic aliquid negotii exerceat preter abbatem prefati cçnobii et cui iusse-
rit ipse. Et ut hec nostre pietatis confirmatio ab omnibus semper credatur
et stabilis potentialiter permaneat hanc inde cartam testamentariam conscriptam et manu propria corroborantes, sigilli nostri impressione insigniri iussimus.
Signum domini Heinrici quarti imperatoris augusti invictissimi.
Albertus cancellarius, vice Mogontine ecclesiae, quae nunc archicancel-
lariatum tenet, recognovit.
Data VI kalendas Septembris, anno dominicç incarnationis M.C.XI, indictione V, anno domni Henrici imperatoris, imperii eius I, regni autem VII.
Actum Wormacie in Christo feliciter.

Das aufgedrückte Majestätsiegel ist in Figur und Umschrift nicht mehr ganz deutlich.

6. — *Bischof Erlung von Wirzburg bestätigt dem Abt Ernst von Reinhardsbrunn die Schenkung eines gewissen Gebhards. — Erfurt 1112
Mai 14.*

In nomine summe et individue trinitatis. Erlungus divina favente clementia Wirciburgensis episcopus. Omnibus fidelibus Christi presentibus scilicet atque futuris notum esse volumus, qualiter nos petente et interveniente
Ernesto Reginherisbrunensis cenobii venerabili abbate oratorium quoddam in
honorem domini nostri Jesu Christi et sancti Blasii pretiosi martyris dedi-
cantes consecravimus. Locus autem ipse in quo idem oratorium situm est,
hereditario iure pertinebat cuidam Gebehardo nobili viro, tradiditque eum
pro remedio anime sue parentumque suorum in proprietatem ad prefatum monasterium Reginherisbrunnen cum silva circumquaque porrecta, cum omnibus
suis pertinentiis, hoc est areis, edificiis, terris cultis et incultis, agris, pratis,
campis, pascuis, silvis, venationibus, piscationibus, aquis aquarumve decursibus, viis et inviis, (exitibus) et reditibus quesitis et inquirendis cunctisque aliis
appenditiis, que qualicunque modo nominari vel dici possunt, ea videlicet conditione, quatinus ibidem in futurum deo auxiliante regularis institutio proficiat,
hocque statutum est, ut nullus alius advocatus tuendum hunc locum suscipere
presumat, nisi quem predicti monasterii abbatis, fratrumque communis
consensus sibi providerit. Cuius votum religionis divini amoris intuitu nos
amplectentes id ex nostra parte potestative cum episcopali auctoritate addidi-
mus, ut in eodem loco quoslibet si postulantes baptizari vel sepeliri liceat et
ut decimatio novalium que a cultoribus silve novata fuerit ex integro in usus
monachorum deo illic servientium redeat, idque statuentes sancimus ut nulli
omnino liceat hominum eundem temere perturbare locum aut ei subditas possessiones auferre vel ablata retinere, minuere vel temerariis vexationibus
fatigare seu quicquid hodie possident sive in crastinum oblatione fidelium
adipisci poterunt quiete et absque contradictione in perpetuum possideant.
Et ut hec nostra institutionis auctoritas nunc et in futuro firma et inconvulsa
permaneat hanc cartam testamentariam inde conscriptam sigilli nostri impressione signavimus.

Data II iduum Maii, anno ab incarnatione domini millesimo C. XII, indictione V, regnante Heinricho IIII Romanorum imperatore augusto. Actum Erphesfurt.

7. — *Papst Paschal II bestätigt dem Abt Gerung von Paulinzell die Freiheiten und Rechte seines Klosters.* — *1114 Aug. 26.*

Paschalis, episcopus servus servorum dei, dilecto filio Gerungo, abbati monasterii beatae Paullinae ad Cellam eiusque successoribus regulariter promovendis in perpetuum. Religiosis desideriis dignum est facilem praebere consensum, ut fidelis devotio celerem sortiatur effectum. Proinde religiosae matronae Paullinae et filii sui Wernheri devotionem perpendentes, eorum desideriis assentimus et sanctae Mariae Cellam, quam de sua proprietate, divino compuncta spiritu, fundavit illa, praesentis auctoritate munimus, statuentes, ut locus ipse cum omnibus terminis suis, alia quoque praedia, bona, homines...... firma semper et illibata permaneant. Decernimus ergo ut nulli omnino hominum liceat idem monasteriam temere perturbare, abbas sane cum fratribus suis advocatum sibi quem utiliorem providerint, instituat. Qui si postmodum monasterio gravis seu inutilis fuerit, remoto eo, alium praeficiant. Nec alius advocatiae bannum a quocunque rege suscipiat, nisi qui ab abbate et fratribus electus fuerit. Obeunte se nunc eius loci abbate...... Ad indicium autem perceptae a Romana ecclesia libertatis aureum nummum, qui bycancius vocatur, quotannis Lateranensi palatio persolvetis. Si igitur....

Ego Paschalis catholicae ecclesiae episcopus subscripsi.

Datum anno M.C.XIV, VII kalendas Septembris, indictione VIII, pontificatus autem domini Paschalis secundi XV.

8. — *Richard von S. Jacob di Compostella schenkt dem Kloster S. Jacob zu Mainz für die ihm gewordene freundliche Aufnahme Reliquien vom h. Apostel Jacob, vom h. Kreuze, vom ungenähten Rock Christi, vom Hemde Marias, von der Asche des h. Vincenz und h. Johannes des Evangelisten.* — *1114 Nov. 29.*

Anno dominice incarnationis millesimo centesimo XIIII, indictione VII, contigit ut ego Richardus dei gratia ecclesię sancti Jacobi apostoli Galicię cardinalĭlis atque sui altaris custos et canonicus pro necessitate iam dicte ecclesię in partibus Teutonicorum legatus advenirem causa requirendi auxilium ab hominibus ibidem degentibus; unde ostensum est michi quoddam monasterium apud Moguntiam in honore eiusdem sancti Jacobi apostoli fabricatum, ubi erat congregatio monachorum cum domno Burkardo abbate. Ad quod accessi cum meis famulis ibique hospitium cum voluntate abbatis et monachorum digne recepi ac obsequium honestissime ab eis factum suscepi. Pro quo quia illi prius plenam caritatem ostenderunt in me et in meis, dignum duxi in animo

meo, ut caritative de reliquiis supra dicti apostoli huic loci concederem, de
quibus usque in finem exaltetur et honoretur locus iste. Nunc igitur ego pre-
libatus Richardus pro eiusdem sancti apostoli reverentia et causa domni abbatis et omnium monachorum in hoc cenobio degentium non solum reliquias
eius concedo verum etiam de lingno dominicę crucis et de tunica domini in-
consutili et de camisia sanctę Marię matris domini ac de cineribus sancti
Vincentii martyris et de vestimento sancti Johannis Evangelistę, fratris supradicti apostoli eo pacto ut festivitas translationis eius que est III kalendas Januarii, annuatim celebretur, ut omnes ad eandem festivitatem convenientes ex
parte dicti sanctique Jacobi apostoli et domni pape ac episcopi maioris ecclesie domni dicati et domni abbatis trifarię partis suarum penitentiarum de
preteritis agnoscant se habere remissionem ac per intercessionem sanctissimi
Jacobi apostoli post terminum presentis vite beatitudinis eterne consequi re-
munerationem.

    Actum est istud III kalendas Decembris.

Das Siegel fehlt.

9. — *Erzbischof Adelbert I von Mainz und apostolischer Legat bekundet einen Tausch, den er mit dem Abte Baron von Hasungen für ein Huf
Landes zu Lohne gegen deszgleichen zu Conrode eingegangen ist und bestätigt zugleich demselben Kloster die Schenkung eines Gutes zu Besse
durch den freien Mann Adelbert.* — *1122.*

    C. In nomine sancte et individue trinitatis. Notum sit omnibus Christi
et ecclesię fidelibus tam futuris quam presentibus, qualiter ego Adelbertus
Mogontinus archiepiscopus et apostolicę sedis legatus mansum unum in Cornede a Barone Hasengensi abbate, ceterisque eiusdem loci confratribus per
concanbium adeptus sum. De territorio enim meo, quod est in villa que dicitur Lon et ad meum specialiter pertinet servicium, mansum unum illis tradidi, predictum vero mansum in Cornede utpote meliorem illis quidem tradentibus e contrario recepi. Notum etiam sit omnibus in Christo pie viventibus, qualiter eodem fere tempore quidam Adilbertus ex liberali prosapia
genitus cum coniuge sua Hacecha allodium suum in Bessehe cum omnibus
suis appendiciis ad prefati loci ęcclesiam pro cęlestis vitę remuneracione et
pro remedio animarum parentum suorum tradidit. Ante hanc autem allodii
tradicionem cum ipso abbate et omni congregacione hanc fecit condicionem,
ut si ille prius de hac vita quam uxor sua migraret, ipsa ibi prebendam quamdiu viveret absque ulla contradictione haberet. Quod si aliquis abbatum subsequencium hoc pactum infringere voluerit ipsa libere prefato allodio usque
ad terminum vitę suę fruatur, post mortem vero eius ad fratrum usus integre
referatur.

    Factum est autem hoc concanbium, huiusque tradicionis confirmatio anno
dominicę incarnacionis millesimo C.XXII, indictione XV, Ludewico advocato,
Gisone secundo advocato, coram his testibus:

Bucco Wormaciensis episcopus huic concanbio intererat, Godeboldus Frideslariensis prepositus, Ódelricus prepositus, Henricus clericus et medicus. Ex confratribus Frideslariensis ecclesię isti adfuerunt: Willeherus decanus. Buobo magister scolarum ceterique eiusdem loci confratres. Ex laicali quoque ordine: Cuonradus comitis Heremani filius, Cuonradus de Eberstein, Lamberdus vicedominus, Crafdo, Gnanno exactor, Arnoldus villicus, Obbraht preco. Ut autem nullus presumat hoc concanbium et hanc tradicionem infringere ego Adelbertus Moguntinus arahiepiscopus et apostolicę sidis legatus banno meo confirmavi et sigilli mei inpressione contra omnes aoversarios roboravi.

Das aufgedrückte erzbischöfliche Siegel ist noch zum gröszern Theil erhalten.

10. — *Erzbischof Adelbert I von Mainz und apostolischer Legat bestätigt dem Kloster Hasungen die Schenkung der Kirche zu Dodenhausen und befreit dasselbe vom Zoll zu Fritzlar, zugleich bekundet er demselben die Schenkung des Christian von Gottbeich und dessen Frau, bestehend in vier Hufen zu Aschera. — Siebleben (bei Gotha) 1124.*

C. In nomine sancte et individne trinitatis. Notum sit cunctis Christi et ęcclesię fidelibus tam futuris quam presentibus, quod ego Adelbertus divina favente clementia Mogonciacensis ęcclesię archiepiscopus et apostolicę sedis legatus, ecclesiam unam cum omnibus appendiciis suis in Dödenhusen, quę iuri et providentię nostrę deleganda subiacebat, respectu divinę remunerationis et rogatu domini Albrandi presbiteri, a cuius parentibus eadem ęcclesia constructa et dotata fuerat, Hasungensi cęnobio regendam ac perpetualiter retinendam subiugavi et quicquid nostro iuri de eadem ęcclesia competebat lege perpetua predicto cęnobio ad honorem et fratribus deo ibidem servientibus ad utilitatem sine aliqua interdictione contradidi. Absolvimus quoque ac liberam fecimus prefatam Hasungensem congregationem et omnes procuratores eius ab omni theloneo in Frideslare, ita ut nullus successorum nostrorum hanc nostre clementię humanitatem et gratiam infringat vel infringi sinat, ne sua quoque opera ac statuta destruenda fore sua auctoritate doceat. Dignum est ergo, ut antecessorum suorum statuta ac decreta inconvulsa et inconcussa custodiat ac defendat, qui sua conservanda ac defendenda desiderat.

Hec autem facta sunt anno dominicę incarnationis M.C.XXIIII, indictione II, regnante rege Heinricho Romanorum imperatore augusto eiusdem nominis quinto, presidente sanctę Romanę ęcclesię domino Calixto eiusdem nominis II.

Huius autem rei testes hi sunt: Giso advocatus eiusdem abbatię, Barun abbas, Ódo prior, Waecelinus prępositus, Albrant presbiter, Lambertus vicedominus, Diethderich villicus, Adelbertus mercator, Adelungus, Erdach.

Notum quoque esse cupio cuncto Christiano populo tam presenti quam futuro, quod domnus Christianus de Gottbeich liberę conditionis homo cum voluntate et consensu uxoris suę nomine Berthderath et aliorum heredum suorum pro spe retributionis ęternę et pro absolutione animę domni Röggeri occisi et apud Hasungense cǫnobium sepulti, IIII mansos in villa, que dicitur Aschera, ad suprafatum cǫnobium in Hasungen iure perpetuo sine aliqua contradictione contradidit et legitima astipulatione coram multis testibus confirmavit.

Facta sunt autem hǫc lege et iudicio iuridicorum publico et legitimo popularium concilio in villa que dicitur Sibelebe, anno dominicǫ incarnationis. M.C.XXJIII, indictione II, sub prefato rege Heinricho.

Huius autem traditionis testes sunt: Heinricus comes, Cônradus, Altwinus, Friderich, Erchenbertus, Craft, Adelbertus, Reinbodo, Widolo, item Widolo, Heriman, item Heriman, Burchart, Werinhere, Reinhart.

Ut autem he supra factǫ traditiones ratǫ et inconvulsǫ legitimo sempiterno sicut actǫ sunt permaneant, hanc nostrǫ auctoritatis et adtestationis cartam inde scribi et sigilli nostri inpressione signari fecimus et auctoritate nostri episcopalis banni sub interminatione dampnationis ǫternǫ corroborare curavimus. Si quis autem hec infringere vel subvertere aliqua arte vel ingenio temptaverit sit anathema maranatha.

' Das aufgedrückte erzbischöfliche Siegel ist noch trefflich erhalten.

11. — *Papst Honorius II bestätigt dem Kloster Paulinzell dessen Rechte und Freiheiten.* — *Lateran (1125) Feb. 24.*

Honorius secundus (!) episcopus, servus servorum dei, dilectis filiis suis, Gerungo abbati, eiusque fratribus in monasterio sanctae Mariae de Cella Paullina, tam praesentibus quam futuris in perpetuum. Iniuncti officii nos hortatur auctoritas pro ecclesiarum statu satagere et earum quieti et utilitati salubriter auxiliante domino providere. Dignum namque et honestum et conveniens esse cognoscitur, ut qui ad ecclesiarum regimen assumti sumus, eas et a pravorum hominum malitia tueamur et beati Petri atque sedis apostolicae patrocinio muniamus. Proinde dilecte in domino fili, Gerunge abbas, rationabilibus tuis postulationibus annuentes, ecclesiam vestram cum omnibus bonis suis et iumunitatibus praedecessoris nostri felicis memoriae Pascalis papae vestigiis inhaerentes, sub beati Petri tutela, nostraque protectionesuscipimus et praesentis scripti nostri pagina communimus. Statuentes, ut quascunque possessiones, quaecunque bona idem monasterium iuste et legitime possidet, sive in futurum, largiente deo, concessione pontificum, liberalitate regum, largitione principum et oblatione fidelium, seu aliis iustis modis poteris adipisci firma vobis, vestrisque successoribus et illibata permaneant salva dyoecesani iustitia et reverentia. Obeunte vero te nunc eius loci abbate,... nullus ibi, qualibet surreptionis astutia seu violentia praeponatur, sed quem fratres communi consilio vel fratrum pars consilii sanioris, secundum dei timorem et beati Benedicti regulam providerint eligendum. Chrisma, oleum, consecrationes altarium seu basilicarum, ordinationes clericorum a dyoecesano accipietis episcopo, siquidem gratiam et communionem sedis apostolicae habuerit, et ea gratis vobis et absque pravitate voluerit exhiberi; alioquin liceat vobis, quemcunque volueritis adire episcopum, qui Romanae ecclesiae sit fultus auctoritate. Porro in electione advocati abbas liberam habeat potestatem cum fratrum suorum consilio talem eligere, quem ad defensionem libertatis monasterii bonum et utilem esse cognoverit et non pro terreno commodo sed pro dei amore et peccatorum venia nec non aeternae beatitudinis mercede, advocatiam ipsam bene habere cupiat et tractare. Ad haec adiicientes decernimus, ut nulli omnino hominum liceat eandem nostram ecclesiam temere perturbare aut eius possessiones aufferre vel ablatas retinere, minuere vel temerariis vexationibus fatigare, sed omnia integra conserventur eorum pro quorum sustentatione et gubernatione concessa sunt, usibus omnimodis profutura. Si qua igitur in futurum ecclesiastica secularisve persona hanc nostrae constitutionis paginam sciens, contra eam temere venire temptaverit, secundo tertiove commonita, si non satisfactione congrua emendaverit, potestatis honorisque sui dignitate careat, reamque se divino iudicio tandem existere de perpetrata iniquitate cognoscat et a sacratissimo corpore et sanguine dei et domini redemptoris nostri Jesu Christi aliena fiat, atque in extremo examine districtae ultioni subiaceat. Cunctis autem eidem loco sua iura servantibus sit pax domini nostri Jesu Christi, quatenus et hic fructus bonae actionis percipiant et apud districtum iudicem praemia aeternae pacis inveniant.

Datum Laterani, VI kalendas Martii.

Ego Honorius catholicae ecclesiae episcopus subscripsi.

12. — *Papst Honorius II nimmt das Kloster Hersfeld in seinen Schutz und bestätigt dessen Privilegien — Lateran 1126.* *)

Honorius episcopus servus servorum dei dilecto in Christo filio Adelmanno abbati Herveldensis monasterii eiusque successoribus regulariter substituendis in perpetuum. Quia iustis poscentium non est differenda petitio idcirco fili karissime Adelmanne tuis petitionibus annuentes per presentis privilegii paginam venerabili monasterio Herveldensi confirmamus quecunque ibidem legitimis fidelium donationibus collata sunt aut in posterum conferri poterunt sive concessione pontificum vel liberalitate principum seu oblatione fidelium firma tibi tuisque successoribus et illibata permaneant. Inter que singulariter religiosi imperatoris Karoli testamentum qnod vestro monasterio delegavit, ratum manere sancimus. Illas etiam decimationes quas ab antiquis temporibus idem monasterium possidet vel que predecessorum nostrorum apostolice sedis pontificum privilegiis vestris predecessoribus concesse sunt nos quoque concedimus et firmamus presentis decreti auctoritate. Decernimus itaque sub divini iudicii obtestatione ut nulla post hac ecclesiatica secularisve persona cuiuscumque sit dignitatis potestate predita idem monasterium temere perturbare vel minimum quiddam ex his que ad illud pertinere videntur aut sibi temere vendicare aut aliqui pro beneficio dare aut quolibet modo inde anferre audeat vel alienare aut temeris vexationibus fatigare sed omnia integra

---

*) Vergl. Wenck Hess. Landesg. Urkkb. 2, 79 Anmerk.

conserventur eorum pro quorum sustentatione et gubernatione concessa sunt, usibus omnimodis profutura. Promulgamus etiam ut idem venerabile monasterium sub iurisdictione sancte nostre ecclesie cui domino auctore presidemus constitutum nullius dicioni submittatur. Obeunte te nunc eiusdem loci abbate vel quolibet tuo successore nullus ibi qualibet austutia aut violentia proponatur nisi quem fratres secundum dei timorem et beati Benedicti regulam vel de suo vel de alieno si oportuerit collegio elegerint. Advocatus nullus monasterii familie vel presidiis presit, nisi quem abbas constituerit. Qui si in aliquo contrarius aut violentius extiterit nostra et beatorum apostolorum Petri et Pauli auctoritate deiciatur et alius substituatur. Prefatum itaque monasterium cum suo abbate firma stabilitate decernimus sub iurisdictione sancte nostre ecclesie perenniter permanere, ut idem venerabilis locus apostolico hoc privilegio inconcusse donatus permaneat. Si quis autem nefaria temeritate his que a nobis statuta sunt refragari presumpserit vel quolibet modo infregerit nisi resipiscat honoris potestatisque sue dignitate careat reumque se divino iudicio existere cognoscat et a corpore et sanguine domini alienus fiat sciatque se anathematis vinculo innodatum et cum diabolo eterni supplicii incendio deputatum. Cunctis autem eidem loco iusta servantibus sit pax et gratia domini nostri Jesu Christi. Amen.

Ego Honorius catholice aecclesie episcopus subscripsi.

Data Lateranis, per manus Almarici cancellarii et bibliothecarii sancte Romane ecclesie. Anno dominice incarnationis M.C.XXVI, indictione III, pontificicatus domini Honorii II anno II.

13. — *Erzbischof Adelbert I von Mainz und apostolischer Legat bestätigt dem Jechaburger Propst Heinrich die Gütererwerbungen zu Collstädt, Hohenebra, Gruna, Brüchtern, Martbech, Westerengel, Steinbrucken, Ballenhausen, Wendeschen u. s. w. — Erfurt 1128 Juli 7. *)*

In nomine sancte et individue trinitatis. Ego Adelbertus dei gratia Moguntinus archiepiscopus et apostolice sedis legatus, perpendens ad salutem animarum proficere, ecclesias dei prediis et possessionibus amplificare, piis desideriis dilecti filii nostri Heinrici, Gigenburgensis preposit, satisfacere curavi, et predia et possessiones, quas prefate ecclesie Gigenburgensi pecunia, concambio, vel quolibet labore suo conquisivit presenti privilegio stabilire et confirmare studui. Notum itaque facio tam futuris quam presentibus, qualiter cuiusdam Hegneche hereditatem in Cullestede et Widermude acquisierit, quam, cum hereditario iure quedam prefate Heineche neptis possideret, ministerialem ecclesie nostre de Apoltre nomine Gunzelinum duxit, a quo eam prefatus filius noster prepositus ecclesie sue, in hunc modum obtinuit: convenerunt ante nos in curiam preposti sancte Marie in Herpefort, prepositus et advocatus ecclesie sue, Christanus, cum multitudine fidelium nostrorum,

---

*) Vergl. Müldener Dipl. Nachr. von den Bergschlössern in Thüringen 62.

tam ministerialium quam liberorum, ibique Gunzelinus et uxor eius et mund-
valtus uxoris eius, liber homo quidem, Udalricus in medium venerunt, et so-
ciatis manibus omnem supradictam hereditatem ecclesie Gigenburgensi libera
et perpetua donatione contradiderunt, in agris, silvis, pratis, pascuis, cultis
et incultis, aquis aquarumque decursibus et omni utilitate, que de ipsa provenire poterit, tam in presenti quam in posterum. Pro qua heriditate, sic
tradita, de manu advocati Christani, qui hanc quoque traditionem ad utilitatem
ecclesie susceperat, Gunzelinus possessionem ecclesie Gigenburgensis in Vibeche recepit, et insuper XVIII marcas argenti, quas dedit ei predictus prepositus in supplementum concambii. Preterea in alta Ebera V mansos
acquisivit: unum et dimidium cum curte et pomerio optimo, iuxta atrium sito,
que a Widegone, ministeriali nostro de Stockhuson comparavit, duos, quos
Gothardus de Buren, liber homo, ei vendidit, unum et dimidium, quem a quodam Vinnoldo de Collestede (?) absolvit. In Gruna quoque IV mansos acquisivit, tres, quos a liberis hominibus comparavit, quartum, quem longa vetu-
state ab ecclesie iure subtractum, requisivit et excoluit. Et hec omnia
cottidiane fratrum suorum refectioni deputavit, quos voluit esse numero XII
ita, ut, si aliquis eorum, sine licentia decani, refectorio defuerit, eius portio
tribuatur pauperibus ad portam claustri, ipsi quoque fratres, singulis diebus,
quibus licitum fuerit, missam et vigilias cantarent pro fidelibus defunctis,
nostrum quoque et venerabilis fratris nostri Spirensis episcopi Brunonis, nec
non patris sui et matris, suumque anniversarium annuatim recolerent, debitis
exsequiis et orationibus.

Huius premisse seriei, sic Gigeburgensi ecclesie conquisite et fratribus
inibi deo famulantibus, sicut dictum est, deputate, testes fuerunt hii, quorum
nomina infra annotata sunt: prepositus sancte Marie Adelbertus, sancti Severi Emecho, de Durlon Richardus. Capellani Gosbertus, Arnoldus, Berengerus, decanus sancte Marie Waldricus, magister scolarum Arnoldus, cantor
Adelgerus, custos Henricus. Laici vero comes Ludowicus, qui et maior advocatus, subadvocatus Cristanus, comes Ernestus et frater eius Lambertus,
Herimannus de Gutenesberch et multi alii nobiles. Ministeriales ecclesie
nostre Wernherus, Walbertus, Franco, Folbertus, Dedo dapifer et frater eius
Wichnandus, Ludovicus de Eiteresburch, de Bercha Diethmarus, Gunzelinus
et complures alii.

Preterea acquisivit in Dricten mansum unum pro anima comitis Adelgeri
datum, quem beneficio decani assignavit, cum decima Sclavorum de Martbeche.
In Westrenenchelde mansum et dimidium mansum frater Theodoricus, canonicus, liber iuvenis, beato Petro donavit. Dimidium a fabro quodam et fratre
eius, qui et servi beati Petri fuerant, prepositus comparavit. In Steinbruche
Sclavorum decimatio, ab eo acquisita, tres govemaldos persolvit. In Win-
deschenbalenhusen duos. In Abbetes-Winethen de singulis mansis singulos
govemaldros, id est, cum duobus sextariis. Hec ab eo acquisita et omnia in
posterum acquirenda, et sua discretione tam distributa quam distribuenda sub
presentis pagine testimonio comprehendimus et sigilli nostri impressione confirmamus autoritate omnipotentis dei et beati Petri et nostra percipientes,

et sub contestatione spiritus sancti interdicentes, ut nullus ea ab eo ordine, quo ab ipso determinata fuerint, presumat convellere, sed ita valeant firma et inconvulsa omni tempore permanere. Si quis autem hec infringere attemptaverit, hic se sentiat perpetuo anathemate involvi et in districti examinis die portiouem habiturum cum diabolo, autore totius iniquitatis, qui vero hec fideliter servando manutenere et defendere curaverit, securus meritis et intercessione beati Petri expectet premium eterne beatitudinis. Preterea decimationes Sclavicorum viculorum in Odersteden, Bethersdorph, Lindescum, Sidendorph predicte fratrum prebende assignamus.

Data in Herpesfort, per manum eiusdem Heinrici preposti, nonas Julii, anno dominice incarnationis M.C.XXVIII, indictione V, regnante glorioso rege Lothario huius nominis II anno regni sui III feliciter amen.

14. — *Erzbischof Adelbert I von Mainz und apostolischer Legat bestätigt auf Bitte des Propstes Heinrich von Jechaberg einen zwischen dem Propst und den Erben des Markgrafen Rudolf geschloszenen Gütertausch. — Rusteberg 1128 Juli 15.* *)

In nomine sancte et individue trinitatis. Ego Adelbertus dei gratia Moguntinus archiepiscopus et apostolice sedis legatus, notum facio omnibus tam posteris quam presentibus, petente fratre nostro, Henrico Jecheburgensi preposito, quoddam nos concambium inter ipsum et heredes comites Rodulfi dicti marchionis in hunc modum composuisse, et ut ratum permaneat, nostra auctoritate confirmasse. Predicta ecclesia Gigenburgensis habebat quoddam predium in pago Wippergowe, in villa Bercha, iuxta Wiperam et prefati comitis filius, Rodulfus nomine, de beneficio nostre Moguntine ecclesie habebat quendam vicum, cui nomen Huson, in eodem pago situm, in ea parte pagi, que pre angustia transitus volgariter Slinch vocata, a meridie Gigenburgensem ecclesiam respicit. Has utrasque possessiones, alteram a preposito, alteram a puero, postquam iam ad annos pervenerat, et a matre eius, religiosa vidua, Richarde, que usum beneficii una cum filio, dum viveret, optinuerat, ad manum nostram suscepimus. Bercha quidem, que prius fuerat ecclesie, puero et matri eius inbeneficiantes, et Huson in concambio, ut diximus, prefate ecclesie beati Petri in Gigenburc et eius preposito perpetua et stabili donatione contradentes, annuente principali advocato Ludowico et eius subadvocato, Cristano, nec non et fratre predicti pueri, Udone, iam milite facto et uxorato. Ut autem hec commutatio omni tempore rata permaneat, presentem paginam in testimonium sigilli nostri impressione firmavimus, autoritate omnipotentis dei et beati Petri perpetuo anathemate obligantes omnes, qui eam infringere vel in aliquo incrustare attemptaverint.

Testes sunt, quorum nomina subscripta sunt: Otto episcopus Halverstadensis, prepositi de Heilechestat Godescalcus, de Thurlon Richardus, de Northun

---

*) Vergl. Müldener Dipl. Nachr. von den Bergschlössern in Thüringen. 61.

Waltherus, sancti Severi Emecho, Gosbertus cappellanus. Palatinus comes
Willelmus. Marchio Adelbertus. Comes Herimanus et frater eius Cunradus.
Cunradus de Ebirstein. Dedo de Emmenhuson et frater eius Geberhardus.
Ministeriales: Werneher, Walbertus, Franco, Cunradus, Arnoldus, Hardlebus,
Gernodus, Wichnandus, Adelbertus, Arnoldus et filius eius Hugo, Haiwardus
et complures alii.

    Data in Rosteberche, per manum Heinrici supra dicti prepositi, idus Julii,
anno dominice incarnationis M.C.XXVIII, indictione V, regnante gloriosissimo
rege Lothario, huius nominis secundo anno regui sui III.

15. — *Abt Oudalrich von Paulinzell bekundet einen mit dem Bisthum
Bamberg abgeschlossenen Tausch über Leibeigne. — Mücheln (bei Freiburg an der U.) 1128.*

    Notum sit omnibus Christi fidelibus tam presentibus quam futuris, quod
pius Baben||bergensis ecclesie episcopus Otto scilicet, monachorum pater,
amore dei et monachorum petitione devictus, quedam mancipia ad episcopatum suum pertinentia Hencelinum scilicet cum liberis suis sancte Marie in
Cella beate Pauline benivole contradidit. In quorum mancipiorum commutationem abbas Ödalricus predicte Celle quendam Hartmannum et uxorem
eius cum liberis suis Babenbergensi ecclesie redonavit. Factum est autem hoc
concambium et hec traditio per manus advocatorum utrarumque ecclesiarum
ex consilio et assensu omnium qui tunc aderant quam firmissime et legitime
roborata.

    Huius rei testes sunt: Sefrit canonicus. Stercher (?) de Muschendorf.
Engehart de Muchele et frater eius Frowin. Benno de Scidingen. Otokkar
de Rodenbach et alii quam plures.

    Facta sunt hec Muchele, anno ab incarnatione domini M.C.XXVIII,
indictione VII.

Ein Siegel wol nie daran gewesen.

16. — *Papst Innocenz II nimmt das Kloster Hersfeld in seinen Schutz,
und bestätigt demselben alle seine Besitzungen und Privilegien. — Lüttich 1131 Apr. 1.*

    Innocentius episcopus servus servorum dei dilecto filio Henrico abbati
Hersveldensis monasterii eiusque successoribus regulariter substituendis in
perpetuum. Officii nostri nos hortatur auctoritas pro ecclesiarum statu satagere vel earum quieti et utilitati auxiliante domino providere. Dignum namque vel honestati conveniens esse cognoscitur ut qui ad ecclesiarum regimen
assumpti sumus eas et a pravorum hominum nequitia tueamur et beati Petri
atque apostolice sedis suffragio protegamus. Ea propter dilecte in domino
fili Henrice abbas tuis iustis postulationibus annuentes Hersveldense monasterium cui deo auctore preesse dinosceris presentis scripti pagina communimus,

statuentes ut quascumque possessiones quecumque bona in presentiarum iuste et canonice possidet vel in futurum concessione pontificum, liberalitate principum seu oblatione fidelium rationabiliter poterit adipisci, firma tibi tuisque successoribus et illibata permaneant. Inter que singulariter religiosi imperatoris Karoli testamentum, quod vestro monasterio delegavit, ratum manere sancimus. Illas etiam decimationes, quas ab antiquis temporibus idem monasterium possidet vel que predecessorum nostrorum apostolice sedis pontificum privilegiis vestris predecessoribus concesse sunt, nos quoque presentis decreti auctoritate concedimus. Obeunte vero te nunc eiusdem loci abbate vel tuorum quolibet successorum nullus qualibet subreptionis astutia seu violentia preponatur nisi quem fratres communi consensu vel fratrum pars consilii sanioris secundum dei timorem et beati Benedicti regulam vel de suo vel de alieno si oportuerit collegio elegerint. Decernimus ergo ut nulli omnino hominum liceat prefatum monasterium temere perturbare aut eius possesiones auferre vel ablatas retinere, minuere vel temerariis vexationibus fatigare sed omnia integra conserventur eorum pro quorum sustentatione et gubernatione concessa sunt usibus omnimodis profutura. Si qua igitur in futurum ecclesiastica secularisve persona hanc nostre constitutionis paginam sciens contra eam temere venire temptaverit secundo tertiove commonita si non satisfactione congrua emendaverit, honoris potestatisque sue dignitate careat reumque se divino iudicio existere de perpetrata iniquitate cognoscat, vel a sacratissimo corpore ac sanguine dei et domini redemptoris nostri Jesu Christi aliena fiat atque in extremo examine districte ultioni subiaceat. Cunctis autem eidem loco iusta servantibus sit pax domini nostri Jesu Christi quatenus hic fructum bone actionis percipiant vel apud iustum iudicem premia eterna pacis inveniant. Amen. Amen. Amen.

Ego Innocentius catholice ecclesie episcopus.

Datum Leodii, per manum Aimerici sancte Romane ecclesie diaconi cardinalis et cancellarii, kalendas Aprilis, indictione VIIII, incarnationis dominice anno M.C.XXXI, pontificatus vero domini Innocentii II pape anno secundo.

Die Bulle hängt.

17. — *Erzbischof Adelbert I von Mainz und apostolischer Legat schenkt dem Stifte Jechaburg zwei slavische Orte Ascolweswenden und Nanzenrad und den Zehent in Almenhausen und Ebesrode. — Erfurt 1133 Juni 17.*

In nomine sancte et individue trinitatis. Ego Adelbertus dei gratia Maguntinensis archiepiscopus et apostolice sedis legatus, notum facio omnibus tam futuris, quam presentibus, pro remedio anime mee, et suggerente dilecto filio nostro, Henrico Gigeburgensi preposito, duos vicos Slavonicorum Ascolveswenden et Nanzenrad, beato Petro, apostolorum principi, me in Jecheburg perpetua donacione contulisse, cum omnibus ipsorum pertinenciis, sclavis, silvis, pratis, pascuis, cultis et colendis et cum omni utilitate, que tam in presenti, quam in futuro, de predicta hereditate provenire poterit, hac videlicet interposita paccione, ut sint in supplementum prebende fratribus ibidem deo servientibus, ab omni advocatorum et secularium legum potestate, secundum tenorem Maguntinensis libertatis absoluti, preter quam in eis ordinabunt ad communem utilitatem predicti fratres et eorum prepositus. Verum tamen predicto filio nostro Henrico preposito de viculis prefatis in omni utilitate terciam partem concessimus usque in finem vite sue pro eo, quod ipse eos destructos et solitarios invenit et de vasta solitudine in terram arabilem et fructiferam excolendo reduxit; post eius vero obitum omnia redeant ad usus fratrum, ut dictum est. Hec nostra donacio ut omni tempore rata et inconvulsa permaneat, presentem inde chartam conscribi fecimus in testimonium et sigilli nostri impressione munivimus, autoritate omnipotentis dei et beati Petri et omnium sanctorum et nostra interdicentes sub perpetuo anathemate, ne quis de cetero eam presumat infringere vel in aliquo eius libertati contradicere.

Huius rei testes sunt; abbas sancti Petri in Erpesfurd Wernherus, prepositus sancte Marie Adelbertus, Meinzo prepositus in hospitali, Roricus (?) in monte sancti Ciriaci primus. Capellani Heinricus, Adelardus, Henricus, Fredericus, Mazelinus, Rodolffus, presbiter Berengerus. Ministeriales: Embrico vicedominus Moguntinus, Meingodus camerarius, Echelwardus tunc dapifer et fratres eius Rodolfus, Erhat et Heroldus; mariscalci Hartlinus et Gernrodus et complures alii. Eodem quoque preposito postmodum commoriente predictis fratribus, in supplementum cottidiane reffeccionis, duas decimaciunculas contulimus, unam in Almenhusen, alteram in Erbesrode.

Facta sunt hec anno ab incarnacione domini M.C.XXXIII, indictione XI, regnante Romanorum rege Lothario secundo, anno regni eius VIII.

Data per manum eiusdem Heinrici Gigenburgensis prepositi, in Erpisfort, XV kalendas Julii.

18. — *Papst Innocenz II nimmt das Kloster Paulinzell in seinen Schutz und bestätigt dessen Rechte und Freiheiten.* — *(Pisa) 1136 Apr. 26.*)*

Innocentius episcopus, servus servorum dei, dilecto filio Othalrico abbati monasterii, quod Cella Paullinae dicitur, ordinis sancti Benedicti, ciusque successoribus regulariter substituendis in perpetuum. Quotiens ea, quae ad religionem et honestatis decorem pertinent, postulantur, moras ad concedendum minime facere debemus, ne differre bona desideria, quae magis fovenda sunt, videamur. Proinde dilecte in domino fili Othalrice abbas, tuis iustis postulationibus duximus annuendum, et monasterium, quod Cella Paullinae dicitur, a nobili et religiosa hac matrona deo auctore fundatum est, sub annui censu unius aurei beato Petro oblatum, sub apostolicae sedis tutelam protectionemque suscipimus, et eiusdem apostolorum principis patrocinio communimus.

*) Vorgl. Jaffó Reg. Pont. 5547.

2 *

Per praesentis itaque scripti paginam statuimus, ut in eodem cenobio monasticus ordo secundum regulam sancti Benedicti futuris temporibus inviolabiliter conservetur. Quaecunque etiam bona, seu possessiones ab ipsius loci
pia fundatrice seu ab aliis dei fidelibus eidem loco collata esse noscuntur,
aut quaecunque in futurum concessione pontificum, liberalitate regum vel
principum, oblatione fidelium,.seu aliis iustis modis, idem monasterium, prae-
stante domino, poterit adipisci, firma tibi tuisque successoribus et illibata permaneant. Ut autem fratres in eodem monasterio, nunc et in futurum divinis
obsequiis mancipati, de bonis ipsius loci valeant honeste sustentari, auctoritate
apostolica prohibemus, ut nullus abbas, nulla ecclesiastica vel secularis persona, praedicti loci possessiones et bona auferat, seu vendat, aut alio modo
distrahere et abalienare praesumat. Obeunte vero te, nunc eiusdem loci abbate, vel tuorum quolibet successorum nullus inibi qualibet surreptionis astutia seu violentia praeficiatur, nisi quem fratres communi consilio, vel fratrum pars consilii sanioris, secundum dei timorem et beati Benedicti regulam
providerint eligendum. Crisma vero, oleum sanctum, consecrationes altarium
vel basilicarum, benedictionem abbatis, ordinationes monachorum, qui ad sacros ordines fuerint promovendi, a dioecesano suscipietis episcopo, siquidem
catholicus fuerit, et gratiam ecclesiae Romanae habuerit, et ea gratis et sine
pravitate aliqua voluerit exhibere. Alioquin catholicum, quem malueritis, adeatis antistitem, qui nimirum nostra fulciatur auctoritate, et, quod postulatur,
indulgeat. Decernimus ergo, ut nulli episcopo, seu advocato, vel eorum ministris, nulli etiam ecclesiasticae personae liceat praenominatum monasterium
temere perturbare, aut eius possessiones aufferre, vel ablatas retinere, minuere,
aut aliquibus vexationibus fatigare, sed omnia vobis integra conserventur. Porro
tu, et successores tui liberam habeatis potestatem, cum fratrum consilio, ido-
neum et utilem eligere advocatum, qui, intuitu aeternae mercedis, defensionem
libertatis monasterii maxime procuret. Qui vero si negligens fuerit, vel infidelis,
amoto eo alium substituatis. Sepulturam quoque ipsius loci liberam esse volumus, ut qui se illic sepeliri deliberaverint, eorum extremae voluntati, nisi excommunicati sint, nullus obsistat, salva matris ecclesiae iustitia. Decimas etiam,
quas legitime possidetis et usque ad haec tempora quiete et pacifice posse-
distis, vobis nihilominus confirmamus. Ad iudicium autem perceptae huius
a Romana ecclesia libertatis bizantium unum nobis nostrisque successoribus singulis annis persolvetis. Si quis igitur huic nostrae constitutioni ausu
temerario contraire temptaverit, secundo tertiove commonitus, si non satisfactione congrua emendaverit, a corpore et sanguine domini nostri Jesu
Christi alienus fiat, atque in extremo examine districtae ultioni subiaceat.
Conservantibus autem sit pax domini nostri Jesu Christi quatenus et hic fructum bonae actionis percipiant, et apud districtum iudicem praemia aeternae
pacis inveniant. Amen.
    Ego Innocentius catholicae ecclesiae episcopus (subscripsi.) *)

---

*) In der Copie heisst es hierauf: Novem subscripserant cardinales, quorum nomina
   vero legi non poterant.

Datum......, per manum Almerici sancte Romane ecclesie diaconi cardinalis, VI kalendas Mai, indictione XIIII, incarnationis dominice anno M.C.XXXVI, pontificatus domini Innocentii pape II anno VII.

19. — *Erzbischof Adelbert I von Mainz besiegelt dem Kloster Lippoldsberg die urkundliche Aufzeichnung über dessen von einer gewissen Aksuit von Bendeleben herstammende Güter.* — 1136.

In nomine sancte trinitatis et individue unitatis. Notum sit omnibus Christi fidelibus tam posteris quam presentibus, quod quedam libera et|'uuizzinthaft femina Aksuit nomine de Bendeleve tradidit Mogontine ecclesie X hobas presidente A(delberto) archiepiscopo, VI Attenwinethe, IIII in Niusecen. Has idem presul contradidit ecclesie nostre. Predicta femina tradidit ecclesie nostre pro remedio anime sue IIII hobas et duas holtmarcas in Bendeleve. Eadem quoque, veniens ad conversionem, quoddam bonum in eadem villa, quod in possessionem iuris quoadusque viveret acceperat, ecclesie nostre contradidit. Ipsum vero condicionale bonum adhuc ea vivente heredes, qui post mortem eius erant possessuri, solverunt, tradentes pro redemptione in eadem villa unam hobam et tres curtes et unam holtmarcham. Huius rei testes sunt: Lampertus comes, Godefridus et Bruno frater eius, Widelo de Hanscisleve, Arnost de Radele, Godeboldus et filius eius Godeboldus, Athelbertus de Frankenhuson, Herimannus, Othelricus, Berchtoldus et alii multi ubi hec confirmata sunt.

Acta sunt hec anno dominice incarnationis M.C.XXXVI, indictione XIIII, regnante Romanorum imperatore augusto domno Lothario.

Das aufgedrückte Siegel der Erzbischofs Adelbert ist etwas verletzt.

20. — *Papst Innocenz II bestätigt dem Kloster Reinhardsbrunn dessen Privilegien.* — Lateran 1139 Apr. 10. *)

Innocentius episcopus servus servorum dei, dilecto filio Hernestc abbati monasterii sancte dei genitricis Marie sanctique Joannis Evangeliste, quod Reinherisbrunnun situm est, eiusque successoribus regulariter substituendis, in perpetuum. Pie postulatio voluntatis debet effectu prosequenter compleri ut devotionis sinceritas laudabiliter enitescat et utilitas postulata vires indubitanter assumat. Ideoque dilecte in domino fili Hernest abbas tuis rationabilibus postulationibus clementer annuimus et monasterium Reinherisbrunnun, cui disponente domino preesse dinosceris, sub apostolice sedis tutela et protectione suscipimus, et presentis scripti patrocinio communimus. Quod utique cenobium a nobili viro Ludewico comite infra silvam, que Lovba vocatur propriis sumptibus edificatum est et multarum possessionum donatione ditatum ac postmodum pro anime sue et parentum suorum salute beatis

————————
*) Vergl. Jaffé Reg. Pont. 6686.

apostolis Petro et Paulo idem noscitur obtulisse, et in Romani pontificis defensionem iure perpetuo delegasse. Presenti itaque privilegio confirmamus vobis, quecunque idem religiosus comes contulit eidem monasterio in mancipiis, campis, silvis, pratis, aquis aquarumve decursibus, molendinis et in mansis et quibuslibet aliis circa eandem silvam Lovbam sitis. Statuimus etiam, ut quascunque possessiones, quecunque bona idem cenobium in presentiarum iuste et legitime possidet aut in futurum concessione pontificum, liberalitate regum vel principum, oblatione fidelium seu aliis iustis modis auxiliante domino poterit adipisci firma vobis in perpetuum et illibata permaneant. Obeunte vero et nunc eiusdem loci abbate, vel tuorum quolibet successorum, nullus inibi qualibet surreptionis astutia seu violentia preponatur, nisi quem fratres de eodem collegio vel de alieno si, quod absit, in vesto idoneus repertus non fuerit, secundum dei timorem et beati Benedicti regulam elegerint. Qui eligendus est, vestre sit professionis et ordinis. Crisma vero, oleum sanctum, consecrationes altarium et basilicarum, ordinationes monachorum vel clericorum vestrorum, qui ad sacros fuerint ordines promovendi, dyocesano suscipiatis episcopo, siquidem graciam atque communionem apostolice sedis habuerit, et ea gratis et absque pravitate aliqua voluerit exhibere. Alioquin catholicum quem malueritis (adeatis) antistitem, qui nimirum nostra fultus auctoritate quod postulatur indulgeat. Decernimus eciam ut nullus unquam vestri monasterii advocatus esse presumat nisi quem fratres communi consensu eligendum previderint. Nulli ergo omnino hominum fas sit, idem monasterium temere perturbare aut eius possessiones auferre, vel ablatas retinere, minuere, aut aliquibus vexationibus fatigare. sed omnia integra conserventur, eorum pro quorum gubernatione concessa sunt usibus omnimodis profutura, salvo canonico iure dyocesani episcopi. Ad indicium autem quod idem cenobium beati Petri iuris existat, et percepte huius a Romana ecclesia libertatis, nobis nostrisque successoribus duos solidos vestre monete pro censu annualiter persolvetis. Si quis igitur in futurum archiepiscopus, episcopus, rex aut imperator, princeps, aut dux, comes, aut vicecomes, iudex aut quelibet ecclesiastica secularisve persona, hanc nostre constitutionis paginam sciens, contra eam temere venire temptaverit, secundo tertiove commonita si non congrue satisfecerit, potestatis honorisque sui dignitate careat, reamque se divino iudicio existere de perpetrata iniquitate cognoscat, et a sacratissima corpore ac sanguine dei et domini redemptoris nostri Jesu Christi aliena fiat atque in extremo examine districte ultioni subiaceat. Conservantes autem intervenientibus beatorum apostolorum Petri et Pauli meritis eterne vite premia consequantur. Amen. Amen. Amen.

Ego Innocentius catholice ecclesie episcopus subscripsi.

Ego Lucas presbiter cardinalis tituli sanctorum Johannis et Pauli subscripsi. Ego Crysogonus presbiter cardinalis tituli sancte Praxedis subscripsi.

Datum Laterani, per manum Almerici sancte Romane ecclesie diaconi cardinalis et cancellarii, IIII idus Aprelis, indictione II, incarnationis dominice anno M.C.XXXVIIII, pontificatus vero domni Innocentii pape II anno X.

Die Bulle fehlt.

21. — *Erzbischof Adelbert II von Mainz bestätigt dem Stifte Jechaburg die Schenkung seines Vorgängers und Oheims Erzbischofs Adelbert I von Mainz, das Gut in Utleben und den Zehent zu Ebesrode und Almenhausen.* — *Jechaburg 1139 Juli 25.* *)

In nomine sancte et individue trinitatis. Quociens gloriosorum principum et sanctorum patrum vestigia sequentes ecclesias dei construimus vel patrimoniis et possessionibus nostris constructas ampliamus, ut religiosi fratres vel sorores deo in eis famulantes aliquod habeant nostri laboris supplementum, ad salutem animarum hoc pertinere et eterne remuneracionis premium mereri et obtinere non dubitamus. Noverit itaque tam futurorum quam presentium fidelium Christi devocio, quod ego Adelbertus secundus dei paciencia sancte Maguntine ecclesie minister indignus recolende memorie predecessoris mei et patrui domni Adelberti archiepiscopi et apostolice sedis legati predium in Uthelevon, quod ipse pecunia sua comparavit, suggerente fidelissimo eius et nostro capellano Henrico Jecheburgensi preposito beato Petro in Gicheburc perpetua donacione contradidi, ea videlicet paccione, qua ipse beato Petro illud vovit, sed preventus morte solvere votum non potuit. Tali namque ordine predictum predium ecclesie contulimus, ut duos habeat inde canonicos et presbiteros in perpetuum, qui cottidie in capellis beate Marie et sancti Michahelis pro animabus nostris missas celebrent et omnibus defunctis fidelibus. Talique mensura eorum prebenda contineatur: cuique annuatim dentur. in pane XV maldra tritici et siliginis, pro cerevisia XII ordei, pro copanicis et indumentis XXX solidi et insuper porcus in nativitate, qui eveniat ad primam bachen (?), et intrante Maio detur cuique ovis feta cum agno. Hec prebenda de agris, silvis, mancipiis, molendinis, pratis, pascuis, piscacionibus, aquis aquarumque decursibus sine molestia in perpetuum tribuatur. Vinea vero cum reliqua utilitate, que de possessione provenire poterit, sit prepositi Heinrici dum vixerit, post eius autem obitum ad refectorium fratrum pertineat et ipsi inde disponant. Nulli advocato quidquam debeatur, nisi aliquid ibi oriatur, quod prepositus cum fratribus componere non valeat et si tunc advocatum petierint, facta eius iusticia porcionem suam inde accipiat et nullam postea ibi exactionem faciat. Decimas quoque in villis Ebesrode et Almenhusin, quas eisdem fratribus iam dictus predecessor donavit, presentis pagine testimonio confirmamus.

Huius traditionis testes presentes fuerunt: episcopi Embrico Herbipolensis, Budo Cicensis; prepositus eiusdem loci Henricus, sancti Severi Adelhardus; capellani: Conradus, Rodingus, Godefridus, Erfurtensis ecclesie presbiteri, Wernherus magister et decanus Godefridus, Haiwardus, Cristanus; dyaconi: custos Rodegerus, Hildebernus, Fridericus, Conradus; subdiaconi: Godehardus, Odelricus, Waltherus. Principes laici dux Fridericus, comes patrie Ludewicus ibidem principalis advocatus; comites Syzho, Godeboldus de Henneberg et filii eius Poppo et Bertoldus, Ernestus et frater eius Lambertus. Ministeriales: vicedomnus Gyselbertus, dapifer Eichelwardus, pincerna Rudolfus et copiosa clericorum, nobilium et ministerialium multitudo. Et ut hec

---

*) Vergl. Maldener Dipl. Nachr. von den Bergschlössern in Thüringen 60.

donacio omni tempore rata et inconvulsa permaneat, presentem inde paginam conscripsimus et sigilli nostri impressione munivimus auctoritate omnipotentis dei patris et filii et in virtute spiritus sancti cum interminatione apostolorum Petri et Pauli ob iram pape Innocencii et nostram interdicentes omnibus Cristianis, ne aliquis unquam contra eam venire vel in aliquo infringere temptaverit sed omnibus diebus perseveret sicut tradita est a nobis. Servanti hec letitia, gaudium et pax sit ei cum angelis dei, ledere volenti, si non resipuerit, porcio cum diabolo, auctore tocius iniquitatis sub vincolo perpetuo anathematis.

Data Jecheburc, VIII kalendas Augusti, anno ab incarnacione domini M.C.XXXVIIII, indictione V, regnante glorioso Romanorum rege Conrado II anno regni eius II, anno pontificatus domini Adelberti archipresulis item II.

22. — *Erzbischof Markolf von Mainz bestätigt das vom Grafen Siegfried von Bomeneburg gegründete und reichlich ausgestattete Kloster S. Blasius zu Northeim, schenkt demselben den Zehent in den angeführten Ortschaften, ertheilt die freie Abtwahl, und nimmt es in seinen Schutz. — Erfurt 1141 Nov. 9.* *)*

In nomine sanctae et individuae trinitatis. Marcolfus dei gratia sanctae Moguntinae sedis archiepiscopus universis Christi fidelibus in perpetuum. Divinae inspirationis votum differre non debet effectus, ne sancto pereunte proposito speratum quoque meritum subtrahatur. Predilecti ac fidelis nostri Sigefridi comitis illustrissimi moniti petitionibus quaedam Northeimensis ecclesiae fratrum testamenta coram nobis legi fecimus, in quibus prefatum comitem cum suis progenitoribus fidelem ac devotum fundatorem ecclesiae iam superius nominatae cognovimus, et adhuc ibidem ad cultum dei amplificandum animum eius bonum fore credimus; sed quia illorum testamenta alia simul cum ecclesia sua incendio consumpta audivimus, alia per negligentiam annihilata vidimus, petitione ipsius comitis Siffridi et priorum nostrorum consilio renovari rursus et rescribi id circo fecimus, ne oblivio, noverca memoriae, de corde leviter tollat, quod ad utilitatem deo famulantium atque ad imitationis exemplum sub veneratione tenendum esse statuit antiquorum devota religio. Et ut tam presentibus quam futuris fidelibus innotescat, quam magnos, quam nobiles Northeimensis ecclesia habuit ex antiquo fundatores, sane considerantes, qualiter iniquitatis ministri totius malignitatis suae rabie tam divinae religionis cultum quam omnem vigorem disciplinae satagunt enervare, adeo ut iam nulla pax ecclesie dei restare videatur ad reprimendos perversitatis eorum conatus, praedia Northeimensis coenobii quecunque ad ipsius possessionem (spectare) videntur, subter annotari necessarium fore duximus, et ea perpetua pace in eo, qui est vera pax, per collatam nobis divinitus pontificalem auctoritatem solidantes roboramus. In ipso loco Northeim scilicet habet mansos XLI et quatuor dotales plenos et duo molendina, in Sutheim XII, in Medeheim ecclesiam et unum et dimidium, in Sutheim capellam et XII mansos **), in

---

*) Vergl. Orig. Guelf. 4, 526.
**) Das Copialbuch zu Hannover hat: In Snen I In Ibune I

Moringen IIII, in Stockheim I, in Edishem VI, in Reddershem II, in Radol-
fishusen I, in Holthusen V, in Tancwardishusen III, in Lawardishusen II, in
Hoppenhusen IIII, in Tankhereshusen II, in Wardishusen VI, in Wolffen III,
in Thedelwingerote I, in Rotholvishusen I, in Ricwardingerothe V, in Lierers-
husen I, in Scwithardeshusen IIII et dimidium, in Borendten II, in Herste I,
in Adeleshusen I, in Lowesbach I, in Sigerdeschusen I, *) in Volede XXV et
totum praedium simul et advocatiam eiusdem villae, **) in Anschete II, in
Nyenstide aream cum IX agris, in Herethe VII, in altero Herethe V, in Steinla
IIII, in Selede I, in Guddinstidde I, in Guhtstide I, in Renethe IIII et dimidium et molendinum, in Nitelon III, in Nyenstide VI, in Vinsleve XII, in Dalem II, in Helvesse I, in Dalrim I, in Thindenheim I, in Querrentflite I, in
Odelbutele I, in Wilmerstorpe I, in Dodenhusen I, in Ramwardissen XI, in
Tedenhusen VI, in Wercstide VI, ***) in Hatheburgehusen I, in Netere V et
dimidium, in Ronrethe II et dimidium, in Awoldishusen I, in Haldrickhusen I,
in Bischophusen III, in altero Bischophusen tantum praediolum, in Hassbach
IIII et molendinum, in altero Hassbach I et dimidium, in deserto Hassbach
dimidium, in Geilendale praediolum, in Bingendale II praediola et dimidium,
in Were II, in Hunethe XI et dimidium et molendinum et dominicalis curia,
in qua sex, inCellaIV, in Riechenberg praediolum, in Weltersbach praediolum,
in Wichardeswinethe VI. Nos vero admirantes tam laudabilem in nobilissimo
viro catholicae religionis devotionem fidelissimo eius servitio et precum instantia devicti, pontificali munificentia eidem coenobio subvenire decrevimus,
et decimas villarum, quae subscriptae sunt, pro spe retributionis aeternae domino deo et sancto Blasio ad fratrum praebendas cumulandas perpetuo dedicamus: in pago, qui dicitur Marca, circa fluvium Werraha, Bischofeshusen et
iterum Bischofeshusen, Hassbach et iterum Hassbach et iterum Hassbach,
Siegelbach, Kirgberg, Were, Bogendal, Widehi, Dassbach, Cella, Nare, Sunne-
brunne, in pago qui dicitur Nedere, circa flumen Naderaha, Rorenroht, Nedere,
Aroldeshusen, Balderichishusen, Vulgeleraroth, item Vulgeleraroth, Wilversbach, Willemundesbach, Hoenroth, Datdenroht. Praeterea decimas omnium novalium, quecunque in silvis sue proprietatis infra terras nostrae dioecesis a
praesenti die et deinceps culta fuerint, in simplicitate cordis predicto monasterio
irrevocabiliter assignamus. Omnia vero a comite Siffrido seu a progenitoribus suis tradita atque delegata seu ab abbate et fratribus ibi deo servientibus
conquisita in villis, in agris, in curtibus, in pratis, in silvis, in aqua piscosa, quae
dicitur Ruma, a villa quae dicitur Sultheim usque ad confluentiam alterius
aquae, quae dicitur Leina seu in quibuslibet illarum aquis, omnia inquam haec
Northeimensi ecclesiae auctoritate dei omnipotentis et sanctorum Petri et
Pauli et nostra confirmamus sub anathemate precipientes, ut nemo deinceps

---

*) Im Copialbuch heisst es weiter: in Wicberingshusen II, in Welderikessen III.

**) Das Copialbuch enthält dabei den Zusatz: per abbatem et suos successores pro-
curandam et nunquam ab ecclesia alienandam,

***) Das Copialbuch fügt hinzu: et molendinum, in novali quod est in monte I, in
loco qui est ad Truncum censum X solidorum,

aliqua de bonis ecclesiae, que in usus pauperum Christi tantum collata sunt,
sibi in usus suos usurpando iniuste redigat vel abbatem et fratres super his
amplius inquietare praesumat. Noverint preterea universi Christi fideles, quod
prefatus comes propter incrementum et commodum iam dicti coenobii expe-
tiit a nobis, ut banno nostro confirmaremus, ne ullus unquam ortus ex sua
prosapia vel veniens a suis successoribus advocatiam eiusdem ecclesiae bene-
ficiali iure suscipiat aut concedat; sed quicunque heredum suorum auctoritate
eam tenuerit procurandam, si utilius ecclesiae et commodius videatur abbati,
illa non ex beneficio sed ex procuratione perfruatur, sin autem, deponatur,
et utilior ac commodior hac salubri haeredum institutione et banni nostri confirmatione substituatur. Ad hoc concessit fratribus ibidem deo famulantibus
et auctoritate nostra roborari rogavit liberam et firmam abbatis sui electionem, si forte quis dignus et idoneus in sententia suae congregationis inveniatur.
Permisit etiam prefatus comes et sub poena anathematis per nos eidem ecclesiae confirmari petiit, iura thelonei et percussuram proprii numismatis in eadem villa et omne iudicium civile ac forense exceptis furtis et causis capitalibus,
in quibus quis convictus extreme mortis cogetur subire sententiam. Similiter
constituit, ut si quis ex suis ministerialibus bona sua consensu heredum suorum eidem ecclesiae contulerit, tam ab ipso quam ab omnibus heredibus suis
vel successoribus ratum et inconvulsum futuris temporibus habeatur. Item
concessit, ut si qua de familia ecclesiae alicui suo nupserit servo, data prius
insticia, quae vulgari eloquio kormede vel bumede vocatur, in reliquum cum
marito iuri eius remaneat et e converso idem fiat, si quam de familia ipsius
ecclesiae servo nubere contigerit. Ut autem haec rata et inconvulsa omnibus
permaneant, praesens testamentum scribi fecimus et sigilli nostri impressione
iussimus insigniri. Pie observantibus in deo gloria, maligne obviantibus anathema sit maranatha.

Testes hi sunt: Henricus praepositus sanctae Mariae virginis in campis,
Godewaldus camerarius, Albertus praepositus sancti Severi, Waltherus praepo-
situs de Northun; Laici: comes Sitzo, comes Otto, comes Ernestus, comes
Hermannus, Eimbricho vicedominus, Giselbertus vicedominus, Bertoldus de
Homburch, Altmarus de Boumeneburch.

Acta sunt haec anno divinae incarnationis millesimo centesimo quadragesimo primo, indictione quarta, regnante rege Conrado huius nominis tertio
anno regni eius quarto. Data Erpesphurd, quinta idus Novembris.

23. — *Erzbischof Heinrich I von Mainz bestätigt die Dotation der Ma-
rienkapelle zu Bingen. — (1142 Sept. — 1143 Oct.)* *)

C. In nomine sancte et individue trinitatis. Heinricus divina gratia media-
trice sancte Mogentine || sedis humilis minister. Ad nostrum spectat officium
pia fidelium opera benigna attestatione comprobare vel auctoritatis nostre
munimine confirmare. Unde notum fieri volumus cunctis ecclesie filiis tam

---

*) Vergl. Würdtwein Nov. Sub. 2, pref. 28. Weidenbach Reg. Bing. Nro. 59.

presentibus quam posteris, qualiter Rothardus bonę indolis iuvenis pia mentis intentione in curia sua Pinguie super allodium suum constituit oratorium in honorem videlicet sanctę dei genitricis Marię vel sancti Jacobi apostoli, sanctorum quoque virginum ac martyrum Christi Barbare atque Ursale, in remissionem videlicet peccatorum suorum atque pro anima patris sui Ebrardi vel matris sue Walburgis. Consilio quoque nostro vel ceterorum religiosorum virorum usus, ipsum oratorium atque locum cimiterii ad hoc convenientem simul cum agris vel vineis, quibus hoc oratorium dotavit, potestati suę eripiens sanctę Moguntinę ecclesię absque contradictione subdidit, videlicet ut ne vel ipse nec quisquam heredum suorum in possessione eiusdem capellę preter solam investituram habeat potestatem, quatinus sacerdoti canonice data, qui ibidem divina celebret, a fidelibus frequentari possit. Est autem possessio eius capelle in Hilversheim dimidius mansus, qui per manum sacerdotis cultori cuilibet concessus, duodecim maltera siliginis et duos gallinacios sacerdoti annuatim habet persolvere. Duas quoque vineas in Suallechen et unam que vocatur Roth-Wilre curtem et in orto eius vineam, de qua medietas vini datur et decuria viginti persolvuntur denarii annuatim. Quatuor quoque diurnalia inter agros Wilre. Preterea curtem hic Pinguie de qua datur annuatim uncia ad reedificationem eiusdem ecclesię, macellum et parvam vineam ad capellam illuminandam statuimus de quibus dantur L libre sepi. Insuper cista salis de qua dantur V libre cere.

Facta sunt hec temporibus serenissimi pape Innocencii, regis Cunradi. Ut autem rata et inconvulsa permaneant testes adhibuimus, quorum nomina sunt hec:

Fridericus, Embricho, Helwic, Weltre, Guntramus sacerdotem ipsius capelle, Hugonem, Billung, Egeno, Heidenrich, Gebehart. Si quis ista fregerit anathema sit.

Das erzbischöfliche Siegel ist aufgedrückt.

24. — *Erzbischof Heinrich I von Mainz schenkt dem Kloster Disibodenberg für die Brachfelder zu Winkel bei Erfurt, die er dem S. Cyriacuskloster zu Erfurt zuweist, neun und ein halb Huf Landes zu Studernheim gleichfalls bei Erfurt. — 1143.*

In nomine summe et individue trinitatis. Ego Heinricus dei gratia Moguntinus archiepiscopus. Cum superne pietatis beneficiis minime nedum digne valeamus respondere, nitendum nobis est summopere, ut saltem beneficia per antecessores nostros quibuslibet ecclesiis impensa, per nostram industriam non solum stabiliantur, verum in meliorem statum transferantur. Ea propter cognitum esse cupimus in Christum credentibus seu credituris, qualiter novalia quedam penes Erpfesforth, sita in loco qui dicitur Winkelo et per dominum Rothardum archiepiscopum ecclesie sancti Dysibodi collata, digna recompensatione ab eadem ecclesia persolvi et congregationi monialium in monte sancti Ciriaci martiris penes Erpfesforth libere contuli eo per omnia iure,

quo prefate subservierant ecclesie. Pro eisdem vero novalibus reddidi ecclesie sancti Dysibodi novem hôbas et pene dimidiam in Studernheim penes
Erpfesforth, que annuatim persolvant septem talenta et tali per omnia iure
prefate subserviant ecclesię, quo mihi ac precessoribus meis subservierant.
Que traditio ut omni ęvo rata et inconvulsa permaneat, nec a quoquam hominum quolibet ausu temerario irrita fiat, huius paginę testamento signatę
nostro sigillo eam firmavimus ac per manum comitis Simsonis advocati ecclesię sancti Disibodi corroboravimus in verbo dei viventis interdicentes omnibus christianę professionis, ne unquam his corrumpendis apponant manum
iniquę prevaricationis. Si quis vero surdus auditor ad hec ea transgressus
fuerit in sorte iustorum se partem minime habiturum noverit, si non citius resipiscens digne pro hoc deo satisfecerit.

 Hec sunt autem nomina eorum in quorum presentia sunt facta: Hartmannus prepositus sancti Martini de domo, Heinrich prepositus sancte Marie in Erpfesfort, Anshelmus prepositus sancte Marie ad gradus, Wernher
abbas sancti Albani, Anshelmus abbas de Biscoffesberch, Rôthart abbas in
Eberbach, Adalhart prepositus sancti Severi, Volpertus prepositus in monte
sancti Ciriaci, Hartwin, Sigeloch, Berwich et Cônrat capellani. Symon comes
de Sarbrukkun, Cônrat comes de Kyrberch et frater eius Emicho, Ernest
comes de Dunnaha, Emicho comes de Liningen, Burchard de Eppilnsheim,
Wiggerus de Wartenberc, Heinricus de Mollesberc, Sigefrit de Rendela,
Wernherus de Withera, Heinrich de Curnera, Gisilbrath de Erpfesfort,
Gisilbrath filius Arnoldi de Rôdenesheim, Egilwart et frater eius Herôlt de
Gisenheim, Dragebodo et frater eius Huntwart de Okkenheim et alii
quam plures.

 Acta sunt hec anno dominicę incarnationis millesimo centesimo XLIII,
indictione VI, regnante rege Cônrado huius nominis II anno regni eius VI.

 Das aufgedrückte erzbischöfliche Siegel ist gut erhalten.

25. — *Papst Coelestin II nimmt das Kloster Paulinzell in seinen Schutz
und bestätigt dessen Freiheiten. — Lateran 1143.*

 Celestinus episcopus servus servorum dei dilectis filiis abbati et monasterio sancte Mariae in Cella beate dominae Paullinae tam praesentibus quam
futuris regulariter substituendis in perpetuum. Desiderium, quod ad religionis
propositum et animarum salutem pertinere demonstratur, animo nos decet libenti et benevolo concedere et petentium desideriis congruum impertiri suffragium. Ea propter dilecti in domino filii, vestris iustis postulationibus clementer annuimus et praefatum monasterium, quod ab egregiae recordationis
matrona beata Paullina eiusque filio constructum est, cum omnibus ad ipsum
pertinentibus sub beati Petri apostolorum principis et nostra protectione suscipimus et praesentis scripti privilegio communimus. Statuentes, ut quascunque possessiones vel decimas, quaecunque etiam bona idem monasterium in
praesentiarum iuste et canonice possidet vel in futurum concessione pontifibum,

largitione regum vel principum, oblatione fidelium seu aliis iustis modis, deo propitio, poterit adipisci, firma vobis, vestrisque successoribus et illibata permaneant. Liceat autem vobis communi consilio advocatum, quem ad defensionem eiusdem monasterii utilem esse noveritis, libere eligere, ipsumque, si inutilis fuerit, removere et alium utiliorem substituere. Obeunte vero abbate, qui pro tempore ibidem fuerit, nullus qualibet subreptionis astutia vel violentia praeponatur; sed liceat vobis communi consilio, vel partis sanioris, secundum dei timorem et beati Benedicti regulam, absque ullius contradictione abbatem eligere. Sepulturam quoque ipsius loci liberam esse concedimus et quicunque se illic sepeliri deliberaverint, nisi forte excommunicati sint, nullus obsistat, salva tamen iustitia matris ecclesiae. In indicium autem huius a sede apostolica acceptae libertatis aureum unum nobis nostrisque successoribus annis singulis persolvetis. Decernimus ergo, ut nulli omnino hominum liceat praefatum monasterium temere perturbare aut eius possessiones auffere vel ablatas retinere, minuere aut aliquibus vexationibus fatigare sed omnia integra conserventur eorum, pro quorum gubernatione et sustentatione concessa sunt, usibus omnimodis profutura, salva dyoecesani episcopi canonica iustitia. Si qua igitur in futurum ecclesiastica......

Ego Celestinus catholicae ecclesiae episcopus subscripsi.

Conradus Sabinensis episcopus subscripsi. Ego Theodewinus sanctae Rutinae episcopus subscripsi. Ego Stephanus Praenestinus episcopus subscripsi. Ego Gregorius presbiter cardinalis tituli Calixti subscripsi. Ego Thomas presbiter cardinalis tituli Vestinae subscripsi. Ego Petrus cardinalis presbiter tituli sancte Susannae subscripsi. Ego Gregorius diaconus cardinalis sanctorum Sergii et Bachi subscripsi. Ego Otto diaconus cardinalis sancti Gregorii ad velum aureum subscripsi.

Datum Laterani, per manum Gerardi sanctae Romanae ecclesiae cardinalis ac bibliothecarii, anno incarnationis dominicae M.C.XLIII, indictione VII, pontificatus vero domini Celestini II pape anno I.

28. — *Papst Lucius II nimmt das Kloster Fredelsloh in seinen Schutz und bestätigt dessen Freiheiten.* — *Rom 1144 Jan. 16.* *)

Lucius episcopus servus servorum dei dilectis filiis Bertramo preposito sancti Blasii in Fridesselle eiusque fratribus tam presentibus quam futuris regularem vitam professis in perpetuum. || Ad hoc universalis ecclesie cura nobis a provisore omnium bonorum deo commissa est, ut religiosas diligamus personas, et beneplacentem deo religionem studeamus modis omnibus propagare. Nec enim deo gratus aliquando famulatus impenditur, nisi ex caritatis radice procedens a puritatis religione fuerit conservatus. Oportet igitur omnis christiane fidei amatores religionem diligere et loca venerabilia ·cum ipsis personis divino servitio mancipatis attentius confovere, ut nullis pravorum

---

*) Vergl. Jaffé Reg. Pont. 6123.

hominum inquietentur molestiis vel importunis angariis fatigentur. Ea propter dilecti in domino filii vestris iustis postulationibus clementer annuimus et prefatam ecclesiam in qua divino mancipati estis obsequio sub beati Petri èt nostra protectione suscipimus et presentis scripti privilegio communimus. Statuentes, ut quascumque possessiones quecumque bona eadem ecclesia in presentiarum iuste et canonice possidet, aut infuturum concessione pontificum, largitione regum vel principum, oblatione fidelium seu aliis iustis modis deo propitio poterit adipisci, firma vobis vestrisque successoribus et illibata permaneant. Decernimus ergo, ut nulli omnino hominum liceat prefatam ecclesiam temere perturbare aut eius possessiones auferre vel ablatas retinere, minuere aut aliquibus vexationibus fatigare, sed omnia integra conserventur eorum pro quorum gubernatione et sustentatione concessa sunt usibus omnimodis profutura, salva sedis apostolice auctoritate et diocesani episcopi canonica iustitia. Si qua igitur infuturum ecclesiastica secularisve persona hanc nostrę constitutionis paginam sciens, contra eam temere venire temptaverit, secundo tertiove commonita si non satisfactione congrua emendaverit, potestatis honorisque sui dignitate careat, reamque se divino iudicio existere de perpetrata iniquitate cognoscat et a sacratissimo corpore ac sanguine dei et domini redemptoris nostri Ihesu Christi aliena fiat atque in extremo examine districtę ultioni subiaceat; cunctis autem eidem loco iusta servantibus sit pax domini nostri Ihesu Christi quatinus et hic fructum bonę actionis percipiant et apud districtum iudicem premia ęternę pacis inveniant. Amen. Amen. Amen.

Ego Lucius catholicę ecclesię episcopus subscripsi.

Ego Conradus Sabinensis episcopus. Ego Petrus Albanensis episcopus. Ego Thomas presbiter cardinalis tituli sancte Vestine. Ego Manfredus presbiter cardinalis tituli sancte Sabine. Ego Villanus presbiter cardinalis tituli sancti Stephani in Celio monte. Ego Gregorius diaconus cardinalis sanctorum Sergii et Bachi. Ego Wido diaconus cardinalis sanctorum Cosme et Damiani. Ego Iacintus diaconus cardinalis sanctę Marię in Cosmidin.

Datum Romę, per manum Baronis sancte Romane ecclesie subdiaconi, XVII kalendas Februarii, indictione VIII, incarnationis dominicę anno M.C.XLIIII, pontificatus vero domni Lucii II pape anno primo.

Die Bulle hängt.

27. — *Erzbischof Heinrich I von Mainz verleiht der von ihm geweihten Capelle zu Lauchroeden die Rechte einer freien Dominicalcapelle. — Dorla 1144 Juli 5.*

C. In nomine sancte et individue trinitatis. Notum sit omnibus Christ ifidelibus tam futuris quam presentibus, quod ego Heinricus dei gratia Mogontinus archiepiscopus capellam noviter fundatam in archipresbiterio Reinede in villa Lochereden consecrari feci. Ad hoc cum pro reverentia beati Martini patroni nostri in cuius honore consecrata est, tum pro dilectione Wiggeri cognati nostri, fundatoris quoque eiusdem capelle et advocati, auctoritate nostra concessimus, ut eiusdem villulę possessores singularem habeant presbiterum, cui de iure suo respondeant et quam proprio parrochiario suo dare consueverant decimam in usus vitę isti de cetero persolvant. Propter nimiam namque remotionem matricis ecclesię huius villulę possessoribus indulsimus et ab omni quam debebant ecclesię de Reinede iustitiam et obedientiam, eos absolvimus, cum urgente eos magna paupertate tum etiam inhabitantium ibidem paucitate non possent simul et matrici ecclesię debita iura persolvere et presbitero suo necessaria vitę, prout expediret, ministrare. Annuentes igitur, ut de consuetudine ecclesiarum, quę matrices dinoscuntur, habeat ius baptizandi et sepeliendi et infirmos suos visitandi, constituimus eam esse liberam dominicalem capellam pro dispositione predicti cognati nostri et successorum suorum tam de presbitero, quam ei administrandis necessariis ordinanda. Quia vero equum et rationabile est, ut quod a nobis provida dispensatione constituitur apud posteros quoque nostros statutum sit, quicquid confirmamus ratum permaneat, hanc nostram concessionem precipimus in nomine domini, ne quis cassare presumat, per inpressionem sigilli huic pagine eam confirmantes.

Testes autem sunt prepositi: Anshelmus sancte Marie ad gradus Mogontiensis, Godeboldus de Frislar, Godescalcus de Mőggenstat. Capellani: Hartwigus, Berwicus, Conradus, Cono abbas sancti Disiboti. Comites: Ernestus de Thunnaha, Dudo et frater eius Gebehardus de Immenhusun. Ministeriales: Meingotus Moguntiensis, Cŭnradus de Geismar, Cŭnradus dapifer, Gernodus marscalcus, Giselbertus pincerna.

Acta sunt autem anno dominice incarnationis M.C.XLIIII, indictione VII, regnante rege Conrado huius nominis II. Data Dŭrlovn, III nonas Julii, per manum Sigeloi notarii feliciter amen.

Das aufgedrückte Siegel des Erzbischofs ist beschädigt.

28. — *Herzog Heinrich (der Löwe) von Sachsen bestätigt dem Kloster Bursfeld alle Rechte und Freiheiten, die der Gründer desselben, sein Vorahn Graf Heinrich, dem Kloster ertheilt hat und fügt noch das Wahlrecht des Vogts dazu. — Braunschweig 1144 Jul. 23.*
Erzbischof Heinrich I von Mainz bestätigt auf Verlangen des Herzogs Heinrich von Sachsen das vorstehende Privilegium desselben. — Dorla 1144 Jul. 27.*)

In nomine sancte et individue trinitatis. Reverendissimo domino suo ac patri Henrico Moguntine sedis archiepiscopo et omnibus Christi ecclesie filiis Henricus dux Saxonie salutem. Notum sit sanctitati vestre domine pater et universis Christi fidelibus tam futuris quam presentibus, quod gloriosus comes Henricus, filius Ottonis ducis, proavus meus pro remedio et salute anime sue suorumque omnium Bursfeldense coenobium in loco Nimia fundavit, substantiis dotavit, sed preventus morte, minus quam proposuerat actum, heredibus suis reliquit. Statuit tamen et banno ecclesiastico confirmari obtinuit, ut

---

*) Vergl. Gatterer Prakt. Diplomatik 79

nullus heredum suorum aliquid in abbatia sibi usurpet preter advocatiam et nemo advocatus ullam in ea exerceat, nisi rogatu vel permissu abbatis nec advocatia ulli ut beneficium prestetur, sed ad nutum abbatis in absolutionem peccatorum commendetur. Unde nunc ego Henricus, ipsius Henrici legitimus ac iustissimus heres nihil aliud, quam ille constituit, mihi usurpo, nec posteris meis usurpandum relinquo, sed pro remedio ac salute anime mee meorumque omnium, quicquid Bursfedensi coenobio proavus meus Henricus dedit, do, quicquid ei utilitatis seu honoris statuit, statuo, statutum roboro, roboratum perpetuo posteris relinquo, ut denique abbas eligat et constituat advocatum, quem ecclesie sue utilem providerit. Quod ideo concedo, qui a quidem advocati non defensores ecclesie sed dissipatores ecclesie inveniuntur. Ut autem hec constitutio nostra sit omni tempore et inconvulsa perpetuo maneat, cartam hanc conscribi et sigillo nostro insigniri placuit, quam auctoritate quoque vestra, domine pater et banno confirmari suppliciter efflagitamus.

Facta anno incarnationis dominice millesimo · centesimo quadragesimo quarto, indictione septima.

Testes: abbates Everhardus de Luttere, Wolframus de Lunuburch, Wicolinus de Northeim. Prepositi: Eckhardus de Brunswich, Snevardus de Alesburg, Bruno de Wildeshausen. Capellani: Geroldus, Sygelbertus, Marcwardus. Liberi homines: Poppo de Blanckenburch, Liudolfus de Waltingeroth, Liuthardus de (Meinersen). Ministeriales: Liudolfus advocatus, Anno camerarius, Bertoldus de Payn, Erenbertus, Burchardus.

Data Brunswick, per manum Geroldi notarii, X kalendas Augusti.

Ego Henricus sancte Moguntine sedis archiepiscopus hanc constitutionem ducis approbo, auctoritate banni roboro, sigilli nostri impressione confirmo.

Testes sunt clerici: Henricus Erphesfurdensis prepositus, Godescalcus prepositus de Heiligenstat,· Adelhardus prepositus sancti Severi. Capellani: Conradus, Rodingus, Linungus. Abbates: Wernerus sancti Petri Erphesfurt, Ernest de Reginherisbrunnen, Hermannus de Gerodia. Regulares prepositi de Erphesfurt: Folbertus, Sizo. Comites: Ernest de Tunnaha, Dammo et filius eius Arnoldus de Hagenaw, Emmisso de Linigen, Wolfram de Wertheim, Cunradus de Walristein. Ministeriales: Wernherus dapifer, Conradus pincerna, Gernoth et Conradus marscalci, Sygeboldus.

Data Thorlon, VI kalendas Augusti, per manum Magni notarii.

29. — *Erzbischof Heinrich I von Mainz weiht auf Bitten der Aebtissin Udalhilde von Gandersheim die Capelle zu Sibexen ein und ordnet daselbst die Seelsorge. — Nörten 1145 Jul. 4.*)*

C. In nomine sancte et individue trinitatis. Heinricus divina favente misericordia Maguntine sedis archiepiscopus. ‖ Quoniam ad nostrum spectat officium in locis pia devotione et impensa fidelium Christi exstructis et deo oblatis dignum ipsi servitium instituere, non negligendum estimavimus humilium eque

*) Vergl. Lüntzel Die alt. Dioec. Hildesh. 373.

ac potentum iustis peticionibus aures benignas accomodare. Noverint itaque
tam presentes quam futuri omnes Christi fideles, qualiter exstructa capellula
in villa, quae dicitur Sibethse, cum tamen in proxima villa videlicet Withenwatere ecclesiam propter incendium noviter reparatam consecraremus, rogatu
venerabilis sororis nostre Udalhilde abbatisse sanctimonialium de claustro
sancte Marie in Gandersheim, peticione quoque devota cuiusdam Friderici,
Regenhardi, Lutheri et aliorum iam dicte ville possessorum, quorum pio labore eandem capellam constiterat exstructam, eo usque descendimus et debita
benedictione divinum in ea servitium fieri ordinavimus. Quia vero quasi in
extremo parochie nostre constituti hec etsi minus accepta debita tamen deo
servitia complevimus, ut memoria consecrationis nostre in perpetuum ibidem
celebraretur, et ecclesiastica auctoritate nostra concessimus, quod idem popu-
lus singularem habeat quemcunque sibi elegerit assensu Northunensis prepositi presbiterum et licentiam dedimus ibidem baptizandi, sepeliendi et cum
omni iure eundem populum ab ecclesia Withenwatere, attitulantes ei adiacen-
tem villulam videlicet Barolveshusun, absolvimus, cum tamen multa paupertate coactus vix sufficiat proprio sacerdoti necessaria ministrare et ecclesie
sue defectum supplere. Ut autem hec rata et inconvulsa permaneant, hanc
cartulam scribi et sigilli nostri impressione corroborari iussimus.

Testes sunt: Sigelo Northunensis, Wezelo Northeimensis abbas. Capellani: Cunradus, Rudingus, Lienungus, Didricus archipresbiter de Honstad,
Berno canonicus et archipresbiter de Northun.

Acta sunt autem anno dominice incarnationis M.C.XLV, indictione VI,
regnante rege Cunrado huius nominis II. Data Northuni, IV nonas Julii, qua
die dedicatio hec celebrabitur amen, presente Humbaldo Romane sedis car-
dinali presbitero et Johanne filio Petri leonis.

Das erzbischöfliche Siegel ist abgefallen.

30. — *Vergleich zwischen dem Kloster Lippoldsberg und einem gewiszen
Berthold von Asekendorf über das Radwardʼsche Gut, welcher durch
Erzbischof Heinrichs I von Mainz Vermittlung zu Stande gebracht ward.
— Rusteberg 1145.*

Notum esse volumus cunctis Christi fidelibus inter ecclesiam de Luippoldesberch et quendam Bertoldum de Asekenthorp simultates magnas exortas
pro eo, quod domnus Heinricus sancte Maguntine sedis archiepiscopus Rad-
wardi cuiusdam beneficium ecclesie in Liuppoldesberch astipulante privilegio
domni Rothardi archiepiscopi reddidit, quod scilicet senior Adelberthus eiusdem sedis antistes ei non tam iuste, ut salva omnium pace dixerim, quam
potenter abstulerat et prefato Bertholdo prestiterat. Unde pro hac simultate
sedanda et pace utrimque firmanda nimirum eiusdem loci conventui archiepiscopo domno Heinrico annuente atque presente complacuit, quatenus idem
Bertoldus cum uxore, cum filiis prefato illi beneficio, quod aliquamdiu non
iuste possederat, perfecte renuncians tres mansos ecclesie de Liuppoldesberch

et tria iugera cum prato uno a patre eiusdem loci sibi et uxori ac filiis beneficii iure et insuper XX talenta susciperet ita sane, ut et ipse de cetero cum
uxore, cum filiis et cum omni posteritate futura a cepta exactione quiscerent,
et prefatum Rudwardi beneficium in usus ecclesie de Luippoldesberch perpetua stabilitate transiret. Ut igitur hec pactio eidem Bertoldo inconvulsa permaneat pro testimonio veritatis hanc scedam diligenti cura repositam apud
se utrimque retineant.

Actum est autem istud Rustiberch, anno dominice incarnationis M.C.XLV,
pontificatus domni H(einrici) archiepiscopi anno II, eodem archiepiscopo et
uno ex cardinalibus, magistro videlicet Uberto *), quam plurimis etiam hone-
stis clericis laicisque presentibus infra subscriptis.

Clerici: domnus Godescalcus prepositus de Heiligenstad, domnus Lambertus prepositus de Chiesmare. Capellani: domnus Sichologus notarius,
domnus Conradus parvus, domnus Rothunens, Guntherus prepositus de Luip-
poldesberc. Laici: Comes Imico, domnus Dudo et frater eius domnus Gevehardus et domnus Godefridus et quidam Conradus. Ministeriales: domnus
Dudo de Mogontia, domnus Hugo, domnus Odelricus et frater eius domnus
Hartwigus et alii fortes viri nonnulli.

Das Siegel des Klosters Lippoldsberg mit der Umschrift: SCI GEORGII LIVPPOL-
DESBERG ist aufgedrückt.

31. — *Erzbischof Heinrich I von Mainz bestätigt dem Propst Hildebold
zu Höchst die Ueberlaszung des Zehnt daselbst von Seite der Canoniker
des S. Victorstiftes zu Mainz gegen die jährliche Abgabe von zehn Mainzer
Solidi. — Mainz (1146) Apr. 5.*

C. In nomine sancte et individue trinitatis. Heinricus sancte Maguntine
sedis archiepiscopus huius nominis primus. Cum omnis rei maxime detrimen-
tum sit || negligentia, summopere in re conservanda adhibenda est futurorum
providentia. Paulatim enim et labore magno sepe recolligitur, quod vel senio
vel oblivione vel custodum desidia distrahitur. Huic ergo rei simile ne forte
contigeret, fratres beati Victoris foras murum Maguntie, quorum cottidiana
stipendia sunt decimationes nostre salice terre tam in orientali Germania quam
in Saxonia et in omnibus vicis vel villis nostri episcopatus, precavere cogita-
bant. Decimationem itaque ut diximus nostre salice terre in villa Hosteden
super ripam Mogoni ubicumque sitam et illuc pertinentem, in agris, in vineis,
in hortis, in animalibus per manum nostram fratri Hildiboldo eiusdem loci
preposito suisque successoribus tali conventione incommutabiliter committentes
tradiderunt, ut ipse suique successores annuatim ad vincula sancti Petri pre-
nominatis fratribus beati Victoris X solidos Maguntine monete indubitanter

---

*) Wol richtiger: Hubaldo, der auch in den erzbischöflichen Urkunden dieser Jahre bei
Scheidt Mant. doc. 306. Orig. Guelf. 4, pref. 81 und oben Nr. 29 vorkommt. Einen
Cardinal Ubertus gibt es um diese Zeit überhaupt nicht. vergl. Jaffé Reg. Pont. 559.
605. 609. 615.

inde persolvant. Quo facto ut istud testimonio nostri sigilli confirmarem, obnixe rogaverunt, idque apud nostram benevolentiam iure talibus promptam facile optinuerunt. Igitur ut hec rata permaneant confirmata esse nostri impressione sigilli subiunctis testibus tam futuri quam presentes cognoscant.

Testes sunt isti: Hartmannus principalis ecclesie prepositus, Gerlachus prepositus de sancto Victore, Sigelochus prepositus de Norzun, Burchardus de Gicheburc prepositus, Gisilbertus prepositus de Wileneburc. Capellani: Cunradus, Linunc, Rûdinc, Adelbero decanus sancti Victoris, Cûnradus magister, Stephanus cantor et reliqui eiusdem martiris canonici. Liberi: comes Wolframus de Werth(eim) et frater eius Ditherus, Arnoldus de Hagenowa, Gerlachus de Bûchun. Ministeriales: Cunradus de Haepenhefde, Cunradus pincerna, Wernher dapifer, Cunradus marscalcus et alii plures.

Acta sunt hec anno dominice incarnationis millesimo C.XLVI, indictione nona. Data Maguntie nonas Aprilis.

Das aufgedrückte erzbischöfliche Siegel ist gut erhalten.

32. — Papst Eugen III nimmt das Kloster Fredelsloh in seinen Schutz. — Viterbo 1146 Mai 25.*)

Eugenius episcopus servus servorum dei dilectis in Christo filiis Bertrammo preposito ceterisque religiosis fratribus et sanctimonialibus ecclesie beate Marie sanctique Blasii in Fridesele salutem et apostolicam benedictionem. Quotiens illud a nobis petitur, quod religioni et honestati convenire dinoscitur, animo nos decet libenti concedere et petentium desideriis congruum impertiri suffragium. Ea propter dilecti in domino filii vestris iustis postulationibus debita benignitate gratum impertientes assensum locum vestrum, in quo divino vacatis obsequio, cum omnibus pertinentiis suis sub beati Petri et nostra protectione suscipimus... duas ecclesias unam videlicet in Aldendorp et alteram in Stocheim a Marcolfo archiepiscopo canonice vobis concessas, quascumque etiam possessiones quecumque bona in presentiarum iuste et canonice possidetis aut in futurum rationabilibus modis prestante domino poteritis adipisci, vobis vestrisque successoribus per presentis scripti paginam confirmamus. Obeunte vero te nunc eiusdem loci preposito vel tuorum quolibet successorum nullus ibi qualibet subreptionis astutia seu violentia preponetur, nisi quem fratres eiusdem loci sue professionis communi assensu vel fratrum pars consilii sanioris secundum domini et beati Augustini regulam providerint eligendum. Si qua igitur infuturum ecclesiastica secularisve persona huius nostre confirmationis paginam sciens contra eam temere venire temptaverit, secundo tertiove commonita nisi reatum suum congrua satisfactione correxerit, ordinis et officii sui periculo subiaceat atque omnipotentis dei et beatorum Petri et Pauli apostolorum eius indignationem incurrat.

Datum Viterbi, VIII kalendas Junii, pontificatus nostri anno secundo.

Die Bulle hängt.

*) Vergl. Jaffé Reg. Pont. 6246.

3*

33. — *Erzbischof Heinrich I von Mainz bekräftigt dem Kloster Lippoldsberg aufs neue die bereits früher von ihm bestätigten Gütererwerbungen, wie auch die Schenkung der Jungfrau Adelheid, der Stieftochter des Grafen Lambert (von Gleichen). — Heiligenstadt 1146 Sept. 24.*

In nomine sancte trinitatis et individue unitatis. Ego Heinricus sancte Moguntine sedis gratia dei quod sum tam futuris quam presentibus in perpetuum. Sicut pietatis et misericordie est eterne mercedis intuitu quemque fidelium volitive sua Christo tribuere, sic nimirum sic et iusticie ac veritatis est, hec ipsa eius ipsius auctoritate cui dicata sunt usibus ministrantium sibi perpetuo profutura firmare, alioquin misericordia et veritas sibi obviare, iusticia et pax sese osculari non possunt. Harum ergo iusticie scilicet ac veritatis astipulatione commoniti notum esse volumus tam futuris quam presentibus cunctis Christi fidelibus, quod pie memorie domnus ac predecessor meus A(dalbertus) senior pro anime sue predecessorum successorumque suorum remedio sex mansos, duos scilicet in superiori Calice, tercium in eiusdem nominis villa, quartum in inferiori Hawaldesen, quintum et sextum in Westheim ecclesie nostre in Liuppoldesberch anathematis interpositione dedit in proprium, quos profecto eius ipsius amore eidem ecclesie nos quoque privilegii nostri auctoritate ac sigilli nostri inpressione nec non et banno firmantes possessione perpetua proprios eius esse fixe decernimus. Prefate igitur oblationis testes fuerunt: prepositus Heinricus de Jechieburch, prepositus Waltherus de Northun, prepositus sancti Severi domnus Adelhardus, domnus Dudo castellanus de Rusteberche, vicedominus Lambertus, domnus Conradus de Chiesmare, domnus Arnoldus et filius eius Hugo de Heiliganstad, domnus Adelbertus Fiol,(?) Hawardus de Gelinge, Sichebado de Pernhusen, domnus Odelricus et frater eius domnus Hartwigus et Aveze de Sutheim et quam plures alii, quos gratia brevitatis omittimus. Preterea virgo quedam nobilis Adelheidis nomine, comitis Lamberti privigna, adolescenti cuidam nobili desponsata Hogero hec respuens magis scilicet eligens immortalibus Christi quam corruptibilis sponsi iungi complexibus, in loco quem diximus spiritalis vite secretum adiens, quesivit, invenit, ibique deo et sanctis illic in memoria eterna repositis pro anime sue suorumque remedio de predii sui reditibus sibi a patre in proprium datis ad decem talenta, comite Lamberto astipulante eique per omnia in hoc ipsum voto et oblatione cooperante, contradidit. Sita sunt autem hec ipsa predia ultra Salem in villa que dicitur Beissem ad tria talenta, in Westhusen ad tria talenta et quinque solidos. Quinque mansi et dimidius in hac ipsa villa siti sunt, in Occandale quinque, in Guntererothe fere tres, in Riethe quattuor, in Wichelderothe duo et dimidius. Hec quoque sic et prefata prediola dei omnipotentis et sanctorum omnium ac nostra auctoritate ecclesie illi firmantes sic inconvulsa manere precipimus, ut siqua in posterum spiritalis secularisve persona prefatam ecclesiam super his bonis ausu temerario vexare aut aliquibus modis inquietare presumpserit secundo terciove commonita si non cito resipiscens ab incepto destiterit, perpetuo anathemati sese subiacere et in extremo iudicio cum diabolo et angelis eius eterne dampnationi reservari

non dubitet. Ubi prefata puella hec predia cum comite Lamberto deo et
sanctis eius in Liuppoldesberch obtulit, presentes et testes erant: domnus
Conradus de Everscuthe, domnus Retherus, domnus Everhardus de Stroverde,
domnus Ekkehardus de Ambara et quidam ministerialis domni Lamberti
Heinricus de Riestede aliique quam plurimi. Quisquis igitur eidem ecclesie
que iusta sunt servaverit eiusque defensor indefessus extiterit, in omnibus
que vel nunc iuste possidet aut in posterum largiente domino iustis modis
adipisci potuerit, ipse qui universa iuste disponit et ordinat et bonorum omnium inexpugnabilis defensor existit, ipse inquam, hunc secundum misericordie sue iustitiam in die Christi Ihesu cum omnibus sanctis in memoria eterna
constituens ab auditione mala securum esse concedat. Amen.

Actio confirmationis huius anno dominice incarnationis M.C.XLVI, peracta est regnante Romanorum rege Conrado, episcopante quoque viro religioso domno Heinrico Moguntie anno iam tercio. Data Helegenstath, VIII
kalendas Octobris, per manum boni viri domni Magni archinotarii.

Das aufgedrückte Siegel des Erzbischofs ist ganz erhalten.

34. — *Erzbischof Heinrich I bestätigt die Gründung des Cistercienser
Nonnenklosters zu Ichtershausen durch Friduna und Markward von
Grumbach. — Erfurt 1147 Juni 16.*

In nomine sancte et individue trinitatis. Heinricus gratia dei Mogontiensis ecclesie archiepiscopus. Quoniam ad nostram spectat officium pro universis
ecclesiis nobis commissis sollicitudinem gerere, earum paci et tranquillitati
modis omnibus sollicite debemus providere. Omnibus itaque notum esse volumus tam presentibus quam futuris Christi et ecclesie fidelibus, qualiter cla-
rissima et deo devota matrona nomine Frideruna, linea nobis sanguinis propinqua et filius eius Marcwardus de Grumbach, vir nobilis et industrius, divino
acti spiritu in loco possessionis sue Üchtricheshusen vocato, cenobium con-
struere et vitam monasticam instituere cupientes nostram super hoc consilium
expetierint et auxilium. Nos igitur pio faventes proposito et felicibus assapi-
rantes iniciis, religiosis viris tam abbatibus quam prepositis desiderium eorum
patefecimus et communi omnium consilio Cisterciensium ordinem elegerunt, in
quo cum mundi huius contemptu voluntaria paupertas principatur, in quo cum
humilitate et obedientia caritas dominatur. Adductis itaque de Wachtereswinkele X et VIII probabilis vite sororibus abbatissam nomine Hochburgam,
etate et morum gravitate venerabilem, unanimi voto parique omnium consensu electam, pro debito officii nostri XVII.kalendas Julii benediximus. Proinde predicta matrona Frideruna et filius eius Marcwardus deo, a quo bona
cuncta procedunt, gratias exsolventes, locum hunc cum omnibus attitulatis sibi
pertinentiis heredum suorum consensu omnipotenti Jesu Christo eiusque sanc-
tissime genetrici Marie sanctoque Georgio martyri et beato Benedicto in odo-
rem suavitatis obtulerunt, nos quoque invocato nomine domini iniciati inibi

sacri ordinis tenorem nostra pontificali auctoritate confirmantes incommutabiliter statuimus, ut amodo et per futura tempora ipse liber et devotus
permaneat nulliusque terrene persone potestati vel dominio subditus fiat et
nullum penitus tam nobis quam successoribus nostris seculare servicium debeat.
Preterea adhibito fratrum nostrorum coepiscoporum et abbatum, qui aderant,
testimonio quorum etiam nomina subter notavimus, memorati cenobii titulum
propter commodiorem quietem ibi deo famulantiumrita decreverunt libertandum.
Quotienscumque predicti monasterii sorores matre sua spiritali domino disponente orbate fuerint, in eligenda et constituenda abbatissa secundum regulam
sancti patris Benedicti pari voto et unanimi consensu inter se vel in alio claustro sanctimonialium eiusdem ordinis si forte opus fuerit, liberam in domino
habeant potestatem, nec aliqua persona spiritalis secularisve ad aliud eas
perurgere presumat aut violenter manum mittat neque ad aliquod ius aut servicium sibi in ecclesia illa usurpandum neque ad aliquam personam ibidem
subrogandam, sed que eiusdem professionis in commune probabili vita placuerit, eam sibi preficiant. Hec itaque abbatissa in timore dei sibi privata sit
et sororibus liberamque disponendarum in claustro rerum suarum cum communi consilio potestatem habeat, sciens se iuxta preceptum regule multorum
servire moribus et omnibus omnia fieri ut omnes lucrifaciat. Statuimus quoque, ut sorores prefati cenobii de regulari ordine beati Augustini prepositum
habeant virum boni testimonii, qui sit imbutus divine legis scientia, ut sciat de
thesauro cordis sui proferre nova et vetera, quique eis tam in interioribus,
quam in exterioribus tamquam fidelis et prudens dispensator secundum deum
provideat. Et hic ab omnibus sive a saniori parte eligatur sicque litteris commendaticiis conspectui archiepiscopi presentatus curam de manu eius accipiat.
Et quoniam id populi ibidem degentis salus exigit, memorato preposito et
fratribus ad hoc ideonis, verbum dei predicare, infantes baptizare, infirmos visitare, penitentes suscipere, mortuos sepelire et in ceteris rebus ecclesiasticis
ministerium suum implere liberam potestatem auctoritate nostra tradimus.
Ad hec iam dicte ecclesie deferre volentes, hec a nobis est collata prerogativa,
ut prepositus de fratribus suis et sororibus sive de cura regimini suo commissa nulli archipreposito aliquid habeat respondere, si forte de aliquo archidiaconatus sui iure eum gravare attemptaverit. Ceterum archidiaconus
sive archipresbiter secundum Mogontine ecclesie instituta in populo ibidem
manente ius suum habeat et synodalis iudicii causas cum prudentie illius consilio tractare studeat. Idem vero prepositus si postea forte, quod absit, nimis
libere et reprehensibiliter vixerit, resque ecclesie inconsulte tractaverit, vel
quolibet alio modo subesse magis quam preesse meruerit, facta super eum
coram archiepiscopo proclamatione regularique examinatione, prioratum
amittat. Sane quolibet iam dicti monasterii preposito defuncto vel alio casu
ablato nullus in eius locum qualibet subreptione aut violentia subrogetur,
nisi quem aut omnium concors unanimitas, aut sanior pars regulariter elegerit.
Advocatum in successione heredum suorum adultiorem etate domina Frideruna cum filio suo Marcwardo ecclesiam illam habere constituit, qui in timore
dei sollicitus bona, quibus patrocinari debet, libertatem monasterii a pravorum

inquietationibus protectionis sue scuto defensare studeat. Hic denique necessitate exigente quocunque preposito visum fuerit invitatus ab illo veniat
et ibi placitum iustum pro causis et necessitatibus monasterii rite peragat.
Nullum autem servicium aut ius sibi pro hoc deberi recognoscat, nisi pauperum
Christi ibidem congregatorum orationum suffragium et divine retributionis
premium. Idem vero advocatus nisi preposito volente et advocante bona et
loca monasterii suis frequentiis temerarius et sine causa minime adeat vel
attingat, nec presumptuosus in eis placitum quodlibet vel pernoctandi licentiam habeat, nec subadvocatum pro se faciat, nec aliquam absque ratione ca-
lumpniam, pervasionem aut iniuriam monasterio vel preposito aut familie faciat. Ad hec quippe prefatus Marcwardus, domine Friderune filius, a domno
nostro Romanorum rege Cunrado ob devotum et fidele obsequium spetialiter
dilectus et honoratus, privilegium enixis precibus impetravit, in quo totius
libertatis statum memorati monasterii et omnia predicta coram regni princi-
pibus regia potestate et munificentia roboravit. Ut autem libertatis istius et
traditionis statuta tanto perhennius inconcussa amodo permaneant, sepedicta
matrona cum filio suo constituit et nos ipsorum peticione statuimus, ut predictum cenobium cum pertinenciis suis et aliis omnibus modo traditis et adhuc tradendis, sub beati Martini mundiburdio et Mogontini pontificis tutela
semper stabiliatur et defendatur, si forte quispiam quarumcumque homo personarum, quod absit, statutum hoc ullo ingenio aut legum argumento infirmare vel infringere presumpserit. Cuius rei sanctionem ratam in perpetuum
et inconvulsam esse presentis privilegii nostri pagina statuimus, et sub invo-
catione sancte et individue trinitatis, sub auctoritate sanctorum Petri et Pauli
apostolorum, sub iudiciaria omnium sanctorum districtione, sub domni apostolici Eugenii nostroque pontificali banno, sub interminatione perpetui anathematis et illius tremendi examinis confirmavimus. Et hec scripta sigilli nostri
impressione signavimus.

Huius constitutionis et confirmationis testes hos subscribi fecimus: Gebehardus Eistatensis episcopus, Tiethmarus Fardensis episcopus, Rudolfus
Halberstatensis episcopus, Sifridus Wirzeburgensis episcopus, Heinricus custos maioris ecclesie in Mogontia et Erpesfordiensis prepositus, Godeboldus
prepositus Fritslariensis, Gerlachus prepositus sancti Victoris, Adelhardus
prepositus sancti Severi, Ludewicus prepositus sancti Gangolfi, magister
Willehelmus, Wernherus abbas sancti Petri in Erpesfort, Adam abbas Ebera-
censis, Henricus abbas de Walkenrith, Engilbertus abbas de Folkoldiroth,
Udalricus abbas Celle domine Pauline, Hiltilinus abbas in Oldesleiben, Godescalcus prepositus in Kaldenbrunnen, Folpertus prepositus de monte sancti
Cyriaci, Hartungus prepositus in Hegenehe, Bertramnus prepositus in Wachtereswinkele, Wolframus prepositus in Hornberc, Hartwicus prepositus in
hospitali, Sinzo prepositus in Eiteresburc. Capellani: Giselbertus, Cunradus,
Linungus, Rudingus. Laici: Ludewicus comes provincialis, comes Ernestus,
comes Sizzo, comes Wiggerus et frater eius Godefridus, Marcwardus de
Grumbach, comes Fridericus de Bichelingen, Esich de Burnestete, Folradus
et Ludegerus et Sifridus de Cranechfelt, Guncelinus et frater eius Foclmarus

de Dachebeche, Hartungus de Sunnebrunnen. Ministeriales: Embricho ringravius, Heinricus vicedominus, Meingotus, Hugo, Guntherus, Siboldus, Heinricus, Giselbertus, Alexander, Herwart, Hermannus et alii quam plures.

Facta sunt hec anno dominice incarnationis millesimo C.XLVII, indictione X, regnante glorioso rege Cânrado huius nominis II anno regni eius X, suscepte autem peregrinationis I. Datum Erpesfort, XVI kalendas Julii, feliciter amen.

Das aufgedrückte erzbischöfliche Siegel ist wol erhalten.

35. — *Erzbischof Heinrich I von Mainz bekundet einen Gütertausch zwischen den Äbten Cuno von Disibodenberg und Eberhard von Gerode. — Mainz 1148 März 21.*

In nomine sancte et individue trinitatis. Heinricus dei gratia Maguntiensis archiepiscopus. Notum esse volumus universis tam future quam instantis etatis Cristi fidelibus, qualiter Cono abbas de monte sancti Disibodi cum fratribus suis ad nos venit et quod quedam bona in comitia provincialis comitis in Thuringia iacentia et ad ecclesiam suam pertinentia, quia nimis erant remota, pro conquerenda in viciniori loco, eidem ecclesie utilitate aliqua cum abbate Everardo de Gerodia nostre possibilitatis voluntate preordinate quoquo modo cambiret, diligentissime exquisivit. Cuius super huiusmodi audito desiderio et etiam priorum ecclesie nostre habito consilio cum et prefatus abbas de Gerodia eidem instaret petitioni propter plenariam utriusque ecclesie commoditatem, utrarumque possessionum advocatos convocavimus et eisdem presentibus et concedentibus prenominatorum abbatum concambium bonorum quorundam in Binga et in confinio eiusdem loci positorum pro prediis in Stoderenheim, ut diximus sancto Disibodo pertinentibus, humilitati eorum tandem satisfaciendo fieri permisimus, et debita secularis iuris ratione nostreque iustitie tenore ut idem advocati prelibata bona susciperent, quia his qui aderant tam laicis quam clericis ita fieri placuit, ad ultimum disposuimus. Pro conservanda in perpetuum huius traditionis certitudine testes subscribi decrevimus.

Testes sunt episcopi: Bucco Wormaciensis, Gebehardus Eistetensis. Prepositi: Hartmannus maioris ecclesie prepositus, Lodowicus sancti Petri prepositus, Gerlacus sancti Victoris prepositus et maioris ecclesie decanus, Anselmus prepositus sancte Marie ad gradus, Hartwigus cantor, Godescalcus prepositus sancte Marie in campo, Hartmannus prepositus sancti Mauricii, Heinricus prepositus in Erpesfort, Godeboldus prepositus in Fridesla, Burkardus Jekeburgensis prepositus, Sigelous Nortunensis prepositus, Alardus sancti Severi prepositus, Godescalcus prepositus Mugstadensis. Capellani: Giselbertus prepositus, Cunradus de Hegstad, Rothingus, Linungus. Laici: Lodowicus comes provincialis, comes Ernestus, comes Sigabodo de Scartvelde, Frethericus de Bigelinga comes, Godefridus comes de Amanaburc et frater eius Wikerus. Ministeriales: Emrico ringravius, Dudo et frater eius Meingotus, Helpricus, Dudo et frater eius Wignandus, Wernerus, Heinricus de Corneren, Cunradus de Rosteberc, Gernothus et alii multi. Ut autem huius traditionis series rata et inconvulsa permaneat et ne quis eam infringere audeat, auctoritate apostolorum Petri et Pauli et domini pape Eugenii et nostra sub anathemate interdicendo, sigilli nostri impressione eam fecimus insigniri.

Acta sunt hec anno dominice incarnationis millesimo centesimo XLVIII, indictione X, regnante Cunrado huius nominis III. Data Maguntie, XII kalendas Aprilis, per manum Roperti notarii.

Vom aufgedrückten Siegel des Erzbischofs sind Spuren vorhanden.

36. — *Papst Eugen III nimmt das Kloster Hersfeld in seinen Schutz und bestätigt dessen Privilegien. — Rheims 1148 März 29.*

Eugenius episcopus servus servorum dei dilecto filio Henrico abbati Hersveldensis monasterii eiusque successoribus regulariter substituendis in perpetuum. Quotiens illud a nobis petitur quod religioni et honestati convenire dinoscitur animo nos decet libenti concedere et petentium desideriis congruum impertiri suffragium. Ea propter dilecte in domno fili, Henrice abbas tuis iustis postulationibus annuentes Hersveldense monasterium cui deo auctore presse dinosceris ad exemplar predecessoris nostri felicis memorie pape Innocentii sub beati Petri et nostra protectione suscipimus et presentis scripti privilegio communimus. Statuentes, ut quascumque possessiones quecumque bona idem monasterium in presentiarum iuste et canonice possidet aut in futurum concessione pontificum, liberalitate principum, oblatione fidelium seu aliis iustis modis deo propitio poterit adipisci, firma tibi tuisque successoribus et illibata permaneant. Inter que singulariter religiosi imperatoris Karoli testamentum, quod prefato monasterio delegavit, ratum manere sancimus. Illas etiam decimationes, quas ab antiquis temporibus ipsum monasterium possidet et que predecessorum nostrorum apostolice sedis pontificum vestris predecessoribus concesse sunt, nos quoque presentis decreti auctoritate concedimus. Obeunte vero te nunc eiusdem loci abbate vel tuorum quolibet successorum nullus ibi qualibet surreptionis astutia seu violentia preponatur, nisi quem fratres communi consensu vel fratrum pars consilii sanioris secundum dei timorem et beati Benedicti regulam vel de suo vel de alieno si oportuerit collegio elegerunt. Decernimus ergo, ut nulli omnino hominum liceat prefatum monasterium temere perturbare aut eius possessiones aufferre vel ablatas retinere, minuere vel temerariis vexationibus fatigare. In omnia integra conserventur eorum pro quorum gubernatione et sustentatione concessa sunt usibus omnimodis profutura, salva sedis apostolice auctoritate. Si qua igitur in futurum ecclesiastica secularisve persona hunc nostre constitutionis paginam sciens contra eam temere venire temptaverit, secundo tertiove commonita si non satisfactione congrua emendaverit, potestatis honorisque sui dignitate careat reamque se divino iudicio existere de perpetrata iniquitate cognoscat et a sacratissimo corpore ac sanguine dei et domini redemptoris nostri Ihesu Christi aliena fiat atque in extremo examine districte ultioni subiaceat. Cunctis

autem eidem loco iusta servantibus sit pax domini nostri Ihesu Christi quati-
tinus et hic fructum bone actionis percipiant et apud districtum iudicem premia eterne pacis inveniant. Amen. Amen. Amen.

Ego Eugenius catholice ecclesie episcopus subscripsi.

Datum Remis, per manum Gvidonis sancte Romane ecclesie diaconi cardinalis et cancellarii, IIII kalendas Aprilis, indictione XI, incarnationis dominice anno M.C.XLVIII, pontificatus vero domni Eugenii III pape anno IIII.

Die Bulle hängt.

37. — *Papst Eugen III nimmt das Kloster Paulinzell nach dem Bei-*
spiele seiner Vorgänger der Päpste Innocenz II und Coelestin II in sei-
nen Schutz. — Reims 1148 März 30.

Eugenius III vestigia calcans Innocentii II et Celestini II funda-
tionem Cellae cum omnibus bonis et rebus denuo confirmat inque suam et
beati Petri specialem tutelam recipit. Cum charta Celestiniana*) unius
ciusdemque tenoris est.

Data Remis, per manum Guidonis sancte Romane ecclesie diaconi cardinalis et cancellarii, tertio kalendas Aprilis, indictione XI, incarnationis dominice anno M.C.XLVIII, pontificatus domni Eugenii tertii papae anno IV.

38. — *Erzbischof Heinrich I von Mainz bestätigt dem Kloster Lip-*
poldsberg seine wie auch Wolferichs von Winkel Schenkung, den Hof,
Weingarten und Zins zu Eltville betreffend. — Mainz 1148 Oct. 8.

C. In nomine unigeniti filii dei domini nostri Jesu Christi. Ego II(einricus)
sancte Mogontine sedis gratia dei, quod sum. Divina bonitas et bona divini-
tas, que sua nescit bonitate privari, sicut quod utiliter et salubriter‖ volunt
electis semper inspirat hominibus ita quoque pie voluntatis semper gaudet
effectibus; quod ego divina gratia largiente cognoscens et operosa caritate perpendens, notum esse desidero tam futuris quam presentibus cunctis Christi
fidelibus, quod quidam ecclesie nostre minister Wluericus de Winkelo, pro
anime sue suorumque remedio hereditatis sue dimidium vinearum mansum in
Eltvile situm, astipulante favore heredum suorum ecclesie nostre in Liuppol-
desberche fideliter offerens, annuum triginta nummorum censum super eandem
vineam et curtim unam Eltvile sitam cum omni utilitate hinc proveniente,
quibus idem Wluericus inbeneficiatus erat a nobis, michi Moguntie multis
astantibus hoc pacto resignare curavit, quatenus hec predicti loci fidelibus lar-
giri deberem, quod ego eterne retributionis obtentu dignum factu iudicans et
studium nostre devotionis pietatis eius studiis libenter assotians quantotius
effectui mancipare curavi ita saue, ut curiam illam et censum ab eo recipiens
prefati loci fidelibus in eternam possessionem pro anime quoque mee meorumque remedio, summa cum devotione contraderem. Et quia eiusdem loci

---

*) Vergl. oben Nro. 25.

prepositus presens erat, eius nimirum petitione commonitus et sigilli nostri impressione et anathematis interpositione ecclesie illi utriusque nostrorum votiva dona firmavi statuens et fixe decernens, ne quis eandem ecclesiam super his bonis inquietare presumat nisi quem et hic a Christo et a corpore eius, quod est mater ecclesia, alienum fieri et in extremo examine cum ipso diabolo et angelis eius unum esse delectet. Si qua igitur in posterum spiritalis secularisve persona hanc nostre institutionis paginam sciens temerario ausu incrustare aut aliquomodo evacuare temptaverit, si secundo terciove commonita, sese, quod absit, emendare contempserit, et hic et in eternum cum illo eterne perdicionis filio anticristo videlicet eterne excommunicationi subiaceat. Omnibus autem que iusta sunt prememoratis Cristi pauperibus ubique servantibus et omnibus causis ipsorum pro Cristo constanter astantibus, sit pax dei patris omnipotentis et gratia dilecti filii eius, domini nostri Jeshu Cristi et communicatio sancti spiritus in eterna secula. Amen.

Acta sunt autem hec in ipsa civitate Moguntia, anno dominice incarnationis millesimo centesimo XLVIII, VIII idus Octobris, anno pontificatus nostri quinto.

Presentibus et assensus suos huic actioni devote prebentibus et clericis multis et laicis, quorum nomina hic subscribenda putavimus. Prepositi: archiprepositus maioris ecclesie domnus Hartmannus, prepositus sancti Petri Lothewigus, camerarius Arnoldus, custos Heinricus, prepositus de Frideslare Godebaldus, prepositus de Jecheburch Burchardus, prepositus de Northun Sigelogus, prepositus de Heiligenstad Godescalcus, prepositus de Mucstede Godescalcus. Abbates: de sancto Albano, de sancto Jacobo, de sancto Disebodenberche, de Spanheim, de Winkelo, de Walkenrede, de porta. Archicantores: Hartwinus et Emricho. Capellani: Conradus, Giselbertus prepositus, Lienoldus, Rodungus. Laici: comes Heinricus de Cazenelenbogen, comes Sichebodo de Scowenburch rugrave, Godefridus de Nithertche et Arnoldus cognatus eius, Gevehardus de Immenhusen, Emricho ringrave, Meingotus vicedominus archiepiscopatus nostri, Rothardus et filius eius Arnoldus, Wluericus de Winkele et Arnoldus magnus, Werherus dapifer, Conradus marscalcus, Rocherus camerarius aliique quam plurimi.

Das aufgedrückte Siegel des Erzbischofs ist gut erhalten.

39. — *Erzbischof Heinrich I von Mainz bestätigt dem Kloster Ichlershausen die Schenkung der Kirche zu Eckstedt durch die Frau Friduna und Markward von Grumbach. — 1148.*

C. In nomine sancte et individue trinitatis. Heinricus gratia dei Moguntiensis archiepiscopus. Ecclesiarum dei pastores subditorum ac fidelium suorum utilitatibus omnino condecet providere, ac iustis eorum precibus benigne annuere. Noverit itaque tam presentium quam futurorum omnium fidelium pia devotio, qualiter nobilis ac religiosa matrona nomine Frideruna linea nobis consanguinitatis propinqua et filius eius Marquardus de Grumbach vir admo-

dum industrius ecclesiam sancti Johannis Baptiste Egenstete in loco possessionis sue ab ipsis constructam ac dotatam super altare sancti Georgii martyris in Öchtricheshusen eterne retributionis intuitu liberaliter delegaverint
atque contradiderint, statuentes ut prepositus Ludigerus eiusque ligitimi successores memorate ecclesie sine alicuius persone contradictione aut populi
ibidem degentis frivola sacerdotis electione iure perpetuo investitures exi-
stant. Hanc igitur actionem nos rogatu predictorum in nomine patris et filii
et spiritus sancti auctoritate beati Petri principis apostolorum et vicarii sui
domni pape Eugenii nostroque pontificali banno confirmavimus et ut rata et
inconvulsa in perpetuum conservetur paginam hanc inde conscribi nostraque
signari imagine precepimus; illos quoque, quorum testimonio confirmata est,
subscribi voluimus:

Sigefridus Wirceburgensis episcopus, Anshelmus Havelbergensis episcopus, Heinricus Herveldensis abbas, Hartmannus decanus *) maioris ecclesie
Moguntine et sancti Stephani prepositus, Heinricus prepositus sancte Marie
in Erphesfurt, Gerlachus prepositus sancti Victoris, Godescalcus prepositus
in Muckestat, Godeboldus prepositus in Fritslar, Ludewicus prepositus de
sancto Gangolfo, Adelhardus prepositus de sancto Severo, magister Will-
helmus, Udalricus abbas in Cella domine Pauline, Engilbertus abbas in Folkolderoth, Gelferadus abbas de monte sancti Petri, Folpertus prepositus de
monte sancti Cyriaci, Hartwicus prepositus in hospitali, Sinzo prepositus in
Heiteresburc, Godescalcus prepositus in Kaldenbrunnen. Capellani: Giselbertus, Cunradus, Rudingus, Linungus. Laici: Adelbertus marchio, Cunradus
marchio, comes Sizzo, comes Ernestus, comes Wiggerus, comes Emicho de
Liningen, comes Arnoldus de Lurenburc, comes Cûnradus de Kirchberc et
frater eius, comes Gôtefridus de Hostede, Helewicus de Bodenhusen. Ministeriales: Embricho ringravius, Tûto et frater eius Meingoz, Heinricus vicedominus, Salemannus Walboto, Cunradus et Heidenricus marscalci, Wernherus dapifer, Cunradus pincerna et alii quam plures.

Hec facta sunt anno dominice incarnationis millesimo centesimo XLVIII,
indictione XI, gloriosi regis Cuuradi secundi secundo peregrinationis anno.

Das aufgedrückte erzbischöfliche Siegel ist gut erhalten.

40. — *Erzbischof Heinrich I von Mainz bestätigt dem Abt Everhard von
Gerode die Schenkung des freien Mannes Christian von Roth und den
Güterkauf von dem erzbischöflichen Ministerialen Hugo von Herlnga. —
Dorla 1148.*

In nomine sancte et individue trinitatis. Heinricus dei gratia Maguntiensis archiepiscopus. Provida antecessorum nostrorum dispensatione edocti
quecumque ecclesiis in diocesi nostra ad honorem dei constructis aliqua tandem iustitia exigente conferre potuimus, pro posse nostro libenter conpilare

---

*) Ist zweifelsohne ein Versehen, denn Hartmann war bereits seit 1143 Dompropst
und Propst von S. Stephan; (vergl. die erzbischöfliche Urkunde bei Joannis SS.
rer. Mog. 2, 466) und Domdechant war damals Gerlach, zugleich Propst zu S. Victor.

et a laica manu alienare studuimus. Proinde notum facimus universis tam future quam instantis etatis Christi fidelibus, quod ¦ quidam liber homo, Christan
nomine de loco qui dicitur Roth, omnia bona in Helven, quibus a nobis inbeneficiatus erat, pro petitione venerabilis fratris nostri Everardi abbatis in
Gerodia et aliorum quam plurium venerabilium virorum nobis resignare de-
crevit, ea videlicet conditione, quod eadem bona pro remedio animę nostrę
cum omni utilitate ecclesię beati Michaelis prefato abbati in Gerodia com-
missę, libere concederemus. Visa dehinc eiusdem ecclesię de eisdem bonis commoditate et notata animę nostrę in perpetuum salute bona illa a prefato Cristano recepimus et eidem ecclesie sancti Michahelis integre cum pratis et pascuis et silvis cultis et incultis et decimis libera traditione concessimus, hac
interposita conditione, ut singulis annis in festo sanctorum Cosme et Damiani
die videlicet ordinationis nostrę iu orationibus suis nostri memores esse non
cessent et ut etiam in omni anniversario nostro ut cum sanctis animabus re-
quiem possideamus eternam piis precibus suis a deo impetrare dignentur. De
cetero quod quidam ministerialis noster Hugo de Heringa quedam bona quę
habuit in Busceliuga et ibidem investituram ecclesię et cetera bona que habuit in Wascekenroth et in Bukenroth in pratis, in aquis, silvis, cultis et incultis prefato abbati vendidit, sicut de cetero superius omnibus tam futuri quam
iustantis evi notificamus christianis et quod eadem bona presentibus pueris
suis et parium suorum iudicio a manu nostra et eiusdem ecclesię advocati
suscepta ecclesie beati Michaelis contradidit. Ut autem huius traditionis series in perpetuum rata et inconvulsa permaneat et ne aliquis quod fecimus
infringendo prenominatum abbatem vel locum suum inquietare audeat, auctoritate apostolica et nostra sub anathemate interdicendo testes etiam huius
rej ascribi precepimus.

Testes sunt: Heinricus Erpesfordensis prepositus, Burcardus Jekeburgensis prepositus, Godeboldus prepositus de Thurlon. Capellani: Giselbertus, Cunradus, Ruthingus, Linungus. Laici: Comes Ernestus, Godefridus
comes de Amanaburc, frater suus Wikerus, Rokerus de Billsten. Ministeriales: Heinricus de Cornere, Gernoth, Cunrad, Heithenric.

Acta sunt hec anno dominice incarnationis M.C.XLVIII, indictione X,
regnante rege (Cunrado) huius nominis III. Data in Thurlon.*)

Das aufgedrückte erzbischöfliche Siegel ist zur Hälfte noch erhalten.

41. — *Erzbischof Heinrich I von Mainz schlichtet einen Streit über den
Zehent zu Niuheim zwischen dem Kloster Hasungen und dem Stifte
Fritzlar. — 1149.*

In nomine sancte et individue trinitatis. Heinricus dei gratia Maguntiensis archiepiscopus. ‖ Cum omnium rerum natura plus hominem quam

*) Als Anmerkung ist noch am Schlusse beigefügt: Memorie commendandum est,
quod bona que supra scripta in Wascekenroth. vendidimus ecclesie Walkenredensi
pro XXV marcis Northusensibus.

ceteras creaturarum formas deum cogat agnoscere, in augmentandis ecclesiarum seu pauperum Christi bonis pacem, ubicunque fratres discordes fuerint, quia beati pacifici, reformando ipsum creatorem studiosius debemus agnoscere et ipsi tota devotione et obedientia indesinenter servire. Notum itaque esse volumus universis tam futuri quam instantis evi Christi fidelibus, quod monachi de Hasungen et fratres ecclesie beati Petri in Frideslar pro quadam decimatione cuiusdam novalis in villa Niuheim nuncupata ad invicem contendebant. Quorum demum audita controversia, cum inter filios dei nulla debeat esse dissensio, ipsis ut plurimum dilectis in Christo filiis conpatiebamur et ut conpositionem utrinque satis idoneam et secundum deum faceremus, ecclesie nostre priorum provida dispensatione, in quorum presentia causa diu ventilitata erat, studuimus. Qui tandem audita super negotio suo pro habenda pace et quietudine nostra diligentia, cum domnus abbas privilegio bone memorie senioris Alberti ad prefatam decimationem tenendam munitus esset et ipsi pro optinenda parte sua nullam haberent, utramlibet dissensionis sue partem, nostre commisserunt discretioni, ut quicquid inde dictaret nostra provisio et ipsi ratum tenerent. Qua accepta utriusque partis concessione prefatos et abbatie in Hasungen fratres et ecclesie beati Petri canonicos concordi pace coniunximus hac videlicet conditione, ut domnus abbas cuiusdam silve decimationem in termino prepositure Frideslariensis iacentis, cuius fundus suus est, cum forte exstirparetur, optineret, et ipsi pro qua habita est altercatio in Niuheim decimationem haberent. Ut autem huius traditionis summa rata et inconvulsa in perpetuum permaneat, paginam hanc sigilli nostri inpressione insigniri fecimus et ne aliquis eam infringere presumat, sub anathemate interdicendo, testes subscribi iussimus.

Testes sunt: Hartmannus prepositus maioris ecclesie, Heinricus abbas sancti Albani, Arnoldus prepositus sancti Petri et camerarius, Gerlagus prepositus sancti Victoris, magister Willelmus, Burcardus prepositus de Jekeburg, Sigelous prepositus de Norzun. Capellani: Giselbertus, Cunradus, Ruthingus, Linungus, Rûpertus. Laici: Hermannus palatinus comes, Heinricus comes frater suus de Catenelenbog, hirsutus comes. Ministeriales: Embricho ringravius, Meingotus, Dudo frater eius, Wernerus dapifer, Cunadus pincerna. Mariscalci: Gernodus, Hethenricus, Cunradus, Heroldus, Hartmodus et alii quam plures.

Acta sunt hec anno dominice incarnationis millesimo C.XLIX, indictione X, regnante rege Cunrado huius nominis III.

Das erzbischöfliche Siegel ist nur theilweise erhalten.

42. — *Erzbischof Heinrich I von Mainz schenkt dem Stifte Jechaburg den Zehent der Brachfelder innerhalb der Jechaburger Propstei. — Erfurt 1150 Oct. 22.*

In nomine sancte et individue trinitatis. Heinricus dei gratia Maguntinensis archiepiscopus. Hos, quos divina misericordia speculatores suos et cultores constituit, si salutis nostre diligimus incrementum nobis commissa vigilanti cura gubernare et in excolendo agro dominico ita convenit laborare ut ex temporali fructificacione retribucionis eterne messem in futuro metamus. Expedit enim nobis, ut ecclesias nobis subiectas et commissas et precipue quas paupertatis sterilitas occupat secundare studeamus ita, ut iactis in eis beneficiorum nostrorum seminibus oracionum fructum ex eis colligamus. Notum igitur esse volumus universis tam futuris quam presentis evi Christi fidelibus, qualiter nos ecclesiam in Jecheburg per aliquam beneficii graciam respicere et sublevare cupientes, prepositi quoque et fratrum ibidem deo famulancium oracionum nobis lucrari suffragia et apud eos iugem nostri memoriam statuere affectantes, per omnem Jecheburgensem preposituram decimas, que de novalibus vel undecumque tam in successorum nostrorum quam nostrum ius et potestatem libere et absolute venirent, beato Petro in Jecheburgh stabili iure tradimus in hunc modum, ut eiusdem decimacionis medietas ad usum prepositi, altera pars ad communem fratrum refeccionem in ecclesia sepedicta pertineret. Talis autem in hac tradicione intercessit condicio, ut predicte ecclesie fratres episcopalis ordinacionis nostre diem memorabilem semper haberent et post corporis nostri dissolucionem obitus quoque nostri tempus annuatim recolerent, in oracionum eorum intercessionibus animam nostram domino commendarent. Ut autem hec tradicio rata et inconvulsa omni permaneat evo, hanc cartham conscribi et inpressione sigilli nostri precepimus insigniri et nomina testium subscribi:

Henricus prepositus de Erffordia, Wilhelmus scolarum magister in maiori ecclesia, Hartwigus cantor et prepositus sancti Johannis, Godeboldus prepositus in Frytzlar et Borchardus prepositus de Jecheburgh, Adelhardus prepositus sancti Severi. Capellani: Gyselbertus, Conradus, Rudingus, Rupertus. Comites: Lodewigus provincialis comes, Lodewigus comes de Lare, Christianus de Rothenburg, comes Ernestus. Ministeriales: Henricus de Cornre, Sygeboldus, Gyselbertus, Wernerus de Wytterde, Wernherus dapifer, mariscalci Henricus, Heroldus, Hartmud et alii plures.

Acta sunt hec anno dominice incarnacionis M.C.L, indictione XIII, XI kalendas Novembris, regnante rege Conrado huius nominis III. Datum in Erffurd.

43. — *Erzbischof Heinrich I von Mainz schreibt dem Bischof Bernhard I von Hildesheim, dass er dem Wunsche desselben betreffs der Canonisierung des Bischof Bernwards von Hildesheim nur zustimmen könne.* — *(Erfurt 1150 Oct.)*

H(einricus) dei gratia Moguntine sedis provisor licet indignus venerabili fratri, B(ernardo) Hildenesheimensi episcopo, cum filiis dilectissimis, clero et populo eiusdem ecclesie salutem et dilectionem. Misistis ad nos in conventu Erpesfordie cum fratribus habito de causa Wormaciensis electi *)

*) Konrads I, vergl. Jaffé Geschichte des deutschen Reiches unter Conrad dem Dritten 207.

litteras per B....... prepositum obsecrantes pro canonizatione beate recordationis viri B(ernwardi) presulis vestri, quia, ut et liber memorię illius con-
scriptus et relatio fidelium attestatur, plurimis illum dominus et viventem in
hoc seculo et post huius excessum vitę decoravit virtutibus. Nos igitur con-
siderata rationabili ac iusta peticione vestra, communicato eorum qui con-
venerant virorum venerabilium consilio videlicet Patherbrunensis, Halverstadensis episcoporum, abbatum etiam plurium religiosorum et ecclesię totius,
quę collecta fuerat, benediximus dominatorem dominum, qui in diebus nostris
specialiter virum talem glorificans nos per eius merita lętificare dignatus est.
Itaque voluntati vestrę immo domini ut confidimus concurrentes pari voto
decernimus mandantes, ut pontificem tantum, quem signis evidentibus inter
sanctos conglorificatum cognoscimus, in cęlis cum eisdem officio ecclesiastico
per omnia, excepta duntaxat translatione, sollempniter honoretis in terris.
Valete in domino.

44. — *Erzbischof Heinrich I von Mainz bestätigt dem Kloster Hasun-*
gen die Schenkung der Gisela von Mezzehe und einen Tausch des Abtes
Hildebold von Hasungen mit Heinrich von Ichtershausen. — *1151.*

C. In nomine sancte et individue trinitatis. Divine inspirationis donum est
fideles sua deo voluntarie sacrificare, quorum in Christo spes est, cen:tuplum
recipere et vitam eternam possidere. Omnes enim qui ex deo sunt non que
sua, sed que Ihesu Christi sunt, querunt et cum eo ne spargant, colligunt,
quibus statuit deus testamentum pacis, quos prescivit et predestinavit in regnum sue claritatis. Ego igitur Heinricus sancte Moguntine sedis archiepiscopus notum facio universis Christi fidelibus tam futuris quam presentibus,
qualiter matrona quedam Gisla nomine de Mezzehe, abiecta secularis pompe
sarcina, voluntarie paupertatis onus Christi videlicet iugum suave suscepit.
Que matrona domini timens et religiosa pro remedio anime viri sui Regin-
hardi, sueque salutis desiderio, presente Rǔpperto de Mezzehe aliisque suis
fratribus Lǔdevico, Adelberto et Gǔmberto libera traditione IIII mansos,
quos habuit in villa que maior Milsǔngen dicitur, in Hasungen deo et sanctis
apostolis Petro et Paulo devotissime obtulit. Quoniam igitur locus ipse nostre pastorali cure subiacet, successibus eius et profectibus cottidianis con-
gratulamur neve ea, quę usibus deo serventium collata sunt, aut ex incuria
aut ullius querela, veluti peste contradictoria, distrahantur, obice veritatis defendere conamur. Preterea nosse volumus omnes deum colentes posteros et
presentes, quoniam Heinricus de Uchtershǔisen cum Hildeboldo eiusdem cenobii abbate, nostram in eodem negotio vicem gerente, concambium fecit, illud
idem predium, quod prediximus in Milsǔngen et dimidium mansum in Lǔ-
benhǔsen et unum mansum in Hesenrode et dimidium mansum in Solenhǔsen
et unum mansum in Medelhereshǔsen in proprietatem recipiens, sua vero bona
que in Lǔtwarteshǔsen et in Dǔringeberc habebat eidem monasterio speciali
concambio publicaque astipulatione attribuens. Quod videlicet concambium

ut ratum sit et insolubile nullaque de cetero ventiletur occasione, banni nostri oppitulamur pondere et sigilli inpressione.

Cui concambio quam nobiles viri, fideles et religiosi interfuerunt et hi testes signati, quorum hec nomina sunt: Godeboldus prepositus de Fridislar, Sigeloch prepositus de Norzun, Godefridus de Frankenefort prepositus. Poppo comes de Hansten. Rûpertus de Metzehe et fratres eius Lûdowicus, Adelbertus et Gumbertus, Volchertus de Burkûn, Eppo de Duringeberc, Gumbertus de Wichdorf et frater eius Meingoz, Godefridus de Merkirshusun. Ministeriales: Cônrad, Erkinger, Gerlach, Reginbraht.

Acta sunt hec anno dominice incarnationis millesimo C.LI, indictione XIIII, Romane et apostolice sedis principatum tenente Eugenio, sancte Moguntine sedi presidente archiepiscopo Heinrico, regnante rege Cônrado.

Das aufgedrückte erzbischöfliche Siegel ist Bruchstück.

45. — *Erzbischof Heinrich I von Mainz bestätigt dem Kloster Hasungen die Schenkung Trutwins von Gran wie auch die dafür gemachte Gegenleistung des Klosters. — 1151.*

C. In nomine sancte trinitatis et individue unitatis. Beati sunt, qui veras divitias amplectuntur, qui seminant terrestria ut metant celestia, qui servis et pauperibus Christi miserentur, ut et ipsi misericordiam à deo consequantur. Hi procul dubio sempiterne retributionis manipulos in exultatione portabunt et cum Christo, qui dives est, in omnes invenient veras divitias quas amaverunt. Pateat ergo fidelibus universis presentibus et posteris, quemadmodum me Heinrico archiepiscopo sancte Mogûntine sedi presidente, quidam ingenuus vir Trûtwinus nomine de Gran patrimonii sui hereditatem, quam habebat in Fridegozzeshûsen, et molendinum unum in Gran deo sanctisque apostolis Petro et Paulo in Hasûngen, spe mercedis eterne, libere et voluntarie obtulit. Que oblatio, ut eo maiori firmitate conexa permaneret inconvulsa, ab abbate Hasungensi huius ei beneficii inpensa est gratia: V videlicet mansi in Bûrscuzze et VI in Gran et decimatio in Fridegozzeshûsen ut, donec adviveret, hoc beneficio libere potiretur, post mortem vero suam tam beneficium illi concessum, quam suppradicte hereditatis oblatio in ius et proprietatem ecclesie reverterentur. Sed quia in elemosinis et oblationibus ecclesiarum dei propter eorundem heredes, qui eas deo contulerunt, querelas et contradictionum scandala oriri sepe novimus, in his, que ad nos respiciunt, huiusmodi occasiones auctoritatis nostre manu eradicare non cessamus. Quoniam ergo supradicte hereditatis Hasungensi ecclesie nostris temporibus collata est proprietas et tam locum ipsum quam appendicia loci procurare debemus, irritam fieri non permittimus, sed nostra sententia et banni vinculo ligamus et sigilli impressione roboramus.

Huic preteria tradicioni spontanee complures religiosi et fideles interfuerunt et hi testes, quorum nomina subscripta sunt: . . . . *)

*) Die Zeugen, wahrscheinlich dieselben wie in Nr. 44, fehlen im Original.

Acta sunt hec anno dominice incarnationis millesimo C.LI, indictione
XIIII, apostolice sedi presidente venerabili Eugenio, sanctam Moguntinam sedem tenente Heinrico archiepiscopo, regnante rege Cônrado.

Vom aufgedrückten Siegel des Erzbischofs ist nur wenig mehr erhalten.

**46. — Erzbischof Heinrich I von Mainz bekundet einen Gütertausch
zwischen dem Kloster Hasungen und Adelung von Gasterfeld. — 1151.**

C. In nomine sancte trinitatis et individue unitatis. Testimonia veritatis
et || indicia necessaria sunt omnibus fidelibus et Christianis, precipue tamen
eis, qui, seculo mortui, in portu monasterii sunt et quietis. Quorum ut ubique custodiatur illesa tranquillitas, nec occultanda est veritas nec concedenda
falsitas, ne detur occasio calumpnie, ne scandalizentur filii ecclesie. Notum
igitur esse volumus cunctis deum colentibus tam post futuris quam presentibus, quomodo me Heinrico archiepiscopo dei gratia sanctam Moguntine sedis
ecclesiam gubernante fratres Hasungenses cum Adelungo de Gastervelt concambium fecerint: IIII ei videlicet mansos in Gastervelt et V iugera in Lan-
gelach dederunt et ab ipso predium quoddam Nûihem cum nemore quodam,
ipsi predio adiacente, in proprietatem perpetuam ecclesie susceperunt. Quoniam igitur, vice Christi, servos dei tueri debemus, que dei providentia et
fidelium cura congregata sunt dispergi nolumus, sed ut rata sint nostro roboramus testimonio et sigilli inpressione et iudicio.

Huic concambio plurimi fideles interfuerunt et hi testes, quorum hic nomina subscripta sunt : . . . . *)

Acta sunt hec anno dominice incarnationis millesimo C.LI, indictione
XIIII, apostolicam sedem regente venerabili Eugenio, Moguntine principatum
sedis tenente Heinrico archiepiscopo, regnante rege Cûnrado.

Das aufgedrückte Siegel des Erzbischofs ist trefflich erhalten.

**47. — Erzbischof Heinrich I von Mainz bekräftigt dem Kloster Lip-
poldsberg die wiederholt entrissene Schenkung des Grafen Lambert (von
Gleichen). — 1151.**

C. In nomine sancte et individue trinitatis. Heinricus divina dispensatione Moguntine sedis archiepiscopus. Notum sit omnibus tam futuri quam
presen||tis evi Christi fidelibus, qualiter comes Lambertus senior quandam
privignam suam, nomine Adelhedim, devovit et obtulit in quodam cenobio
Luppoldesberc et cum ipsa quoddam predium, quod eam iure contingebat hereditario, eidem contradidit ecclesie, quod postea sinistra quorundam inductus suggestione abrumpere moliebatur. Sed per nos commonitus non solum
ab hoc maligno destitit cepto, verum et cum heredibus suis, videlicet cum

---

*) Die Zeugen sind auch in diesem Hasunger Original nicht eingeschrieben

filio suo Lamberto et cum duabus filiabus suis, iterum predicto tradens cenobio idem predium, priorem confirmavit donationem. Mortuo autem seniore
Lamberto iunior Lambertus item prefatam ecclesiam prediolis, que ipse cum
patre et sororibus donaverat, privare conabatur, sed et ipse per nos ammonitus a tam nefario subito quievit cepto et traditionem confessus in presentia
nostra ecclesie illi in prememoratis prediis veram et stabilem recognovit proprietatem. Quod igitur in prefata prediola bis male temptatum fuerat sed
totidem vicibus gratia dei bono fine terminatum, ne tercio aliqua manus temeraria presumeret immo ut et secunda et prima traditio et traditionum cum
proprietate recognitio, que in presentia nostra facta est, rata et inconvulsa
omni permaneant evo, hanc cartam conscribi et inpressione sigilli nostri precepimus insigniri et nostra roboravimus et stabilivimus auctoritate sub anathemate prohibentes, ne quis ausu temerario huic nostre auctoritatis confirmationi presumat obviare. Quisquis autem attemptaverit illud tamquam
vere membrum diaboli si commonitus non resipuerit a corpore et sanguine
domini nostri Ihesu Christi sit alienus et a regno dei segregatus cum diabolo et menbris suis in eum unde non resurgat lacum descendat.

Huius rei testes sunt de clero: Sigelous Nortunensis prepositus, Cûn-
radus prepositus sancti Gingolfi, Ekkehardus prepositus de Embeke, Guntherus prepositus de Luppoldisberch. De capellanis: Heinricus, Rudingus,
Gernotus. De laicis: Dudo prefectus in Rusteberch, Lambertus comes, Berchtoldus comes de Nitehe, Godefridus de Ameneburc, Theodericus de Insula,
Gerlaus de Buche. De ministerialibus: Cûnradus de Gesmare, Adelbertus
Fiol, Odelricus et frater eius Hartwigus, Heroldus dapifer, Cunradus pincerna,
Hedenricus et Hartmudus marscalci, Ekkehardus de Amerahe et Hildebertus
et Cuno de Cornere et Ellenhardus aliique quam plurimi.

Acta sunt hec anno dominice incarnationis M.C.LI, indictione XIIII, regnante gloriosissimo rege Cûnrado huius nominis secundo.

Das aufgedrückte Siegel des Erzbischofs ist gut erhalten.

48. — *Erzbischof Heinrich I von Mainz bekundet die Gründung des
Nonnenklosters Rupertsberg bei Bingen und schenkt demselben einen
Mühlenplatz bei Loch am Rhein.* — *1152.*

In nomine sancte et individue trinitatis. Heinricus dei gracia Moguntine
sedis archiepiscopus. Noverint omnes Christi fideles tam futuri quam presentes, quod capella quedam in monte beati Ruperti confessoris iuxta flumen
Na, extra muros civitatis Pinguie sita, ab incolis diu neglecta et derelicta
temporibus nostris renovata et ad cultum dei redacta est. Quedam enim vir-
gines, carnis vincentes illecebras et licita conubia recusantes, ut filii dei in-
solubilem mererentur copulam, in se omnem genuinum calorem ymbre celestis
gracie extinxerunt, et ad predictum locum revelante spiritu sancto de alio
loco translate sunt, ubi sub Hildegarda magistra multis et admirantibus virtutibus fulgente, et cum aliis quam plurimis virginibus iciunia epulis carnalibus

4*

preferentes, orationibus et vigiliis instantes opus gracie virginalis exercent, ut ianuam regni celestis cum Christo virginum sponso introeant, et in eius comitatu probabiles semper permaneant. Nos vero ad reconciliacionem illius capelle evocati ipsam in nataliciis apostolorum Philippi et Jacobi in honore beate dei genitricis Marie et predictorum apostolorum nec non sanctorum confessorum Martini et Ruperti dedicavimus et quibusdam puellis sacrum velamen imposuimus et ad stipendiarium virginum ibidem deo famulancium, quia penuria molendini laborabant, molendini locum, qui in potestate nostra erat, Mulenwert'dictum, et iuxta Loch in Reno situm, cun toto decursu et toto termino aquarum ipsius, cum viis et inviis, cum sitibus exitibus et reditibus eius, solemni et episcopali traditione omne iure, quo ad episcopalem manum respiciebat, cum consilio amicorum nostrorum concessimus; ita sane ut his modis, quibus idem locus ante ad nos pertinebat, sic et nunc et deinceps in futurum necessitati et utilitati earundem sororum cum' omnibus appendiciis suis inserviat. Hoc statuentes et in domino obsecrantes, ut idem virginum cetus memor sit nostri et omnium tam successorum quam predecessorum nostrorum suis orationibus, quatinus in numero electorum computati deposito carnis onere mereamur perfrui felicitate sempiterna. Ut autem hec traditio rata et inconvulsa omni evo permaneat, hanc cartam scribi fecimus et sigilli nostri impressione signavimus et sub nostri anathematis vinculo confirmavimus, statuentes ut si quis temerarius aut profanus hanc traditionem predicte ecclesie nostra manu contraditam usurpare aut 'quoquo modo alienare presumpserit, digne excommunicationi subiaceat et tam hic quam in futuro divine animadversionis iudicium sentiat.

Huius antem tradicionis testes hii sunt: Hartmannus maior prepositus, Willehelmus magister, Hugo, Cuno abbas sancti Disibodi. Capellani: Rudinger, Giselbertus, Cunradus. Liberi: Heremannus palatinus comes et frater eius Heinricus, Hugo de Lapide, Udelricus de Bruneshorn, Wernhere de Merchesheim. Ministeriales: Embrico comes Reni, Mengotus vicedominus, Regenbodo et Fridericus de Pinguia. Urbani de Pinguia: Lutfridus, Embrico, Vulvericus, Adelbero, Volenant, Gernot, Godescalc et frater eius Cunrat, Gerlacus, Wortwinus, Zacho et alii multi.

Acta sunt hec anno domini incarnationis M.C.LII, indictione XIIII, regnante Cunrado rege huius nominis quarto.

49. — *Erzbischof Heinrich I von Mainz bekräftigt dem Kloster Lippoldsberg die Schenkung seines Vorgängers des Erzbischof Adelberts I. — (1142 — 1153.)*

C. In nomine dei omnipotentis patris et in nomine unigeniti filii eius domini nostri Ihsu Christi. Ego Heinricus sancte Moguntine sedis gratia dei quod sum, cunctis ecclesie dei fidelibus in perpetuum. Quia sicut et sacra testatur auctoritas et conditionis nostre iam probat ipsa mortalitas, generatio venit et preterit, et que sub sole, id est sub tempore sunt pene cuncta mortalitatis nostrę iam rapit oblivio, necesse est gesta rerum ecclesiasticarum calami notentur officio, ne quod divinis laudibus et ecclesie dei fructibus merito debet accrescere, prorsus absorbeatur oblivionis humane voragine. Hinc prophetarum et ewangeliorum libri, hinc tota veteris et novi testamenti series, hinc et testamenta privilegiaque sanctorum nonnullis exarata leguntur, cottidieque videmus exarari codicibus atque paginulis, quatenus his et rerum in ecclesia dei gestarum contra perversos et perfidos, si forte capud extulerint, roboretur auctoritas, earumque memorie debeat usque quaque constare vivacitas. Horum igitur ipsorum gratia nos quoque rem quandam predecessoris nostri senioris scilicet Adelberti pie recordationis viri temporibus gestam et eius ipsius auctoritate firmatam, *) cunctis ecclesię dei fidelibus hic quam paucis absolvimus, qualiter, scilicet ut iusticia eius maneret in seculum seculi, dispersit et dedit Christi pauperibus in Liuppoldesberch X mansos sitos in Attenwincthen et Niuzazen, quos quendam wizenthapt femina de Bendenleve Eksuit nomine, liberrima donatione beato Martino prius obtulerat, quippe que, secundum conditionis sue tenorem, decernentibus provincie sue iudicibus multis in placito coram positis, liberam facultatem prius obtinuerat de bonis suis faciendi quod vellet. Hac igitur libertate potita partem eorum, ut diximus, sancto Martino Moguntie, partem beato Georgio cum converteretur ad eos, quatuor scilicet hereditatis sue mansos et duas ut ita dixerimus holtmarcas in Bendeleve, partem quoque duabus fratris mariti sui filiabus, plus gratis quam iure, concessit ita sane, quatenus unum et aliud, quoad viveret, suos in usus retinere debuerit. Quam pactionem mulieres ille prefate, que partem donationis istius non tam iure quam gratis acceperant, nimium procrastinari timentes, hoc modo solverunt, tradentes scilicet ecclesie nostre in Liuppoldesberch pro redemptione sue porciuncule unum mansum et tres curtes in Bendenleve et unam que vulgo dicitur holtmarcham. Huius rei testes sunt: Comes Lambertus, Godofridus et Bruno frater eius et Widelo de Hamscislove, Arnostus de Radenleve, Godeboldus et eiusdem nominis filius eius, Adelbertus de Frankenhusen, Herimannus, Odelricus, Berchtoldus et alii multi, ubi hec ecclesie illi et privilegii auctoritate et anathematis interminatione firmata sunt. Acta sunt autem hec anno dominice incarnationis M.C.XXXVI, indictione XIIII, regnante Romanorum imperatore augusto domno Lothario. Quia igitur, que pie gesta sunt tam celeri quam pio debent effectu prosequente probari probataque firmari, nos quoque tamen, et si trium predecessorum nostrorum auctoritate plenaria firmata noscantur, pro debito pastoralis officii dei omnipotentis et nostra auctoritate statuimus, ne quis prefatam ecclesiam super his bonis que hucusque legitime possedisse cognoscitur inquietare presumat. Sic etenim, sic legi Mosayce successit ewangelium, ewangelio cum epistolis Pauli ille que canonice dicuntur epistole, his vero orthodoxorum patrum eloquia casta, eloquia igne sancti spiritus examinata succedunt, quibus a generatione in generationem et reprimatur impietas et quo pluribus eo validioribus testimoniis summe veritatis adaucta subsistat auctoritas. Si ergo,

---

*) Vergl. oben die Urkunde Nr. 19.

quod absit, inposterum forte sit aliquis, qui et hanc institutionis nostre paginulam sciens, sed quasi non curans, eam aliquomodo incrustare temptaverit,
nisi quantotius resipiscat ammonitus et hic a sacratissimo corpore et sanguine
domini nostri Ihesu Christi alienus sit, et dei omnipotentis et nostre excommunicationi perpetue cum ipso diabolo et filio eius anticristo in novissima
die subiaceat. Amen.

Das Siegel des Erzbischofs ist aufgedrückt.

50. — *Die Bürger von Mainz bekunden einen eingehenden Erbschaft-
vertrag zwischen dem Ministerialen Arnold und dessen Frau Geba einerseits und den Ministerialen Dudo, Meingot und Hartwin anderseits. —
(Mainz 1143 — 1153.)*)*

In nomine sancte et individue trinitatis. Cives Mogontine metropolis.
Notum esse volumus universis civibus nostris tam futuris quam presen'tibus
qua cautela pactionis Arnoldus ministerialis et noster concivis et uxor eius
Geba cum tribus fratribus Dudone, Meingoto, Hartwino ministerialibus et
concivibus nostris convenerunt. Quicquid Arnoldus et uxor eius Geba in villa
que dicitur inferior Ulma possident, post obitum Gebe in proprietatem trium
predictorum fratrum vel natorum ex ipsis qui patribus pro parte patrum succedunt libere transeat, excepto quod si Arnoldus supervixerit, eorum que ipso
anno aratro suo elaboravit medietatem accipere debet. Quicquid vero habent
in villa que dicitur superior Ulma, post mortem Gebe Arnoldus si supervixerit libere possideat et post obitum suum ad predictos fratres prefato modo
transeat, nati autem Dudoni non succedunt in hac bonorum parte nisi quos
de Gisela uxore sua genuit. Quicquid etiam infra urbem possederint quando
matrimonio iuncti sunt post mortem utriusque simili ratione ad prefatos fratres vel natos ipsorum transire debet. Quicquid enim postea quod matrimonio iuncti sunt propria industria acquisiverint, infra urbem vel extra ubicunque sit, simul vel alter post mortem alterius cuicunque voluerint, tradere
poterint. Quicquid etiam in animalibus, vestibus, annona et vino vel ceteris
mobilibus vel habent vel habituri sunt, quandocumque et cuicunque voluerint,
sive simul sive alter post mortem alterius tradere possunt. Fratres autem
sepedicti Arnoldo et uxori sue Gebe VIII libras infra urbem, Dudo V, Meingotus et Hartwinus III hac ratione posuerunt, ut post mortem Gebe sive su-
persit Arnoldus sive non ad tres fratres predictos unicuique sua redeant.
Statutum est etiam quod si vel tres predicti fratres vel duo vel unus vel nati
ipsorum hanc compositionem infregerint et infra XL dies non emendaverint
de eo, quod ad infringentes vel infringentem transire debuit, Arnoldus et Geba
vel alter post mortem alterius libere possideant ad tradendum cui velint.
Quicquid etiam predictus Arnoldus et uxor eius Geba habent in Britscenheim
iuncta manu pro remedio animarum suarum sancto Albano et sancto Jacobo
tradiderunt, quatinus post mortem amborum in usus fratrum deo inibi servientium sicut ipsi cyrographo suo det(er)minaverunt, cedat. Mansum unum

---

*) Vergl. Baur Hess. Urk. 2ᵃ, 16.

et curiam habent in Winkelo, quorum medietatem fratribus, qui sunt in monte sancti Johannis, aliam fratribus qui sunt in Everbach pro remedio animarum suarum post mortem utriusque contradiderunt. Ut autem omnia predicta semper inconvulsa permaneant, sigilli nostri inpressione hanc cartam inde conscriptam insigniri et fideiussores subscribi iussimus.

Quorum nomina sunt hec: extra civitatem: Meingoz, Baldemarus, Heinrich, Eigelwart, Arnolt, Bernhelm, Hartmût, Godefrit, Cûnrat, Heinrich de Angere. Item de Ulma inferiori: Lufrit, Ernfrit, Meingoz, Heinrich, Bauwarus, Friedrich, Drutwin, Gunthere, Ûlrich. De Brizzenheim: Regenolt, Folcnit, Wienant. Item de Mogontia: Eigelwart et filius eius Herdegen. Item in Selhoven: Ernest et duo filii illius, Helfericus, Heremannus, Rûthart et filius eius, Arnolt, Wienant, Dithere, Baldemar, Godebolt, Arnolt et iterum Egilwart et filius ipsius, Herdegen et Dragebodo, Ernest, Wernhere, Dudo villicus et frater eius Warnhere. Rei vero huius testes: Hartmannus ecclesie maioris prepositus, Arnoldus camerarius, preterea conplures alii tam clerici quam laici sunt.

Ein kleines Fragment des aufgedrückten Mainzer Stadtsiegels ist noch sichtbar.

51. — *Erzbischof Heinrich I von Mainz bewirkt einen Vergleich zwischen dem Kloster Northeim und einem gewiszen Reinhard, der unrechtmäszigerweise das Gut Brunos in Hoveden, das dem Kloster zugehört, demselben vorenthalten hat. — (1144 — 1153).*

In nomine sanctae et individuae trinitatis. Heynricus dei favente clementia Maguntinae sedis archiepiscopus huius nominis primus. Ut victima cordis nostri domino deo fiat placens et accepta per exhibitionem bonorum operum ea piis studemus amplifiare exercitiis, quae et saluti nostrae profutura et honori ipsius semper scimus et intelligimus esse accepta. Haec enim sors est beatae immortalitatis et haereditas filiorum dei, ut perficientes ea, que proximorum utilitatibus sunt proficua, participes sumus beatae retributionis. Omnibus ergo notum esse volumus tam presentibus quam futuris Christi fidelibus, qualiter praedium Brunonis in Hovethe beato Blasio martiri in abbacia Northeim presente comite Sigfrido de Bumeneborch libere et absque contradictione traditum est sub Warmundo abbate eiusdem loci. Defuncto ergo eodem Brunone praedium memoratum quidam Burchardus et filius eius Reinehardus, item Brunwardus et filius ipsius Brunwardus iniuste sibi vendicantes impetierunt et que legitime ecclesia per tempus longum possederat, infringere tentabant; successor vero supranominati abbatis venerabilis Wezelinus, ut satisfaceret exactioni iniuste, libras quatuor Rheinhardo contulit sed in collatione tali nihil profecit. Nos ergo defectum talem considerantes et quod locus idem iuri nostro subiacebat ut omnem conquerimoniae controversiam semper sopiremus et auctoritate nostra praedium obtineremus, consultis prioribus nostris, computationem talem inivimus, salubri usi consilio, ut triginta solidi ab abbate denominato Rheinhardo ea persolverentur ratione, ut iure quieto ecclesia Northeimensis sibi concessa possideret. Porro si predictus

Reinhardus vel quilibet aliqua attractus iniusticia confirmata infringere mo-
liretur libras, decem vadians Moguntino archiepiscopo persolveret partem
quidem archiepiscopo, partem abbati sepius supra memorato. Ut ergo haec
rata et inconvulsa maneant, cartam conscribi presentem et sigillo nostro im-
pressam muniri iussimus et anathemate nostro verbo spiritus sancti ex auctoritate beatorum apostolorum Petri et Pauli aeternaliter confirmamus. Et
si quis se his opposuerit maledictioni et opprobrio subiaceat.

Testes qui interfuerunt hi sunt: Henricus praepositus beatae Mariae in
Erpfordia, Godescalcus praepositus de Heiligenstadt, Godeboldus praeposi-
tus Frithslariensis, Burchardus praepositus Jechburgensis, Sigilo praepositus
(Northunensis.*))   .

52. — Papst Eugen III nimmt das Kloster Georgenthal in seinen Schutz und bestätigt dessen Besitzungen. — Lateran 1152? (1153) Jan. 11.

Eugenius episcopus servus servorum dei, dilectis filiis Withelo, abbati
de Ilasolderoth eiusque fratribus tam presentibus quam futuris regularem
vitam professis in perpetuum. || Religiosam vitam eligentibus apostolicum con-
venit adesse presidium ne forte cuiuslibet temeritatis incursus aut eos a preposito revocet aut robur sacre religionis infringat. Ea propter dilecti in domino filii vestris iustis postulationibus benigno concurrentes assensu, prefatam
ecclesiam in qua divino mancipati estis obsequio sub beati Petri et nostra
protectione suscipimus et presentis scripti patrocinio communimus, inprimis
siquidem statuentes ut ordo monasticus, qui secundum dei timorem et Cister-
tiensium fratrum observantiam in eodem loco auctore domino institutus esse
dinoscitur, perpetuis ibidem temporibus inviolabiter observetur. Preterea
quascunque possessiones, quecunque bona eadem ecclesia in presentiarum
iuste et canonice possidet aut in futurum concessione pontificum, largitione
regum vel principum, oblatione fidelium seu aliis iustis modis prestante domino poterit adipisci, firma vobis vestrisque successoribus et illibata permaneant. In quibus hec propriis duximus vocabulis exprimenda: locum in quo ipsum
monasterium situm est cum pertinentiis suis, grangiam Asolverod cum pertinentiis suis, grangiam Herde cum pertinentiis suis, Hürit grangiam cum pertinentiis suis, grangiam Tambuch cum pertinentiis suis et grangiam Ratkers
cum pertinentiis suis. Sane laborum vestrorum, quos propriis manibus aut
sumptibus colitis, sive de nutrimentis vestrorum animalium nullus a vobis decimas presumat exigere. Decernimus ergo ut nulli omnino hominum liceat
prefatam ecclesiam temere perturbare aut eius possessiones auferre vel ablatas retinere, minuere seu aliquibus vexationibus fatigare, sed inconcussa
omnia et integra conserventur eorum pro quorum gubernatione ac sustentatione concessa sunt usibus omnimodis profutura. Siqua igitur in futurum ecclesiastica secularisve persona hanc nostre constitutionis paginam sciens,
contra eam temere venire temptaverit, secundo tertiove commonita, nisi

---

*) In der Copie heisst es irrthümlich: Northeimensis.

presumptionem suam congrua satisfactione correxerit, potestatis honorisque sui dignitate careat, reamque se iudicio divino existere de perpetrata iniquitate cognoscat et a sacratissimo corpore et sanguine dei et domini redemptoris nostri Ihesu Cristi aliena fiat atque in extremo examine districtę ultioni subiaceat. Cunctis autem eidem loco sua iura servantibus sit pax domini nostri Ihesu Cristi, quatenus et hic fructum actionis bonę percipiant et apud supremum iudicem premia eternę pacis inveniant. Amen. Amen. Amen.

Ego Eugenius catholicę ecclesię episcopus subscripsi.

Ego Gregorius presbiter cardinalis tituli Calixti subscripsi. Ego Octavianus presbiter car dinalis tituli sancte Cecilie subscripsi. Ego Guido cardinalis sancte Marie in porticu diaconus subscripsi. Ego Odo diaconus cardinalis sancti Nicholai in carcere subscripsi.

Datum Laterani, per manum Bosonis sancte Romane ecclesie scriptoris, III idus Januarii, indictione XV, incarnationis dominice anno M.C.LII, pontificatus vero domini Eugenii III pape anno VIII.

Die Bulle hängt.

53. — *Papst Eugen III bestätigt die Einsetzung des Propstes Bertram von Fredelsloh als Vorstand des Nonnenklosters Hilwartshausen. — Rom (1153) Mai 3.*

Eugenius episcopus servus servorum dei, dilectis in Christo sororibus de Hildewardeshusen salutem et apostolicam benedictionem. Officii nostri nos hortatur auctoritas ecclesiarum paci et utilitati paterna sollicitudine providere et beneplacentem domino religionem modis omnibus propagare ut sicut patres vocamur in nomine, ita nihilominus comprobamur in opere. Huius itaque rei debito provocati, quod a venerabili fratre nostro Henrico Moguntino archiepiscopo ex mandato nostro super informanda religione in ecclesia beate dei genitricis semperque virginis Marie factum est et de custodia commissa Bertramo preposito in Frethessele, qui eisdem sororibus, donec vixerit, preesse debeat pariter et prodesse, ratum habemus et apostolice sedis munimine confirmamus, statuentes ut ordo beati Augustini perpetuis ibi temporibus inviolabiliter sub eadem clausura, in qua nunc estis, servetur. Obeunte vero predicto Bertramo preposito, nullus ibi qualibet subreptionis astutia seu violentia preponatur, nisi quem sorores eiusdem loci communi consensu vel sororum pars consilii sanioris, secundum dei timorem et beati Augustini regulam, providerint eligendum, qui sorores eiusdem loci exactissima sollicitudine debeat custodire.

Datum Rome apud sanctum Petrum, V nonas Maii.

54. — *König Friedrich I erneuert dem Kloster Hilwartshausen dessen Rechte und Freiheiten und bestätigt den Propst Bertram von Fredelsloh als Vorstand desselben. — Heiligenstadt 1153 Mai 29.*

C. In nomine sancte et individue trinitatis. Fridericus divina favente clementia Romanorum rex. Si iuxta predecessorum nostrorum regum vel imperatorum||exempla in locis quibuslibet divinę servitutis religionem reparare curaverimus, tam presentis vitę commoda quam futuri regni premia exinde nos consecuturos non ambigimus. Qua propter universitati fidelium tam presentium quam futurorum notum esse volumus, qualiter divę memorię predecessor noster Cûnradus rex petitione et consilio religiosorum virorum maximeque domni Thietwini episcopi et apostolicę sedis legati abbatiam in Hildewardeshusen ad ius regni pertinentem, tam in temporalibus quam in spiritualibus dilapsam includendis sanctimonialibus aptaverit, eandemque nos postmodum propter restaurationem et ęcclesiasticę disciplinę recuperationem Bertramo Fridessellensium preposito sicut et predictus predecessor noster fecerat commissimus, ita videlicet ut eodem preposito obeunte vel qualibet occasione a prelatione cedente, sanctimoniales in Hildewardeshusen in Christo commanentes de ordine sancti Augustini prepositum quem voluerint canonice sibi eligant et prepunant. Si vero de possessionibus eidem ęcclesię pertinentibus, quod prius inbeneficiatum et inutiliter distractum erat, aliquid vacuum fuerit, ad usus sororum ibidem deo servientium in posterum cedat. Advocatum vero nullum preter nos vel principem aliquem terrę quem vice nostri substituamus predicta ęcclesia sortiatur. Si quis autem quod absit huius nostrę donationis statutum infringere temptaverit centum libras auri componat, quarum dimidiam partem camerę nostrę reliquam vero prefato monasterio persolvat. Et ut hęc verius credantur et omni deinceps tempore inviolata serventur, hanc cartam inde scribi et sigilli nostri impressione insigniri iussimus et testes, qui presentes aderant, subter annotari fecimus, quorum nomina hęc sunt:

Cônradus Augustensis episcopus, Godescalcus prepositus de Heiligenstat, Heinricus notarius. Cappellani: Hartwicus cantor, Jordanis, Herebertus. Heinricus dux, Heinricus comes respo, Rotholfus comes de Bregence, Marquardus de Bronbach (sic), Reinbodo de Rovinge. Ministeriales: Gerewich de Cuphese, Fridericus et Widekindus et Azo cappellarii.

Signum domni Friderici Romanorum regis augusti. (L. M.)

Ego Arnoldus cancellarius recognovi.

Data IIII kalendas Junii, indictione I, anno dominicę incarnationis M.C.LIII, regnante Friderico Romanorum rege augusto anno regni eius secundo. Actum Heiligenstat in Christo feliciter amen.

Das aufgedrückte Majestätsiegel ist sehr schön erhalten.

55. — *Vertrag zwischen dem Kloster Lippoldsberg und den Bürgern in Manese über die Bedingungen, unter welchen denselben der dem Kloster schuldige Zehent überlassen werden soll.* — *Stattenroth 1152? (1153) Juli 19.*

In nomine domini nostri Ihesu Christi. Fideles Christi nosse nos volumus, quod decimam nostram in Manese eiusdem ville concivibus conditione subscripta demisimus. Quatuordecim noctibus, antequam pro eadem decima nostra navis ascendat, prefate ville concivibus omnibus vel quatuor ex eis Conrado

et Thiederico fratri eius, Godescalco quoque et Ekkehardo vel uni eorum eis
et tempus et diem per nuntium nostrum quando sit ascensura vel quando ipsi
ei cum decima sint occursuri mandabimus, quatenus ipsi infra temporis huius
spacium illic hoc est aptum se domi (?) in una domiorum suarum decem solidorum pretium electi tritici, XII electi siliginis, quatuor electe pise nec non et
sex electe avene conportent, ibique hec omnia tam electa reponant, quod et
ipsi die statuta ferentes ad aquam Hatheminue cum honore dare possint nos-
que cum honore recepturos esse non dubitent. Huius pactionis fideiussores
quatuor prefatos viros accepimus ita sane, ut quamdiu ipsi cum civibus, ci-
vesque cum illis ista persolverint, decimam habeant, quam cito vero pacti
huius promissa non solverint hanc se se tamquam violatores proprie sue pactionis amisisse cognoscant salva nimirum caritate omnium eorum, illorumque
precipue, qui conventioni huic presentes intererant.

   Huic pactioni quasi pro testibus quatuor prefati viri cum religioso quodam fratre Rokkero, ipse prepositus Guntherus interfuit.

   Acta autem sunt hec anno dominice incarnationis millesimo C.LII, decem novenalis cycli XIIII, regis Fritherici secundo, die quadam dominica ante
festum sancti Jacobi in villa Stuthenrothe boni viri cuiusdam, nescio quis ille
vocetur, in horreo.   \   '

   Mit dem aufgedrückten Siegel des Klosters Lippoldsberg.

56. — *Abt Heinrich I von Hersfeld trifft mit dem Kloster Northeim
über ein Gut zu Hunede, dessen Besitz bisher zwischen beiden Klöstern
streitig war, einen Vergleich, wornach dasselbe gegen Erlag von zwan-
zig Pfund Silbers dem Kloster Northeim von nun an ungestört belaszen
bleiben soll. — Hersfeld 1153 Nov. 13.*

   In nomine sanctae et individuae trinitatis. Heinricus dei gratia Heres-
feldensis abbas. Quia unum corpus in Christo invicem umbra sumus, decet,
ut pacem invicem habeamus quia et in pace vocavit nos dominus. Ea de re
notum fore volumus tam presentibus quam futuris, quod quaedam contraver-
sia quae fuerat inter nos et Northeimenses, sic est composita et secundum
placitum utriusque partis sic firmiter terminata, ut nulla deinceps quaestio
super hac re moveri debeat. Eiusmodi vero controversiae causa vel occasio
talis erat: quoddam praedium in villa, quae Hunethe dicitur, est situm, quod
Northeimensis ecclesia per multa quidem tempora possedit, sed nostra ecclesia propter quoddam privilegium, quod super eodem praedio habuit, ipsum
sui iuris esse contendit. Multis ergo hominum questionibus, tractatibus et
iudiciis propter hoc habitis in hac taxatione utrimque tandem convenimus,
ut illi nobis XX libras persolverent, et sic semet ipsos in perpetuum ab hac
molestione absolverent, quod et factum est. Itaque convenientibus nobis al-
trinsecus ab amicis et ministerialibus nostris nihilominus et ipsorum amicis,
qui idonei testes huius pactionis esse possent, reddito illi privilegio, quod nos
hactenus habuimus, istam cartam super huius causae confirmatione conscribi

fecimus et cum sigilli nostri impressione siguavimus, quatenus in perpetuum
tale monimentum tam apud nos, quam apud ipsos irrefragibiliter permanere
valeat.

Huius rei testes sunt: Williboldus camerarius noster, Albuinus decanus,
Uldaricus scholasticus, Erpo comes de Bilsten, Reginhard de Trivorde, Nort-
mann de Cruzeburg, de Bonmeneburc Hoymerat, Heinrich, Gerart advocatus,
Almar, Reinboldus, Eckenbrechtus, Windolf et Conrad frater eius, Dudo de
Netere, Eyko de Holtusen, Egehard praefectus in Heresfeld, Heinrich de He-
ringen, de Kreinberg Ebo, Eggebrecht de Hunede, Burchart et filius eius
Reinhard, Dyderich, Ernest cum aliis multis.

Facta sunt haec anno dominice incarnationis M.C.LIII, indictione I, regnante Friderico Romanorum rege anno II, domini Arnoldi metropolitani
anno I. Data in Heresfeld, die idus Novembris.

Siquis haec violare tentaverit anathema sit.

**57. — *Erzbischof Arnold von Mainz schenkt dem Kloster Hasungen auf
Bitten des Abtes Hildebold den Zehent der Brachfelder zu Stellebach.
— 1155.***

In nomine sancte et individue trinitatis. A domino voluntas hominis in
bonum preparatur; cuius gratia quicquid ab ipso inspiratur per ipsum et con-
summatur. Notum itaque esse cupimus omnibus domini timentibus tam futuris quam presentibus, qualiter ego Arnoldus dei gratia sanctę Mogontinę
sedis archiepiscopus decimationem cuiusdam novalis in luco qui rivulo Stellebach nomine adiacet pro remedio animę meę et spe mercedis eternę in Hasungen potestiva nostra traditione donavi, rogatu Hildeboldi abbatis eiusdem
cenobii. Quam donationem firmam et inconvulsam esse volumus et auctoritate beatorum apostolorum Petri et Pauli et nostra ab eadem decimatione
omne inpedimentum excludimus.

Hec traditio facta est anno dominicę incarnationis millesimo centesimo
LV, indictione III, Romanam sedem tenente Adriano papa, regnante Friderico rege, presidente sanctę Mogontine sedi Arnoldo archiepiscopo coram
positis multis fidelibus et his signatis testibus:

Abbas Gelferadus de Erpesfurt, Engelbertus abbas de Volkolderoth,
Heinricus custos maioris ecclesie et prepositus de Ascapheneburc, Godeschalcus prepositus de Heiligenstat, Adelhardus prepositus de sancto Severo, Gisilbertus prepositus sancti Mauricii, Cuonradus prepositus sancti Gingolfi.
Capellani: Rudingus, Balduwinus, Wintherus, Heinricus, Gernodus notarius.
Ministeriales: Wernherus dapifer, Arnoldus pincerna, Godeboldus, Hartwinus marscalci, Heinricus vicedominus de Erpesfurt, Giselbertus, Hugo, Hartungus et frater eius Wernherus et alii complures.

Si quis hec infringere vel annullare temptaverit anathema dei sit.

Das aufgedrückte Siegel des Erzbischofs ist schön erhalten.

58. — *Abt Heinrich I von Hersfeld bekundet, dasz eine freie Frau Rosburg genannt, sich und ihre Nachkommenschaft dem Kloster geweiht
und bestimmt habe, dasz jedes von ihnen jährlich drei Denare bezahlen,
bei Verheirathung einer Jungfrau die sogenannte bethemunt entrichten
und bei Todesfällen in ihrer Familie das beste Zugvieh oder die beste
Kleidung demselben schenken soll. — (1146 — 1155.)*

In nomine sancte et individue trinitatis. Heinricus Hersveldensis abbas.
In nomine sancte trinitatis notum sit omnibus Christi fidelibus tam futuris
quam presentibus, quod femina quedam libere condicionis Rosburg nomine se
ad altare sancti Wicberti in Hersfelt hoc pacto contradidit, ut tam ipsa
quamdiu viveret quam etiam filii, qui ex ea nascerentur et exsurgerent, omnis-
que illius successio cum ad ligitimum pervenisset coniugium ad prefati patroni altare tres denarios annuatim singuli eorum offerent. Hoc etiam statuerunt ut si qua virgo ad nuptias ex stirpe illa traderetur eam iusticiam, que
vulgo bethemunt appellatur, ecclesie persolveret. Si quis autem masculus ex
illis moreretur, optimum illius iumentum sive indumentum ecclesie persolveret. Eadem etiam lex de optimo indumento femine defuncte firmata est.

Testes huius traditionis sunt hii : Wideradus maior prepositus de domo,
Sigebodo decanus, Hezechinus, Truhtliebus, Heinricus, Arnoldus et alii
quam plures.

Si quis hanc traditionem infringere presumpserit et femine isti eiusque
posteris manum violenter inferre temptaverit, cum Iuda traditore domini portionem accipiat. Nullus enim advocatus eis donari debet preter abbatem et
ecclesie custodem.

Das aufgedrückte Siegel zeigt das Brustbild des Klosterheiligen, des heil. Wigbert
und die Umschrift WIGBERTVS CONFESSOR.

59. — *Abt Heinrich I von Hersfeld bezeugt, dasz die Ministerialin Gu-
therat ihren Leibeignen Diterat dem Kloster zur Entrichtung seines
jährlichen Zinses verpflichtet habe. — (1151 — 1155.)*

In nomine sancte et individue trinitatis. Heinricus Hersfeldensis abbas.
Notum esse volumus tam futuris quam presentibus, quod femina quedam de
conditione ministerialium Hersfeldensis ecclesie Gûtherat nomine mancipium
suum Diterat nomine ad altare sancti Wigberti iure censualium contradidit,
eo videlicet pacto, ut annuatim censum suum duos nummos ecclesie solvat.
Preterea iusticiam, que de coniugali copula solvitur, que bettemunt vulgo
appellatur, post mortem vero melius iumentum sive indumentum tam ipsa
quam omnis successio eius solvat. Si quis hoc infringere presumpserit eterne
dampnationi subiaceat.

Testes huius rei sunt Arnoldus decanus, Willeboldus camerarius, Rûho
camerarius fratrum. Ministeriale s : Eggehardus prefectus, Hezechinus villicus, Erkinbertus de Lengisfelt.

Das aufgedrückte Siegel des Klosters Hersfeld ist nur noch zum Theil erhalten.

60. — *Herzog Heinrich (der Löwe) von Baiern und Sachsen übergibt dem Kloster Bursfeld seinen Ministerialen Heinrich sammt dessen Beneficien zu Bergadeshausen, Moringen, Hildessen und Richardingerod — Herzberg 1156 Juni 26.*

C. In nomine sanctę et individue trinitatis. Quoniam ego Heinricus divina ordinatione Bawariorum et Saxonum dux ab eis parentibus processi, quos constat in ędificandis seu ditandis monasteriis devotos semper ac munificos extitisse, id circo utile mihi ac saluberrimum visum est tam piorum maiorum sequi vestigia, et ab eis cepta meliorare, ditare, ac perficere monasteria. Notum ergo sit cunctis Christi fidelibus tam posteris quam presentibus, quia quendam ministerialem meum Heinricum nomine deo et sanctis eius in ius Burisfeldensis ęcclesię obtuli, cum quo simul omne ipsius beneficium in usum fidelium deo ibidem serventium pro mea meorumque salute tradidi, curtim unam in Bergadeshusin cum suis appendiciis, mansum in Moringin cum eius utilitate, mansum in Hildessin cum eius proficuo, mansum unum in Richardingerod. Nunc omnes in Christo dilectos qui mearum rerum futuri sunt heredes obsecro contestorque, quatinus tam meorum maiorum quam mea ipsius benefacta nequaquam infringere vel mutare, verum pro ęternę vitę retributione augere magis studeant et corroborare. Ut autem hęc oblatio seu constitutio mea a cunctis posteris meis rata sit omni tempore et inconvulsa maneat perpetuo, cartam hanc conscribi et nostro precepimus sigillo insigniri.

Acta sunt hęc anno incarnationis dominicę M.C.LVI, indictione IIII.

Testes huius rei sunt. Clerici: Ekkehardus prepositus de Bruneswic, Marcwardus capellanus. Liberi homines: Liudolfus iunior de Waltinegeroth, Luithardus de Meineresin, Gerunchus de Sciltberge. Ministeriales: Heinricus de Witha, Liuppoldus de Hertisberge, Bertoldus de Pain, Bertoldus de Wolbernesh(usen), Anno camerarius et alii quam plures.

Data per manum Heinrici notarii, in Hertisberg, VIII kalendas Julii.

Das Siegel des Ausstellers ist aufgedrückt.

61. — *Kaiser Friedrich I bestätigt dem Propst Ludiger vom Nonnenkloster Ichtershausen und dessen Nachfolgern die Capelle S. Peter auf dem Berge bei Ichtershausen, die Markward von Grumbach von Siegfried von Wasungen geerbt und demselben geschenkt hat. — Halle 1157 Aug. 3. *)*

C. In nomine sancte et individue trinitatis. Fridericus divina favente clementia Romanorum inperator augustus. Quemadmodum pium est ‖ inperialem munificentiam Christi pauperibus ad presentis vite subsidium aliqua

---

*) Vergl. Raumer Reg. Brand. Nr. 1245.

bona conferre ita cautum est propter mundi maliciam, privilegiorum testimoniis etiam collata confirmare simul et stabilire. Ad universorum itaque fidelium Christi et imperii presentium et futurorum noticiam pervenire volumus, qualiter fidelis noster Marcwardus de Grûmbach, vir admodum industrius, divino ductus amore, ecclesiam beati Georgii martiris et congregationem sanctimonialium in Ûchtricheshusen, quam cum matre sua felicis memorie Friderunа honorifice construxerat, temporalis vitę huius subsidiis ampliare cupiens, capellam beati Petri apostoli in monte apud Ûchtricheshusen cum pertinentiis suis, que sibi defuncto quodam nobili et predivite viro Sifrido de Wasungen iure hereditario obvenerat, presbitero quoque qui eam possederat nomine Cristiano viam universę carnis ingresso, super altare sancti Georgii heredum suorum consensu ac sine alicuius persone reclamatione devote obtulerit et irrefragabiliter contradiderit preposito Ludigero et successoribus eius perpetuo possidendam et divinum in ea officium cum fratribus suis ordinandum. Ut autem oblatio hec rata et inconvulsa ęvis omnibus permaneat hanc eartham rogatu memorati fidelis nostri Marcwardi et prepositi Ludigeri conscribi et impressione sigilli nostri insigniri iussimus manuque propria corroboravimus imperiali auctoritate statuentes et incommutabiliter teneri volentes, ut si qua spiritalis· secularisve persona, quod absit, hanc delegationem convellere seu cassare attemptaverit, L libras auri purissimi persolvat, dimidietatem camere nostre et dimidietatem predicto cenobio.

Huius rei testes sunt, quorum nomina subscripta sunt: Wicmannus Magdaburgensis archiepiscopus, Hartwicus Bremensis archiepiscopus, Hermannus Fardensis episcopus, Eberhardus Babenbergensis episcopus, Johannes Merseburgensis episcopus, Gerungus Misnensis episcopus, Gebehardus Wirceburgensis episcopus, Bruno Hildenesheimensis episcopus, Marcwardus abbas Fuldensis, Heinricus abbas de Walkenrieth, Engilbertus abbas de Folcolderoth, Gerhardus Magdaburgensis prepositus, Arnoldus prepositus sancti Andree in Colonia, Godeboldus prepositus Fritslariensis. Heinricus dux Saxonie, Adelbertus marchio et filius eius comes Hermannus, Otto palatinus de Widelinesbach, Ludewicus comes provincialis Thuringie, Theodericus marchio et fratres eius Heinricus et Dedo, comes Siboto de Scartfelt, comes Edelgerus de Ilfelt, comes Emicho de Liningen, comes Ludulfus de Waldingerode et frater eius comes Hogerus, comes Erwinus et frater eius Ernestus, comes Gerhardus de Nuringes, Marcwardus de Grûmbach et filii eius Marcwardus, Albertus et Otto, Berengerus de Ravenstein, Folradus de Crauechfelt, Reinhardus de Trifurte et alii multi nobiles et ministeriales.

Signum domini Friderici Romanorum imperatoris invictissimi. (L. M.).

Ego Reinoldus cancellarius vice Arnoldi Moguntine sedis archiepiscopi et archicancellarii recognovi.

Datum in Halle, III nonas Augusti, indictione V, anno dominicę incarnationis millesimo C.LVII, regnante Romanorum imperatore Friderico gloriosissimo, anno regni eius VI, imperii vero III, feliciter amen.

' Das aufgedrückte kaiserliche Siegel ist ganz unversehrt.

62. — *Kaiser Friedrich I bestätigt in einer gefälschten Urkunde dem Kloster Ichtershausen die von seinem Vorgänger König Konrad III ertheilten Rechte und Freiheiten.* — *Halle 1157 Aug. 3.* *)

C. In nomine sancte et individue trinitatis. Fridericus divina favente gratia Romanorum imperator augustus. Quoniam autecessores nostri dive memorie imperatores ac reges '| pia devotione ad promerendam a rege regum immarcessibilem celestis regni coronam non solum ecclesias ipsi construxerunt set et ab aliis fidelibus constructas in regalis patrocinii tutelam susceperunt, ab eterno iudice nos remunerari non diffidimus, si eisdem ecclesiis divino servicio mancipatis cum omnibus inibi Christi famulantibus imperialis gratie tutelam inpendimus. Noverint itaque Christi regnique nostri fideles presentes et futuri, quod temporibus domni et patrui nostri digne recolende memorie Conradi Romanorum regis secundi ad honorem dei et beate virginis Marie sanctique Georgii martiris in provincia, que Thuringia dicitur, monasterium quod Ychtrishusen nuncupatum est a nobili quadam matrona Frideruna nomine et eius filio dilecto et fideli nostro Marcwardo de Grumbach honorifice constructum est, quod ad monachicam inibi vitam agendam sub regula et ordine Cisterciensium sub regimine prepositi et abbatisse sororibus et fratribus ibidem servituris prediis suis et mancipiis cum capella sancti Petri ac piscaria infra Rudolvislebin 'et pontem in Ychterishusen ac aliarum rerum atinenciis honoribus et iudiciis spiritualibus ac secularibus cum consensu heredum suorum, quorum intererat, magnifice ditaverunt. Ordinatis autem omnibus, que ad divinum cultum spectare videbantur, hanc eidem monasterio libertatem constituerunt, ut ea que ipsi contulerant vel ab aliis Christi fidelibus conferenda erant, prepositi sui et abbatisse ordinacioni subiacerent, in proposito et in abbatissa eis electionem liberam tradiderunt. Hoc igitur licet oratorium ipsamque congregacionem cum omnibus pertinenciis suis memorato regi Conrado et regno a predictis personis collatum in suam et successorum suorum imperatorum et regum protectionem suscipiens ipsum locum et omnia, que idem locus de bonis fundatorum aut aliorum tunc temporis possedit vel inposterum ab aliis iusto titulo poterit adipisci, privilegii auctoritate irrefragabiliter confirmavit, peticione eorundem statuens idem cenobium ac omnia sua ab eis et suis heredibus ac ab omni terrene potestatis tam liberum, ita ut in bonis vel hominibus dicte ecclesie nullus dominorum vel iudicum suorum quitquam peticionis vel iuris vel iudicii aliqua racione habeat exercere, his spiritualibus exceptis, que spectant ad Moguntine pontificis examen a quo prepositus curam recipiet animarum. Ne igitur tam iustis ac deo caris institucionibus clementie nostre desit auctoritas, prefatum monasterium cum omnibus que ad ipsum pertinent in pacis nostre ac defensionis nostre tutelam suscipimus et cum aquisitis ac acquirendis locum ipsum deo servientibus intus et foris iure perpetuo mancipamus eiusque construccionem, consecrationem, prepositi et abbatisse liberam electionem et ex omnibus predictis bonis ditacionem privilegiique regalis

---

*) Vergl. Stumpf Zur Kritik deutscher Städtepriv. in den Sitzungber. der k. Akad. der Wiss. zu Wien 32, 623.

irrefragabilem municionem super hiis omnibus datam et nos quoque damus
et presentem paginam manu propria corroborantes imperialis banni auctoritate confirmamus, approbamus et quidquid in suis privilegiis domni et predecessores nostri beate memorie indulserunt vel concesserunt, nos quoque concedimus et damus et ratum habemus et inpressione sigilli nostri, ne quis ullo
modo contraire vel infringere presumat, communimus et roboramus statuentes;
ut huius nostre confirmacionis violator persolvat quinquaginta regie camere
libras auri et dimidietatem predicti cenobii provisori.

Huius confirmationis testes sunt: Conradus Moguntinensis archiepiscopus, Wicmannus Magdeburgensis archiepiscopus, Conradus Salzburgensis
archiepiscopus, Johannes Mersburgensis episcopus, Gebehardus Wirceburg-
gensis episcopus. Heinricus dux Saxonie, Heinricus Raspo Turingie lantgravius, Theodericus marchio et fratres eius Heinricus et Dedo, comes Henricus
de Schwarzburg, comes Siboto de Scartfelt, comes Ludolfus de Waldingerode
et eius frater comes Hogerus, Volradus de Cranichfelt et alii multi nobiles et
ministeriales.

Signum domini Friderici Romanorum imperatoris augusti invictissimi.

Ego Reinoldus cancellarius vice Arnoldi Moguntine sedis archiepiscopi
et archicancellarii recognovi.   (L. M.)

Datum in Halle, III nonas Augusti, indictione V, anno dominice incarnationis millesimo C.LVII, regnante Romanorum imperatore Friderico gloriosissimo, anno regni eius VI, imperii vero III feliciter amen.

Vom kaiserlichen Siegel ist nur wenig beschädigt.

63. — Erzbischof Arnold von Mainz bestätigt dem Nonnenkloster zu Ichtershausen dessen Rechte und Freiheiten. — 1157.

C. In nomine sancte et individue trinitatis. Arnoldus dei gratia Maguntine sedis archiepiscopus. Sancta et salubris apostolica doctrina nos instruit
et ammonet ad omnes || quidem bene operari, maxime autem ad domesticos
fidei et ad eos, qui fluxam et caducam huius mundi gloriam contempnentes in
cenobiis voluntariam pro domino sustinent paupertatem die noctuque contendentes, quomodo possunt socii fieri earum que in Christo sunt possessionum.
Notum igitur esse volumus universis, tam futuri quam presentis evi Christi
fidelibus, qualiter nos divine retributionis intuitu, cuidam novelle plantationi
in Üchteriecheshusen et sororibus sub ordine et regula Cisterciensium inibi degentibus aliquid caritatis et beneficii cupientes impertiri, iuxta earumdem sororum petitionem ordinem et regulam, quam secundum institutiones et privilegia matricis ecclesie sue in Wachtriswinkil et predecessoris nostri domini
Heinrici archiepiscopi privilegii attestacionem in eodem loco eligendo incho-
averant, apud omnem successionem eandem et incommutatam servari auctoritate dei omnipotentis et principis apostolorum Petri ac domini apostolici
Adriani et nostra statuimus, ne forte post descensum et iniuria regulari fiat
discipline et sorores viliores sint et inferiores. Statuimus quoque, ut sorores
iam dicti cenobii matrem spiritalem, videlicet abbatissam humilem, prudentem,

in professione monastica probatam et huic ministerio idoneam concorditer
non solum eligant, verum etiam secundum morem fratrum Cisterciensium
sine alicuius persone impedimento sibi constituant eique communiter obediant, timeant, diligant, foveant, et filialem in omnibus subiectionem exhibeant.
Peticione etiam fidelis nostri Marcwardi prefati monasterii fundatoris et religiosorum virorum consilio statuimus et incommutabiliter teneri volumus, ut
sorores ibidem domino famulantes de regula et ordine beati patris Augustini
prepositum habeant boni testimonii virum, virum utique dolorum et scientem
infirmitatem et fragili sexui femineo in Christi visceribus compatientem, qui
eis tam in interioribus quam in exterioribus secundum deum provideat, et hic
ab omnibus sive a saniori parte earumdem sororum eligatur. Concessimus
etiam et donavimus prenominato loco talem libertatem, ut fratres et sorores
inibi degentes nulli archidiacono vel archipresbitero aliquid habeant respondere, sed totius iuris sui in spiritalibus ad solum Magontinum pontificem habeant respectum. Illud quoque annectendo propter incrementum loci illius
concessimus, ut prepositus in ecclesia sollicitudini sue commissa verbum dei
predicando annontiet, et eos qui ad curam suam pertinent baptizet, visitet,
sepeliat et in ceteris rebus sacramentalibus procuret. De eiusdem loci advocato memorato Marcwardo petente et disponente cum filiis suis statutum est
ut in successione ipsorum et nepotum suorum seniorem eadem ecclesia semper advocatum habeat, isque eterne mercedis intuitu nullos subadvocatus pro
se faciat, ne dum pauperum Christi defensores ac iudices constituuntur, bona
illorum violentia tollendo exactores efficiantur. Ut autem hoc statutum nostrum, concessio et donatio rata et inconvulsa omni permaneat evo, hanc
paginam conscribi et impressione sigilli nostri insigniri precepimus, et banno
nostro confirmavimus.

Huis rei testes sunt hii: Gerungus Misinensis episcopus, Arnoldus maioris ecclesie in Magontia custos et Erpesfordensis prepositus, Burcardus prepositus de Giecheburc, Hartwicus prepositus sancti Petri in Magontia, Adelhardus prepositus de sancto Severo, Gelpheradus abbas de monte sancti Petri,
Engelbertus abbas de Folkolderoth, Folpertus prepositus de monte sancti
Cyriaci, Ludgerus prepositus de Üchtericheshusen, Adelbertus prepositus in
Hugisdorf, Sifridus prepositus in Eiterisburc. Capellani: Cunradus prepositus
de sancto Gingolfo, Rûdingus, Reinhardus, Gernotus notarius. Adelbertus
marchio et filius eius Hermannus, Sizzo comes et filius eius Heinricus, Edelgerus comes de Ilvelt, Marcwardus de Grumbach et filii eius, Erwinus comes
et frater eius Ernestus, Meinhardus de Mulcburc, Folradus et Sifridus de Cranechfelt, Gerungus de Merkisleiben, Waltherus de Husen, Heinricus de Berlestete, Hartungus de Scharphenburc, Wernherus de Bonlant, Hartungus de
Erpha. Ministeriales: Helfricus vicedominus Magontie, Heinricus vicedominus
Erpesfordie, Wolframus scultetus, Arnoldus rufus, Siboldus albus, Giselbertus,
Siboldus filius Lampoldi, Ditmarus et frater eius Hermannus et alii multi.

Hec facta sunt anno dominice incarnationis M.C.LVII, indictione IIII,
regnante domino Friderico imperatore, anno regni eius VI, imperii vero III.

Das aufgedrückte erzbischöfliche Siegel ist gut erhalten.

64. — *Abt Adelbero von Steina mit den Klosterbrüdern Meingot, Orde-mar, Ernfried, Hermann, Wiland, Godehard und Bernhard thut kund, dasz sie mit einem der Kirche zugehörigen Hof zu Rothe von siebenzehn und einem halben Acker einen gewiszen Sigfried und Wilhelm und deren Mutter belehnt haben. — 1157.*

In nomine sancte et individue trinitatis. Ego Adelbero humilis sancte Marie in Steina minister una cum fratribus meis Meingoto, Ordemaro, Ern-frido, Hermanno, Wilando, Godehardo, Bernhardo notum facimus tam futuris quam presentibus, quod ecclesie nostre curtim in Rothe cum agris septemde-cim et dimidio dedimus in hereditarium beneficium ministris ecclesie Siffrido, Wilhelmo ac matri eorum pro acceptis ab eis in usum ecclesie quinque mar-cis argenti examinati, fecimus quoque illis omnem stabilitatem, que in huius-modi negotiis agenda est presente et rogante advocato ecclesie Hertwico. Ad confirmationem huius actionis has litteras a nobis eis datas cum impressione imaginis domine nostre sigillavimus ut nemo subsequentium his hominibus et heredibus eorum hoc beneficium valeat vel etiam velit contra iusticiam alienare.

Testium qui viderunt et audierunt nomina hec sunt: Fratres literati prius scripti, fratres illiterati Tidericus, Wittiger, Wecel. Cives de Angenstein: Walderic, Grafft, Herebert, Otelrich, Bodo, Eckhart de Northun, Benno ar-chipresbiter, Ludovicus canonicus, Crafft laicus, Eteler, Wilhelm et alii quam plures.

Facta sunt hec anno dominice incarnationis M.C.LVII, indictione V, re-gnante Friderico imperatore.

65. — *Erzbischof Arnold von Mainz bestätigt einen Güter- und Zehent-tausch zwischen dem Kloster Amelungsborn und der Kirche zu Grene. — Heiligenstadt 1158 Apr. 18. *)*

In nomine sancte et individue trinitatis. Arnoldus dei gratia Moguntine sedis archiepiscopus. Pontificalis officii est religiosos diligere et eorum loca ab omni fatigacionis molestia que in posterum subrepere potest premunire. Unde notum esse volumus tam modernis quam posteris, quod fratres de Ame-lungesborne de prediis suis in Grene iuste ac legitime adquisitis duos mansos cum area et novem iugeribus ab omni decimacione immunes ecclesie in Grene dederunt et assensu et voluntate tam Heinrici ducis, ad quem eadem ecclesia spectat, quam etiam archipresbiteri et sacerdotis, tum eciam advocati deci-mam in villa, que dicitur Erdeshusen, per concambium permutarunt. Nos ita-que postulacioni utriusque partis annuentes predictum concambium auctoritate banni nostri ratum esse decernimus et presentis scripti privilegio confirmamus. Si qua igitur in posterum ecclesiastica secularisve persona hanc nostre con-stitucionis paginam sciens contra eam venire temptaverit, si secundo terciove commonita non resipiscat, ream se eterni iudicii esse cognoscat. Amen.

---

*) Vergl. Falke Trad. Corb. 891. Spilcker Beitr. zur alt. deutsch. Gesch. 2, 19.

Huius autem nostre constitucionis testes sunt, qui subter annotantur: Reinaldus cancellarius, Ekehardus prepositus de Embike, Hartmannus prepositus de Hamelen. Laici liberi: Adelbertus comes de Eversten, Reimbertus de Riklinghe, Poppo de Blankenborch, Burchardus de Falkensten, Haoldus de Bornem, Gerungus de Schiltberch. Ministeriales ducis Heinrici: Heinricus de Witha, Liuppoldus de Hertesberch, Arnoldus advocàtus de Embike.

Actum anno ab incarnacione domini M.C.LVIII, indictione VI, regnante Frederico Romanorum imperatore augusto, anno pontificatus domini Arnoldi, Moguntini XXXVIII archiepiscopi, V, in dei nomine feliciter amen. Data in Helgenstath, XIV kalendas Maii.

68. — *Erzbischof Arnold von Mainz bekundet dem Nonnenkloster Rupertsberg bei Bingen die aufgezählten Gütererwerbungen.* — *1158 Mai 22.* *)

C. In nomine sancte et individue trinitatis. Arnoldus divina favente clemencia Moguntine sedis archiepiscopus. Quia dignum est, ut monasteria que sub regimine nostro sunt omni devotione veneremur et diligamus, iustum est et, ut toto annisu mentis et corporis provideamus, ne donationes, que pro servitio dei in eiusdem monasteriis regulariter viventibus conferuntur, eis per rapinas seu per negligentiam iniuste auferantur. Huius gratia omni posteritati subsequencium notum facimus, quod Hermannus palatinus de Reno una cum uxore sua Gertrude, ad locum beati Ruperti confessoris iuxta Pinguiam situm quodam tempore veniens, allodium suum, quod in Pinguia intra et extra muros tam in agris quam in vineis possidebat, ad utilitatem eiusdem ecclesie beati Ruperti et sororum inibi deo famulancium pro remedio anime sue (cum) omni iure et libertate contulit. Post obitum vero eius cum Werceburgh venissemus, vidua predicti Hermanni in presentia nostra et domini Eberhardi venerabilis Babenbergensis episcopi et aliorum quam plurimorum hominum absque omni contradictione donationem hanc denuo renovavit et confirmavit, prefatum scilicet allodium cum mundiburdio suo tradens libero homini Hugoni de Lapide, quatinus illud ad altare predicte ecclesie iusta oblatione per omnia offeret. Quod factum est multis cernentibus et attestantibus cum postea Pinguiam venissemus. Hec sunt et donationes cetere quibus idem locus nobis scientibus ampliatus est: Richardis marchionissa allodium quod in Ockenheim habebat ad ipsum locum dedit. Marcwardus etiam ministerialis noster mansum in Bergun et vineam in Buedenesheim ad eundem locum contulit. Odalricus et comes scilicet de Aro dimidium mansum dedit in Bermersheim. In eadem quoque villa Hugo cantor de domo et frater eius Drutwinus et alii quidam fideles quinque mansos et dimidium dederunt. Wendela quoque quatuor mansos in Weithersheim et mansum in Harvesheim per manum mundiburdii sui tradidit cum sexta parte decime in Rochesheim et viginti mancipia. Guda de Gisenheim pro filia sua Osbima mansum et dimidium per

---

*) Vergl. Würdtwein Nov. sub 2, pref. 45. Weidenbach Reg. Bing. Nro. 70.

manum filii sui Arnoldi dedit in Appenheim et Embrico comes Reni allodium
suum quod habebat in Wolvesgrubun, vineas autem quas Hermannus prepositus de sancta cruce et filii fratris eius scilicet Bernhardi vicedomini de Hil-
denesheim iuxta Pinguiam habebant prefate sorores eodem Hermanno per
manum mundiburdii sui dante, filiis et predicti Bernardi tradentibus viginti
marcis comparatas multis attestantibus emerunt. Vineam quoque in Munstre
sitam a quodam Engelscalco ministeriali nostro de Pinguia quindecim marcis
quam pluribus astantibus persolverunt. A quodam etiam Godeberto et uxore
eius de Selsun tres mansos in Bermersheim quadraginta marcis sub testimonio multorum redimerunt. In Appenheim quoque quinque mansos et in Lo-
gensheim mansum et dimidium absque omni contradictione possident. Ut autem hec omnia apud omnem posteritatem rata et inconvulsa omni evo permaneant, presentem paginam inpressione sigilli nostri fecimus insigniri et
auctoritate nostra corroborari, statuentes ex virtute dei patris omnipotentis
et auctoritate beati Petri principis apostolorum et nostra ut quicunque contra
hoc venire attemptaverit perpetua anathematis pena nisi resipiscat subdatur.

Huius conscripte rei testes sunt: Hartmannus maior prepositus, Arnol-
dus custos de domo, Sigelous decanus, Willelmus magister, Hugo cantor,
Baldemarus abbas sancti Albani, Godefridus abbas sancti Jacobi, Helngerus
abbas sancti Disibodi, Anselmus abbas sancti Johannis in Biscovesberch,
Burchardus prepositus de Gicheburch, Hetzekinus prepositus sancti Mauricii,
Balduvinus prepositus sancti Johannis, Godefridus prepositus de Franken-
fort, Conradus prepositus sancti Gingolfi. Capellani: Rudingus, Dragebodo,
Gernotus, Ortwinus. Cunradus comes de Kirberch et frater eius Emicho de
Boimeneburch, Godefridus comes de Spaenheim, Bertholdus comes de Ne-
thee, Gerhardus comes et frater eius Rupertus de Berbach. Liberi: Gerhar-
dus de Kelverowe, Marcwardus de Bergestat, Wernherus de Walebach,
Dammo de Badenheim. Ministeriales: Helpericus vicedominus et frater eius
Hermannus, Petrus, Wicnandus, Embrico et frater eius Meingotus, Arnoldus,
Dudo, Godeboldus marescalcus, Wernherus, Reinbodo, Didericus, Hartrous,
Fridericus et Embricho et alii.

Acta sunt hec anno dominice incarnationis M.C.LVIII, indictione VI,
sub papa Adriano, regnante gloriosissimo imperatore Friderico huius nominis
primo. Data Moguncie, XI kalendas Iunii.

67. — *Erzbischof Arnold von Mainz verkauft dem Dompropst Herold
von Wirzburg für hundert Mark Silbers zwei Güter zu Hohenheim und
Hedenstadt, die dem Nonnenkloster Altmünster zu Mainz gehören, wofür er dem letztern von seinen Besitzungen zu Britzenheim ein jährliches
Erträgniss von fünf Pfund abtritt. — 1158. *)*

C. In nomine sancte et individue trinitatis. Arnoldus divina favente clementia Maguntine sedis archiepiscopus. Mundum in maligno esse positum,

---

*) Vergl. Lang Reg. Boic. 1, 233.

quia multis et variis eventibus de,claratur adeo, quod illud propheticum iam completum videatur, erunt homines ingrati, superbi et elati, fidei violatores, sacramentorum contemptores, ecclesiarum persecutores, christiane religionis profanatores, sollicitudo prelatorum cauta debet esse et circumspecta, quomodo inminentia mala propellat, futura precaveat et secundum necessitatem et utilitatem ecclesiarum ex omni parte meliora prospiciat. Noverit igitur et presens Christi fidelium etas et succedentium futura posteritas, qualiter nos pro quodam castro Gelenhusen nuncupato cum prediis et ministerialibus ad ipsum pertinentibus conparando cum legitimo possessore illius pactum fecimus, hoc sollicite providentes, quod ecclesia nostra contra tyrannos et persecutores honoris divini in ea parte valde esset munita et magnis utilitatibus plurimum adiuta. Cum autem pro solvenda pecunia magnis curis angeremur eo quod servicium domni imperatoris videlicet expeditio ad domandam Mediolanensium rebellionem tempore illo nobis incumberet, hinc inde animo nostro fluctuanti hoc ex ratione et canonum auctoritate solacium occurrit, quod pro quibusdam legitimis necessitatibus et pro meliorationis contractu bona ecclesiarum licet vendere et commutare. Communicato itaque ecclesie nostre consilio, quoddam predium situm in episcopatu Wirzeburgensi videlicet in Hocheim et in Hedenstat, quod iure proprietatis ad vetus monasterium sanctimonialium in Maguntia pertinebat, coniventia Hadewigis abbatisse, tum monasterio illi presidentis et universo sororum collegio consentiente, cuidam Heroldo sancte Wirzeburgensis ecclesie maiori preposito pro C marcis argenti vendidimus et per manum Gerlai comitis de Veldenze et Arnoldi de Hagenowe rationabiliter tradidimus et delegavimus et his C marcis cum reliqua pecunia prememoratum castrum cum prediis et ministerialibus conparavimus, habundantius quoque eidem preposito opere pietatis adesse volentes, ab Octone marchione Misinensi inpetravimus, quod advocatiam quam in predio illo habuit nobis resignavit et ita libere a iure advocatie eum expedivimus, quemadmodum ab eodem marchione libere eam in manus nostras recepimus. In recompensatione autem prememorati predii de possessionibus nostris in Britzenheim a iure nostro emancipatis et per manum Arnoldi de Hagenowe delegatis monasterio sanctimonialium tantum restituimus, unde singulis annis ad commune stipendium sororum V libre exsolverentur, cum ex priori predio vix IIII libras quovis anno habere potuissent, et insuper propter locorum distantiam et alterius ius territorii minus erat commodum et fructuosum. Hanc venditionem, commutationem et donationem nostram ratam et inconvulsam in perpetuum manere volentes, huius privilegii nostri auctoritate communivimus et banno nostro confirmavimus. Siquis igitur hoc rationabile nostre dispensationis factum cassare aut infringere attemptaverit, sciat se anathematis vinculo innodatum et nisi resipuerit eterno supplicio deputatum.

Huius rei testes sunt: Hartmannus maior prepositus, Hertwicus sancti Petri prepositus, Arnoldus custos maioris ecclesie, Gerlacus sancti Victoris prepositus, Sigelous prepositus et decanus de domo, magister Willelmus, Hugo cantor, Heczekinus beati Mauricii prepositus, Burchardus prepositus de Jegeburch Cûnradus sancti Gingolfi prepositus. De capellanis: Rûdingus,

Gernotus, Dragebodo, Heinricus, Bertoldus, Winterus. De abbatibus: Baldemarus abbas sancti Albani, Godefridus abbas sancti Jacobi. De baronibus:
Cûnradus et frater eius comites de Kereberch, Gerlaus comes de Veldenze,
Heinricus comes de Didesso, Arnoldus de Hagenowo, Marcwardus de Bergestat. De ministerialibus: Helprious vicedominus et Hermannus scultetus,
Embricho et frater eius Meingotus, Arnoldus rufus et Arnoldus magnus, Godeboldus, Hartmudus marscalci.

Acta sunt hęc anno dominicę incarnationis M.C.LVIII, regnante gloriosissimo Frederico Romanorum imperatore augusto huius nominis primus.

Das aufgedrückte erzbischöfliche Siegel ist sehr gut erhalten.

68. — *Erzbischof Arnold von Mainz löst den Verkauf der Altenmünster
Klostergüter in Hohenheim und Hedenstadt an das Nonnenkloster Celle
bei Wirzburg auf und verpfändet dagegen dieselben an den Dompropst
Herold von Wirzburg für hundert sechsunddreissig Mark Silbers, wofür er dem Kloster Altenmünster zu Mainz ein jährliches Erträgniss
von sechs Pfund aus seinen Gütern zu Eltville und Eberbach sichert. —
1158. *)*

  C. In nomine sanctę et individuę trinitatis. Arnoldus divina favente clementia Maguntinę sedis archiepiscopus. Cum urgente necessitate vel etiam
aliis causis emergentibus , prelatos ecclesiarum aliqua contigit facere, quę
iusticię inveniuntur obviare, dignum est, ut ipsi factum suum dissolvant, iuxta
canonicam hanc auctoritatem, quod contra leges presumitur per leges dissolvi
meretur. Notum igitur volumus universis esse tam futuri quam presentis evi
Christi fidelibus, qualiter nos pro necessitate nostra predia quędam in Hocheim
et in Hedenstan sita in episcopatu Wirceburgensi pertinentia monasterio sanctimonialium in Maguntia sine consilio ecclesię nostrę, absque manu advocati, abbatissa cum sororum collegio contradicente, nec meliorationis contractum providentes, nec reconpensationem ecclesię sanctimonialium facientes, quibusdam
fratribus de Cella vendere disposueramus. Ammonente itaque et iudicante
ecclesia nostra dispositionem et conventionem, quam contra iusticiam pre-
sumpseramus, secundum iusticiam retractando dissolvimus. Postmodum vero
superveniente nobis alia evidenti necessitate videlicet expeditione domni
imperatoris ad domandam Mediolanensium rebellionem, consilio ecclesię Ha-
dewigę abbatissa cum universis sororibus consentiente, prefata predia in Hocheim et in Hedenstat Heroldo Werceburgensis ecclesię maioris preposito pro
CXXXVI marcis argenti per manum Berengeri advocati in pignore posuimus
hac conditione, ut predia illa ab ecclesia sanctimonialium nunquam possent
alienari, sed sive a nobis sive ab ipsa abbatissa vel nobis decedentibus a successoribus nostris ab antedicto maiore preposito sive ab heredibus suis vel
ab ecclesiis, quibus ipse eadem predia pro remedio animę suę iure pignoris

*) Vergl. Lang Reg. Boic. 1, 233.

contulerit, soluta prememorata pecunia redimerentur. Abbatissę autem et sororibus suis pro eodem predio de reditibus nostris singulis annis VI libras, III in Alta-villa et III in Eberbach specialiter ad domum carnium nostrarum pertinentes, restituimus tali pactione, ut cum predia illa fuerint soluta, in usum Maguntini archiepiscopi, qui tunc presideat, sex librę illę revertantur. Hanc retractationem inpignorationem, reconpensationem cum suis partitionibus ratam et inconvulsam omni evo manere volentes hac carta inpressione sigilli nostri insignita, stabilivimus et banno nostro confirmavimus.

Huius rei testes sunt: Hartmannus maior prepositus, Burchardus prepositus sancti Petri, Arnoldus custos maioris ęcclesię, Sigelous decanus et prepositus sanctę Marię in campo, magister Willelmus, Hugo cantor, Hatzekinus prepositus sancti Mauricii, Embrico prepositus de Pinguia, Baldewinus prepositus sancti Johannis. De capellanis: Cûnradus prepositus sancti Gingolfi, Rûdingus, Gernotus, Bertoldus, Dragebodo, Hermannus canonicus sancti Martini, Marcwardus Augustensis canonicus. De laicis: comes Sigefridus de Morle, comes Bertoldus de Nithee, Gerhardus de Kelverowa, Marcwardus de Birgestat. De ministerialibus: Helpricus vicedomnus, Embrico filius Meingoti, Arnoldus magnus, Hermannus scultetus, Wicnandus, Saleman, Ernestus waltpodo, Helmewigus dapifer, Godebolt et Hartmût marscalci, Herolt, Helmewich, Rûdolf et complures alii. De civitate Wirceburgensi, videlicet: Bernhardus parvus, Hartmannus filius Gerboldi, Bertoldus filius Lôberici, Burchardus albus, Richelinus iuvenis filius Richelmi, Gernot filius Drutmanni de Brozzoldesheim, Godefridus scinkae, Henricus de Inkesinken, Heinricus sanctipeleineus, Cûnradus, Henricus qui dicitur scepfman.

Acta sunt hęc anno dominicę incarnationis M.C.LVIII, indictione VI, regnante gloriosissimo imperatore Friderico, huius nominis primo.

Das aufgedrückte Siegel des Erzbischofs ist gut erhalten.

69. — *Propst Günther von Lippoldsberg bekundet, dasz er durch die Vermittlung des Propstes Godeschalk von Heiligenstadt mit dem Ritter Halmbert einen Vergleich über den Zehent zu Eistingeberg geschlossen, den der obgenannte Propst bekräftigt und besiegelt habe.* — *(1137 — 1158.)*

Notum sit universis Christi fidelibus quod, ego Guntherus indignus ancillarum Christi minister in Luippoldesberg XXIIII decimas in Eistingeberg, ab archiepiscopo domino Rothardo dudum anathematis interpositione ecclesie nostre contraditas sed nescio cuius inertia aliquamdiu neglectas, a quondam milite Halmberto non solum privilegii nostri sed et omnium circa baronum astipulatione repocens sed diu nichil in repetendo proficiens tandem domino Govescalco Heiligenstadense preposito mediante inter nos me scilicet et prefatum militem lis ita dirimitur, ut de XXIIII decimis XII ea conditione sibi dimitterem ut reliquis duodecim singulis annis absque omni contradictione ecclesie nostre persolveret. Quod et domini prepositi banno et eius ipsius precepto sigilli huius impressione firmatum utriusque repositum est ne ulla unquam deleret oblivio quod hominum et scripture tam diligens attestaretur assertio.

Huic pactioni intererant clerici et laici, clerici scilicet: ipse primo prepositus, Gumpertus archipresbiter, Johannes presbiter, Godefridus presbiter, Thechenhardus presbiter. Laici vero: Hugo advocatus, Otto et frater eius Cônradus, Hartwigus de Othera, Luiderus et Liudegerus cognatus eius aliique quam plurimi.

Das Siegel nicht mehr vorhanden?

70. — *Abt Hildebold von Hasungen schenkt seinem Kloster für sein See-lenheil die Güter zu Tutenhausen, Ober-Nothfelden und Düringberg; ver-zeichnet dann die von ihm für das Kloster erworbenen Besitzungen und zählt endlich alle Güterschenkungen auf, die während seiner Abteiführ-ung gemacht worden sind.* — *(1155 — 1158.)*

C. In nomine sancte trinitatis et individue unitatis. Universis deum ti-mentibus tam futuris quam presentibus huius privilegii veritatem notam fa-cimus. Ego itaque Hildeboldus Hasungensis cenobii abbas sciens, quia timenti deum bene erit in extremis et in die defunctionis sue benedicet, divine misera-tionis instinctu et proprie mentis arbitrio cogitavi piam obitus mei facere me-moriam pauperum Cristi consolatione ob spem retributionis eterne. In Tö-tenhûsen quo emi quinque mansos a Bŭrkardo ministeriali quodam sancte Mogŭntine ecclesie et in Nothfelden superiori mansum unum a Gerlaho de Hovide libero homine et eius heredibus. Hos autem sex mansos singulis an-nis cum suis reditibus refectioni fratrum Hasungensium et in hospitali nostro XXX‚ pauperum deservire constitui in anniversario scilicet obitus mei die perpetuis orationibus suis pro peccatis meis apud fontem misericordie deum omnipotentem dignentur intercedere. Item in Duringeberc emi mansum et dimidium a duobus fratribus ministerialibus Moguntini archiepiscopi, filiis Diet-mari de Sodelen, ut annuatim in festo sancti Albani patroni nostri de reditu eiusdem possessionis fratres ecclesie nostre consolationem refectionis accipi-ant, ut eo alacriori devotione predicti martyris festum celebrare studeant et dei misericordiam pro me diligentius implorare non negligant. Preterea si quid in possessionibus aliis ecclesie nostre bona fideliter augmentavi, huic privilegio inserendum putavi, non quia deum totius boni principium ac finem bonorum operum sine litteris dubitaverim esse inspectorem, sed quia tum ve-tustate tum incuria hominum plerumque dilabuntur que magno labore con-tracta sunt ne quid oblivionis intercidat scrupulus huic manuscripte indicio excludendum credidi. Emi igitur in Reingozzeshusen in campis et silvis man-sos V a Gerlaho tunc temporis vicedomino et a Rudegero et Ruperto duo-bus fratribus liberis hominibus. In Beldericheshusen quinque mansos quorum quosdam cambio, alios publica pecunie taxatione proprietati nostre contraxi. In Gran unum mansum quem emi a Lutwino ecclesie nostre homine. Item in

Gran unum mansum quem emi a Kezelino suisque coheredibus. Item in Gran a Wiperto quodam mansum unum. In Diepoldeshusen mansum unum quem emi a Rudolfo procuratore Goteboldi Fritislariensis prepositi. In Brungereshusen IIII mansos emi. Hos omnes maxima sollicitudine et labore in ius et proprietatem ·ecclesie nostre sine omni contradictione emptos et possessos conquisivi. Qui autem infra subnotati sunt, hii sunt quos quidam fratres nostri ad sanctam conversionem venientes deo obtulerunt, vel quos quidam cum filiis suis in ecclesia nostra deo perenniter servituris, alii vero pro fidelibus defunctis me presente Hasungensi cenobio tradiderunt. In Dŭringiberc tradidit nobis mansum et dimidium Erembertus veniens ad conversionem et uxor sua Gerlŭg. Gerlahus liber homo et frater noster tradidit ecclesie nostre in Luzzelen-Madenen duos mansos. Rudewart proprius homo Bopponis comitis veniens ad conversionem manu domini sui tradidit nobis mansum unum in Burschuzze. Meingotus liber homo de Wihdorf apud nos conversus tradidit nobis mansum unum in Mezzehe. Item Gotefrid liber homo de Merkereshusen apud nos cum uxore sua conversus tradidit nobis mansum unum in Riden. Quidam liber homo Gerlahus nomine moriens pro remedio anime sue tradidit nobis mansum unum in Ostheim. Leo de Cassele pro filio suo dedit nobis dimidium mansum in alden Ritte. Gotescalchus de Gran dedit nobis pro filio suo dimidium mansum in Gran. Gumpertus de Wihdorf pro remedio anime uxoris sue tradidit nobis in Muteslar dimidium mansum. Erkengerus pro filio suo tradidit nobis in Vennehe mansum unum. Hec omnia facta sunt sub venerabili Eugenio apostolice ˜sedis episcopo et Anastasio et Adriano successoribus eius, imperantibus Cunrado et Friderico, Moguntinis vero archiepiscopis Heinrico et Arnoldo. Si quis igitur huiusmodi traditionem et rerum ecclesie nostre distractionem ausu temerario facere presumpserit, cum iudicatus fuerit a deo exeat condempnatus, portio eius sit cum inferis et dimergatur in lacum perditionis.

Harum supradictarum emptionum et traditionum legitimarum'testes sunt subscripti: Prior ecclesie nostre Hartmannus, Cunradus, Ridand seniores. Gerbodo de Scuzzeberge, Lutherus de Elheno, Poppo advocatus, Heroldus eius miles, Cunradus et Erkenger de Gudenesberg. De Cassela laici: Gerlach, Tammo, Meginwardus, Leo, Gotefrid. De Scuzzeberег: advocatus Hartmannus, Everhard filius ipsius, Eppo de Torengeberg.

Das Siegel ist zerbrochen, es ist dasjenige des Convents, dessen Petschaft noch jetzt vorhanden ist.

71. — *Erzbischof Arnold von Mainz bezeugt die Schlichtung eines Streites zwischen den Nonnenklöstern Altmünster zu Mainz und Celle bei Wirzburg über eine Waldweide bei Hochheim — (1153 — 1160.)* *)

C. In nomine sancte et individue trinitatis. Ego Arnoldus dei gratia favente sanctę Mogontiensis ecclesie archiepiscopus, notum facio universis tam

---

*) Vergl. Lang Reg. Boic. 1, 233.

presentis quam futuri temporis Christi fidelibus, quod mea memoria inter ab-
batias duas sanctimonialium videlicet de veteri monasterio sanctę Marię virginis in predicta civitate nostra Mogontia, nec non Cellensis cęnobii quod in
vicino situm est Wirzeburgensis civitatis, molesta et diutina habebatur con-
certacio pro saltu scilicet quodam, qui est in confinio prefati cęnobii et pro-
ximę villę quę dicitur Hocheim, que licet temporibus Embriconis Wirzeburgensis episcopi XXIIII viri ex familia eiusdem episcopatus Cellensi ecclesię
iuramento obtinuerunt et insuper declaratione facti propter hoc ipsum iudicii
iuste sibi eum eadem ęcclesia vendicare potuerit. Placuit tamen fratribus deo
ibidem servientibus, quatinus advocatis ab utraque parte sapientioribus ac sanioris consilii viris talem inter se facerent compositionem, qua et bona sua
libere possiderent et deinceps omnis molestia querimoniarum sopiretur. Huius
autem compositionis concordia, non utcumque aut inconsulta precipitatione
facta est, sed consensu et benevolentia omnium personarum, ad quas presentis
negotii ratio visa est habere respectum. Primo quidem nostra auctoritate te-
stificata est, deinde summi advocati videlicet domni marchionis Cûnradi,
Bobbonis comitis de Hennenberg, Berengeri de Gamenburg, domni Heroldi
prepositi in Onoldesbach ac filii sororis ipsius Conradi, qui a prefato Beren-
gero advocatiam habet in beneficio, ac preterea domne Hadewigis abbatisse
predictę congregationis Mogontiensis et omnium sororum eius, clericorum quoque ac ministerialium eius coniventia. Quapropter ut hęc compositio rata et
inconvulsa permaneat, quę tam excellentium personarum unanimitate et
concordia statuta est, ac ne aliqua illam ecclesiastica seu secularis persona,
presentibus vel futuris temporibus temerare aut infringere presumat, auctoritate concessę nobis a deo potestatis ac sigilli nostri inpressione firmamus,
eos anathemati includentes qui deinceps contra hanc sinistra aliqua molitione
deprehensi fuerint laborasse.

· Spuren des aufgedrückten erzbischöflichen Siegels sind vorhanden.

72. — *Erzbischof Arnold von Mainz bestätigt dem Kloster Schulpforta
die Schenkung Wolframs und dessen Frau Lucia, die jedes ein Huf
Landes zu Wickerstädt und Rudersdorf demselben vermacht haben. —
(1153 — 1160.) *)*

In nomine sancte et individue trinitatis. A(rnoldus) dei gracia Moguntinensis ecclesie archiepiscopus omnibus Christi fidelibus perpetuam in domino
salutem. Dignum et honestati conveniens esse dignoscitur, ut qui ad ecclesiarum regimen assumpti sumus eas et ab iniustitia defendamus et secundum
iusticiam paci earum et utilitate prospiciamus. Noverit ergo Christi fidelium
tam presens etas quam successura posteritas qualiter deo devotus homo quidam nomine Wolfframus cum coniuge sua Lucia singuli singulos deo et sancte
Marie sanctoque Georgio mansos in Wickersteth et Rudirsdorff obtulerunt

*) Vergl. Wolff Chronik des Klosters Pforta 1, 132.

pia et humili suplicacione impetrantes plenariam fraternitatem deo ibidem
servientium simul et officia fraternitati debita. Hanc donacionem sub testibus
racionabiliter celebratam ratam et inconvulsam manere censemus decernentes,
ut nulli hominum liceat ipsam possessionem auferre, retinere, minuere seu
quibuslibet molestiis fatigare. Siqua igitur imposterum ecclesiastica sive secularis persona contra huius decreti paginam scienter venire presumpserit,
si non resipuerit, reatum suum digna penitentia corrigere negligens sciat se
episcopalis banni nostri vinculo ligatam et tali catena ad examen superni iu-
dicis pertrahendam.

73. — *Gegenpapst Victor IV fordert den Abt Balduin von Lesborn und
den Propst Günther von Lippoldsberg auf die auch bei ihm angebrachte
Klage des Priesters Egrich über eine Menge demselben zugefügte Ge-
waltthätigkeiten genau zu untersuchen und innerhalb vierzig Tage demselben gerecht zu werden. — Lodi (1161) Juni 26.*

Victor episcopus servus servorum dei, dilectis filiis Balduino abbati Les-
bernensi et Guntero preposito montis Luppoldi, salutem et apostolicam benedictionem. Lector presentium presbiter Egrich in apostolice sedis audientia con-
questus est, quod quidam clericus nomine Lambertus cum quodam laico E.....
domum suam violenter intravit et ecclesie sue plurima bona iniuste diripuit,
asseruit eciam quod predictus E ... mansum unum et tres agros ad ecclesiam
pertinentes contra iustitiam occupavit et quod H .. duos agros eiusdem ecclesie
iniuste detinetur et quod tres milites C... H... E... predicto E... sibi de LX
solidis fideiusserunt et ei nullam solutionem exhiberi fecerunt. Insuper etiam
sua nobis questione monstravit, quod quidam nomine B... XVI solidos ab antedicto Egrich ei mutuatos contempnat exsolvere. Quia igitur pastoralis ofi-
cii cura constringimur expoliatis et oppressis consulere ac salubriter providere,
discretioni vestre causam predicti Egrich et eius adversariorum audiendam et
debito fine terminandam committimus per apostolica vobis scripta mandantes,
ut infra XL dies post harum acceptionem predictos viros de quibus querelam
accepimus predicto E(grich) iustitiam exhibere districte commoneatis, quod
si vestro mandato ausu temerario stare contempserunt, canonica censura illorum pertinaciam nostra auctoritate coercere non pretermittatis.

Datum Laude, VI kalendas Julii.

Die Bleibulle zeigt die Aufschrift VICTOR PP. IIII.

74. — *Propst Günther von Lippoldsberg bekundet die Güterschenkungen
wie die Aufopferung Wezels, seiner Frau Hazeka und ihrer ganzen
Nachkommenschaft. — (1137 — 1161 ?)*

Frater G(untherus) humilium Christi minister in Liuppoldesberg omnibus Christi fidelibus eandem gratiam et pacem, quam beatus apostolus et

evangelista Johannes in apocalipsi sua ab eo qui erat et qui est et qui venturus est septem optavit ecclesiis. Notum esse volumus omnibus Christi fidelibus, quod quidam Wezelo cum uxore sua Hazekan in Erpesford utrique fideles, utrique deo devoti, utrique iusti ante dominum, utrique spiritu eternitatis afflati primo propriis abrenuntiantes, deinde se ipsos pari consensu deo voventes ipse ibidem apud sanctum Petrum in monte monachus effectus, ipsa vero cum VI filiabus suis deo eque devotis apud nos in Lippoldesberg sub eadem professione recepta est. Recepti vero quicquid habere poterant in ancillis et famulis aliisque mobilibus libenter utriusque contulerunt ecclesiis, ille sancto Petro in monte, ipsa apud nos sancto Georgio. Inter que femina quedam Emmeka nomine in partem nostre cessit ecclesie. Que longo post tempore tres filios genuit: Rothecherum et Conradum et tercium. Qui de patrocinio sancti Georgii martiris Christi confisi, se se sub hoc privilegio suo communiri rogarunt magnam utique spem habentes in domino et sancto Georgio, quod quisquis hanc figuram eius aspiceret maiorem et gratiam et pacem ad eos habere deberet. Omnes ergo fideles qui 'eterne pacis et gratie participes esse desiderent gratiam et pacem ad eos habere monemus, ne si, quod absit, in posterum secularis spiritualisve persona hanc institutionis nostre paginulam sciens nostre parvitatis ecclesiam super his et aliis deo dicatis eius bonis temerario ausu vexare temptaverit, nisi quod fecit cito correxerit, perpetue excommunicationi subtractus a sacratissimo corpore et suanguine domini nostri Ihesu Christi interim tamquam divine legis et ecclesiastice pacis prevaricator alienus existat, quo ad usque plenariam iniquitatis sue mercedem cum ipso diabolo et angelis eius in extremo examine iusti iudicii dei recipiat. Omnibus autem et nobis et eis iusta servantibus sit pax et gratia domini nostri Ihesu Christi et caritas dei et communicatio sancti spiritus in eterna secula. Amen.

Das aufgedrückte Siegel des Klosters Lippoldsberg ist erhalten.

75. — *Herzog Heinrich (der Löwe) von Baiern und Sachsen bestätigt dem Kloster Bursfeld den Verkauf von zwei Hufen zu Huchelem an den Abt von Ridaghausen für dreizehn Mark Silbers. — Corvei 1162 Feb. 3.*

In nomine sancte et individue trinitatis, patris et filii et spiritus sancti. Heinricus dei gratia dux Bawarie atque Saxonie. Quia sepe numero || statuta maiorum labente temporum curriculo posteritatis memorie elabuntur et controversie occasionem gignunt, expedit et necesse est et maxime ecclesiasticis ` viris, ut ea que inter se statuunt testimoniorum assercione et scriptorum monumentis ad posteros transmittant. Unde noverint tam moderni quam posteri, quod fratres de Bursvelde abbati de Ridageshusen duos mansos in Huchelem sitos pro tredecim marcis vendiderunt et de eadem pecunia aliud predium iuxta se emerunt. Et quia utraque abbatia in fundo nostro esse et ad nos respectnm habere dinoscitur, predictam conventionem approbamus et pagine huius inscriptione et sigilli nostri inpressione confirmamus.

Testes huius rei sunt: abbas Conradus de Corbeia, abbas Gerardus de Hersuithehusen. Comes Otto et Heinricus frater eius de Ravenesberge, comes Heinricus et Frithericus frater eius de Arnesberge, comes Adelbertus de Everstene, Liudolfus comes de Dassele, Liuthardus de Meinheresen, Bodo de Honburc, Liuppoldus de Hertesberge.

Acta apud Corbeiam, anno ab incarnatione domini M.C.LXII, indictione decima, III nonas Februarii.

Das aufgedrückte Reitersiegel des Herzogs Heinrich zeigt die Umschrift: HEIN-RICVS D. G. DVX BAWARIE ATQVE SAXONIE. Auf der Rückseite der Urk. ist ein Fragment des aufgedrückten Klostersiegels mit der Umschrift ...THEO... PO-STOL... sichtbar.

---

76. — *Herzog Heinrich (der Löwe) von Sachsen und Baiern bestätigt als Sohn Siegfrieds von Bomeneburg (!) in einer gefälschten Ur-kunde dem Kloster Northeim die freie Abt- und Vogtwahl, ferner das Zoll-, Münz- und Marktrecht zu Northeim und dergleichen Rechte und Freiheiten, die das Kloster von seinen Vorfahren erhalten hat und zählt auch dessen Besitzungen namentlich auf. — Herzberg 1162 Nov. 24. *)*

In nomine sancte et individue trinitatis. Heinricus divina clemencia dux Saxonie et Bawarie. Immensam eterni regis, per quem reges et principes regnant, sacra spiritualium virorum exhortatione conside"rantes clementiam, ex ipsorum salutari doctrina eleginus in corde nostro cultum divine religionis ex potestate seculari, qua vigemus, nec non de bonis nostris ad formam no-bilium progenitorum nostrorum amplificandum, ut dimissa in hoc seculo here-ditate transitoria, post huius carnis terminum perveniamus ad illam perpetue felicitatis hereditatem electorum dei. Noverit igitur tam futurorum quam pre-sentium Christi et ecclesie fidelium universitas, quod nos, sublimium progeni-torum pie memorie Ottonis magni ducis, avi nostri, et avie nostre gloriose imperatricis Rikince, illustris quoque comitis Segefridi, patris nostri, Sif-fridi comitis de Bomeneborch, quem natura fratrem nobis constituit, vesti-gia sequentes, coenobium in Northeym, quod ipsi primum de sua fundaverunt hereditate, nos idem iure hereditario ipsis succedentes domino Jesu Christo et sancte Marie ac sancto martiri Blasio pro remedio anime nostre nec non eorundem progenitorum nostrorum cum omnibus, que vel nunc possidet vel futuris temporibus possidebit, in simplicitate cordis offerimus et monastice religioni in perpetuum dedicamus, statuentes eiusdem ecclesie fratribus irre-fragabili iure firmam ac liberam abbatis sui electionem. Insuper in ipsa villa,

---

*) Der Schrift nach gehört dieses für Original ausgegebene Document unzweifelhaft erst dem vierzehnten Jahrhundert an.

Northeym scilicet, abbati contradidimus thelonei iura, proprieque percussaram monete, et quidquid ad forensem vel civilem iusticiam noscitur pertinere preter furtum causasque peremptorias, in quibus aliquis convictus mortis est sententia feriendus. Concedimus etiam ut, siquis liber timore dei compunctus ecclesie prefate se cum suis tradiderit possessionibus, in omnipotentis dei nomine, nostra fretus auctoritate, sine omni penitus molestatione comitis sive vicecomitis seu qualiscunque persone, iugiter ecclesie stabilis perseveret. Simili modo statuentes decrevimus, ut si quisquam ministerialium nostrorum facultates suas consentientibus suis heredibus eidem contulerit cenobio, tam a nobis quam a cunctis hereditatis nostre successoribus firmum et irrevocabile semper habeatur. Ad hec concedimus ut, siqua de familia ecclesie cuiquam nostro maritaverit servo, data iusticia que vulgo koremede dicitur, iuri nostro de cetero cum suo maneat marito et e converso fiat id ipsum, si qua de nostra familia famulo fuerit ecclesie copulata. Preterea propter aucmentum et solacium cenobii memorati divini amoris intuitu statuimus atque firmamus, ut sicut sanxerunt patres nostri, nemo vel a nobis vel a posteris nostris in beneficio recipiat advocaciam eiusdem ecclesie, sed cuicumque illius procuracio nostra vel successorum nostrorum commissa fuerit auctoritate, si conformis et proficuus fuerit abbati et fratribus, commode illa perfruatur, sin autem, eo deposito melior atque commodior eodem pacto subrogetur. Ut autem in sorte electorum dei veram et non transitoriam adipisci valeamus hereditatem, consilio fidelium nostrorum huic dato privilegio fecimus inscribi bona et predia, que ex donacione progenitorum nostrorum et nostra eadem ecclesia possidet et temporibus patrum nostrorum possidebat, et nichilominus etiam ea, que ab inhabitantibus a fundatione loci conquisita sunt, que omnia a reverendo patre ac domno nostro, Marcolpho, Moguntine sedis archiepiscopo, per pet(ici)ones Siffridi comitis de Bomeneborch prefati banni confirmacione novimus confirmata. Nam privilegia et testamenta alia eiusdem ecclesia simul cum ecclesia incendio annichilata vidimus et consumpta. In ipso loco Northeym scilicet habet quadraginta mansos et unum et quatuor dotales et duo molendina et aquam piscosam que dicitur Ruma et aliam aquam piscosam que dicitur Laina. In Sulthem mansos duodecim, in Herethe septem, in altero Herethe quinque, in Steyla quatuor, in Sehlede unum, in Godenstede unum, in Gustede unum, in Renedhe quatuor et dimidium et molendinum, in Nitheon tres, in Holthusen quinque, in Hoppenhusen quatuor, in Moringun tres, in Reddersen duos, in Radveshusen unum, in Stockhusen unum, in Danquardeshusen tres, in Lawardehusen duos, in Denkershusen duos, in Wadirshusen sex, in Wulften tres, in Thedolvingerodh unum, in Rotholveshusen uuum, in Richwardingerod quinque, in Levershusen unum, in Svithardishusen quatuor et dimidium, in Boventen duos, in Herste unum, capellam in Suthem et duos mansos dotales et alios decem, capellam in Medeheym et dimidium mansum, in Adelevissen unum, in Lovesbach-unum, in Sihardeshusen unum, in Edessem sex, in Nigenstede sex, in Vinleve duodecim, in Dalem duos, in Helvesich unum, in Dolrim unum, in Tindenheym unum, in Querrenubote unum, in Odelenbutelen unum, in Wilmerstorp unum, in Dodenhusen unum, in Ramwardessen undecim, in Tetdenhusen sex, in Urecstede sex, in Hasteburgehusen unum, in Nethere quinque et dimidium, in Ronrethe duos et dimidium, in Alboldeshusen unum, in Halderixhusen unum, in Biscopeshusen tres, in altero Biscopeshusen tantum prediolum, in Halbach quatuor et molendinum, in altero Halbach unum et dimidium, in deserto Hasbach dimidium, in Geylendale dimidium, in Begendale duo prediola et dimidium, in Were duos, in Hunethe undecim et dimidium et molendinum et dominicalis curia in qua sex, in Cella quatuor, in Richenberich prediolum, in Wiversbach prediolum, in Wichardeswineten sex, in Valedhe viginti quinque et totum predium et eiusdem ville advocaciam, in Anschete duos, in Nigenstede aream cum novem agris. Ut autem hec rata et inconvulsa permaneant, presens testamentum scribi fecimus et sigilli nostri impressione testibus anotatis roborari atque insigniri iussimus.

Testes hii sunt: prepositus Anshelmus de sancto Cyriaco, Benno prepositus in monte sancti Georgii, Ludolfus de Walterstrod et fratres sui, Henricus de Wida, Bernhardus de Hukelem, frater suus Godescalcus, Arnoldus de Dorstat, Anno camerarius, Jordanus dapifer, Henricus pincerna, Henricus marscalcus, Ermbertus de Stophinburch et alii quam plures.

Acta sunt hec anno dominice incarnationis M.C.LXII, indictione VI. Data in Hertisberch, VIII kalendas Decembris.

Das angehängt gewesene Siegel fehlt.

77. — *Conrad I erwählter Erzbischof von Mainz tauscht den Zehent zu Widdikissen gegen Güter in Ungerethe mit dem Kloster Helmarshausen, beziehungsweise dem Grafen Adelbert (von Everstein) um. — Rusteberg 1162. *)*

In nomine sancte et individue trinitatis. Conradus ipsa propitiante Moguntinae sedis electus archiepiscopus. Notum esse volumus omnibus tam futuris quam presentibus quod ego Conradus electus archiepiscopus Moguntine sedis tradidi Helmwardensi ecclesiae decimam in Weddikisson ex petitione Adalberti comitis dilecti nobis et fidelis, cuius beneficium erat, accepto ab eo in concambio quedam in Ungerethe, quod persolvit quinquaginta solidos. Ut autem traditio haec in perpetuum inconvulsa permaneat, haec scribi iussimus et inpressione sigilli nostri signavimus nostraque auctoritate firmavimus et firmamus.

Cui rei testes aderant: Godescalcus prepositus de sancto Gangulfo, Robertus, Gernod, Gerbodo, Marchward. Laici vero Adelbertus comes, Heithenricus vicedominus, Hardwigus, Othelricus et alii multi castellani.

Haec traditio facta est anno dominicae incarnationis M.C.LXII, indictione X. Porro haec acta sunt in castro Rustiberg feliciter regnante Fritherico Romanorum imperatore augusto.

---

*) Vergl. Erhard Reg. Westf. Nr. 1890.

78. — *Propst Siegfried von S. Nicolaus und Domdecan zu Magdeburg schenkt dem Kloster Ichtershausen eine grosze Anzahl namhaft gemachter Heiligenreliquien.* — *1166 Jan. 7.*

C. In nomine sancte et individue trinitatis. Sifridus dei gratia sancti Nicolai prepositus et maioris Magdeburgensis ecclesie decanus. Quanto mundi huius gloriam mobilem et fluxam alto mentis lumine conspicimus tanto toto desiderio ad celestem gloriam et gaudia eterna nos oportet anhelare et iuxta doctrinam apostolicam ad omnes quidem bene operari maxime autem ad domesticos fidei et specialem illis benignitatem impertiri, qui mundum hunc inmundum cum suo flore spernentes se ipsos abnegaverunt et crucem Cristi non in angaria cottidie baiulant, die noctuque contendentes, quomodo possint socii fieri earum, que in Cristo sunt, passionum. Omnibus itaque notum esse volumus tam presentibus quam futuris Cristi fidelibus, qualiter divina inspirante clementia dominice passionis loca visitare cupientes Üchtricheshusensem ecclesiam suscepta iam peregrinatione orationis causa adivimus, atque a veneranda eiusdem congregatione sicut angelus domini benigne et honorifice suscepti sumus. Inter cetera quoque humanitatis officia peregrinationi nostre unanimiter prospera imprecantes plenariam inibi fraternitatis communionem adepti sumus. Nos itaque melifluam earundem dominarum caritatem ac religionem cum gratiarum actione in Cristi visceribus complectentes, preciosissimum thesaurum super topazion et auream obrizum desiderabilem videlicet sacratissimas patronorum nostrorum reliquias, nuper a domino nostro archiepiscopo Wicmanno summis precibus impetratas et super inestimabiles margaritas summa cum devotione acceptas, iam dicte ecclesie cum aromatibus bone voluntatis obtulimus, quas etiam ob memoriam nostri subter notare curavimus. Communicato igitur priorum nostrorum consilio videlicet domni Ottonis maioris ecclesie nostre prepositi, Ruggeri vicedomni et Witholdi prepositi in Hunoldesburc, necnon et concanonici nostri domni Burchardi de Burnestete, qui nobiscum illo advenerant, annuente venerabili eiusdem loci Ludigero omnique congregatione, in commune statuimus, quatinus dies adventus earundem sanctarum reliquiarum, hoc est VII idus Januarias futuris semper temporibus in divino officio inibi celebris habeatur. Quia ergo generatio preterit et generatio advenit, hanc paginam inde ut cognoscat generatio altera, conscribi fecimus et sigilli nostri impressione signavimus, statuentes, ut hec scripta in scrinio sanctarum reliquiarum reposita generationi omni, que ventura est, caute conserventur.

Hec facta sunt anno dominice incarnationis M.C.LXVI, indictione XIIII, VII idus Januarias, regnante serenissimo imperatore Friderico anno regni eius XV, imperii vero XII.

De ossibus sanctorum martyrum: Mauricii (X kal. Oct.), Exuperii, Candidi, Victoris, Innocentii et Vitalis et sociorum eorum, Bartholomei apostoli, Philippi apostoli, Sergii martyris (non. Oct.), Faustini (kal. Junii) episcopi et martyris, Adriani martyris (VI idus Sept.), Cypriani episcopi et martyris

(VI kal. Oct.) et Justine virginis et martyris, Eleutherii episcopi et martyris
(XIII kal. Maii) et sancte Ancie martyris matris eius, Brictii episcopi et
confessoris (VII id. Julii), Crisanti martyris (III kal. Dec.), Cordule vir-
ginis et martyris (XII kal. Nov.), Anastasie martyris (VIII kal. Jan.), Seba-
stiani martyris (XII kal. Feb.), Constantii episcopi et martyris (IIII kal.
Feb.), Florentii episcopi et martyris (XIII kal. Oct.), Felicitatis martyris
(VIII kal. Dec.), Alexandri (VI id. Julii) et sancti Felicis matyrum sancte Felicitatis filiorum, Madelberthe virginis (VII id. Sept.), Marie Magdalene,
Victorini episcopi et martyris (non. Sept.), Valerii episcopi et confessoris
(IIII kal. Feb.), Justi episcopi et confessoris (II kal. Sept.), Pontiani martyris (XIII kal. Feb.), Secundi martyris (VII kal. Sept.), Gaugerici episcopi et confessoris (III id. Aug.), Cassiani martyris (id. Aug.), Brictii
martyris (id. Oct.), Superantis martyris (kal. Dec.), Amandi episcopi et
confessoris (VII kal. Nov.), Georgii martyris (VIIII kal. Maii), Pancratii
martyris (IIII id. Maii), Dionisii episcopi et martyris ariopagitę (VII id. Oct.),
Eustachii martyris (IIII non. Nov.), Modeste virginis (II non. Nov.), Cristo-
fori martyris (VIII kal. Aug.), Blasii episcopi et martyris (III non. Feb.),
Castissime virginis, Gertrudis virginis (XVI kal. Apr.), Ypoliti martyris (id.
Aug.), Donati episcopi et martyris (VII id. Aug.), Cosme et Damiani martyrum (V kal. Oct.), Eracliani episcopi et confessoris (VIIII kal. Nov.), sanctorum martyrum Justi (V id. Oct.), Arthemii et Honeste virginis, Nicolai
episcopi et confessoris (VIII id. Dec.), Victoris (II id. Maii) et Coronę martyris, Agathe virginis et martyris (non. Feb.), Sebaldi confessoris, Marga-
retę virginis et martyris (III id. Jul.), Herculani episcopi et martyris (VIII
id. Nov.), Gervasii (XIII kal. Julii) et Prothasii martyrum, Laurentii martyris
(IIII id. Aug.), Cęsarii martyris (kal. Nov.), undecim millium virginum (XII
kal. Nov.), Stephani protomartyris, Cyriaci martyris, Bonifacii martyris, Cle-
mentis episcopi et martyris, Alexandri episcopi et confessoris (IIII kal. Mart.),
Helenę reginę, Vincentii martyris, de sepulchro domini, de vexillo sancti Mauricii martyris, Ambrosii episcopi et confessoris, Gangolfi martyris, Pergen-
tini martyris, Appollinaris martyris, Antonii martyris, Decentii confessoris,
Herenei et Habundii martyrum, Lamperti episcopi et martyris, sanctorum
IIII coronatorum, Tyburtii martyris, duorum Ewaldorum et aliorum sanctorum plurimorum, quorum hic nomina non habentur.

    Anno dominice incarnationis DCCCC.LXXIIII, nonas Maii obiit domi-
nus noster Otto magnus imperator, qui has sacrosanctas reliquias ad Magde-
burgensem transtulit ecclesiam. Cuius animam omnium Cristi fidelium orationibus devote commendamus. *)

    Das aufgedrückte Siegel ist unversehrt und trägt die Umschrift: SIFRID' SCE
MAGDEBVRG ECCLE DECAN'.

---

*) Auf der Rückseite der Urkunde: Anno dominice incarnationis millesimo C.LXXIII,
   indictione V, IIII nonas Novembris obiit digne recolende memorie Sifridus sancte
   Nicolai prepositus et maioris Magdeburgensis ecclesie decanus.

79. — *Erzbischof Heinrich I von Mainz (!) bestätigt in einer gefälschten Urkunde dem Kloster Lippoldsberg die Schenkung einer freien Witt-
frau Namens Jutta, die mit ihren drei Töchtern Nonne geworden ist. —
Nörten 1166.*

In nomine domini nostri Ihesu Christi cui omne genu flectitur celestium,
terrestium et infernorum. Ego Heinricus dei gratia sancte Magun||tine sedis
id quod sum tam futuris quam presentibus cunctis Christi fidelibus in perpetuum. Si non defecisset sanctus et si veritates a filiis hominum non essent
diminute tam operoso labore pastorum, quo sancta laborat ecclesia, profecto
opus non esset. Verum quoniam nos exdebito pastoralis officii ab oppressione
bonorum malignos tenemur arcere, notum esse volumus cunctis Christi fidelibus, quod vidua quedam Jutta nomine occiso marito suo Ordimaro nomine
libere conditionis se cum proprietatibus suis et tribus filiabus ad cenobium
transtulit Lippoldesberg. Ut autem malicie hominum et temporis in futurum
obviaret videlicet, ne quis in posterum ecclesiam super eisdem bonis scilicet
quindecim mansis quorum quinque sunt in Oburgehuson, quinque in Sirdschu-
son, tres in Werthereshuson, Gerliveshuson duo quibus unum postmodum
conparatum super adiecit, ne inquam quisquam ecclesiam inquietaret, venit in
presentiam ducis et ibi de libertate sua et eorumdem proposuit bonorum, item
bis in Hyldesheim in presentiam nobilium et ministerialium, exhibuit etiam se
in Leineberg ubi iudicium agebatur quod vulgo Fridinc dicitur, nec erat quisquam qui facto eius contradiceret aut reclamaret. Tandem cum essemus veniens ad presentiam nostram Nortunis omne desiderium facti sui coram nobis
exposuit et postulavit, ut donationem eorumdem bonorum banni nostri interpositione ecclesie in perpetuum in Lippoldesberg confirmaremus, et sic as-
sumpto habito cum filiabus suis in cenobium se contradidit. Nos autem tam
rationabile factum commendantes super protectionem nostram sicut ecclesiam
ipsam, prefatas possessiones suscepimus et banni nostri interpositione usibus
deo servientium in cenobio memorato in perpetuum confirmamus. Si qua igitur persona parve aut magne potestatis hanc nostre constitutionis et confirmationis paginam sciens contra ausu temerario venire presumpserit, si non cita
penitentia factum erroris sui correxerit a communione corporis et sanguinis
Ihesu Christi domini nostri sit aliena mercedem iniquitatis sue si non resipiscat cum diabolo et angelis eius in eterna dampnatione recepturis.

Acta sunt hec dominice incarnationis anno millesimo C.LXVI.

Testes huius facti sunt multi religiosi clerici et laici nobiles: Hermannus
abbas Northeimensis, Arnoldus prepositus de Lippoldesberg, Johannes in
Lamespringe prepositus, Adolfus abbas in Reinhuson. Laici Albertus comes
de Eversten, Otto de Boventun, Johannes de Plesse, Bertoldus de Honburg,
Herimannus et Bernhardus fratres de Rothe, Elvericus de Uslere, Herthen-
ricus vicedominus de Rusteberg et alii multi.

Actum Nortunis, pontificatus nostri anno XII. Amen.

Mit dem wohl erhaltenen Siegel des Erzbischof Heinrichs.

6*

80. — *Erzbischof Christian I von Mainz überträgt dem Abte von Ha-*
sungen alle Archidiaconatsrechte über die Kirche zu Ehlen. — *1170*
Sept. 15.

C. In nomine sancte et individue trinitatis. Ego Cristianus dei favente
misericordia Magontine sedis archiepiscopus. Quod ratum et perpetuum||
esse volumus, scripto tenacique memorie satagimus commentare. Notum sit
itaque omnibus Cristi fidelibus presentibus et futuris clericis et laicis, quod
nos paterna miseratione considerantes penuriam Hasungiensis monasterii
destitutionemque fratrum ibidem deo famulantium, ob salutem anime nostre
et honorem ecclesie dei sublevare cupientes, ex consilio prelatorum ecclesie
nostre qui nobiscum aderant, ecclesiam in Elhene sitam in pede montis ex
petitione abbatis Heinrici et fratrum abbati et omnibus successoribus eius
ab omni iure archidiaconi et archipresbiteri et ab omni synodo et ab omni
synodali iusticia in perpetuum absolvimus, concedentes eidem abbati et omnibus successoribus eius et perpetua traditione firmantes, quicquid iuris habebat archidiaconus in eadem ecclesia, donum videlicet altaris, curam animarum
et synodum ita, quod abbas iuxta discretionis sue deliberationem et consilium
fratrum suorum unum de monachis suis religiosum et maturum hominem in
eadem ecclesia locabit et in capitulo suo coram fratribus suis dono altaris
eum investiet et curam animarum ei diligenter commendabit. Ut autem hec
traditio firma et inconvulsa evis omnibus permaneat, presentem chartam in
testimonium facti nostri conscribi fecimus et sigilli nostri impressione firmari,
statuentes sub anathemate, ne aliquis ulterius clericus vel laicus hoc opus nostrum rationabile infringere attemptet.

Huius rei testes sunt: Folbertus prepositus in Selbolt, Robertus prepositus in Muckenstat et curie notarius, Dudo canonicus maioris ecclesie et curie
capellanus, Tidricus canonicus maioris ecclesie et capellanus.

Acta sunt hec anno dominice incarnationis M.C.LXX, indictione II, regnante et imperante gloriosissimo Romanorum imperatore Frederico. Data
per manum Roberti notarii Muestadensis prepositi, XVII kalendas Octobris
feliciter amen.

Das aufgedrückte erzbischöfliche Siegel ist nur noch in geringem Reste vorhanden.

81. — *Erzbischof Christian I von Mainz schenkt dem Kloster Weiszen-*
stein den Zehent der Dodenhauser Brachfelder und bestätigt demselben
zugleich jenen zu Weiszenstein. — *1170 Oct. 1.*

C. In nomine sancte et individue trinitatis. Ego Cristianus dei favente
misericordia Magontine sedis archiepiscopus. Quod me morie sempiterne
commendandum est, ne dispendio temporis transeat in oblivionem, scripto
perpetuare curamus. Notum itaque facimus universis Cristi fidelibus presentibus et futuris, quod nos pia et paterna consideratione respicientes tenuitatem ecclesie dei in Wizensteine et penuriam fratrum et sororum eiusdem

claustri, ex petitione prepositi Wigberti fidelis amici nostri, decimas omnes silvarum illarum, quę sunt iuxta Dūdenhuseu in superiori parte eiusdem villę, quęcumque de novalibus ibidem excultis poterit provenire, predictę ecclesię ad sublevandam indigentiam fratrum et sororum ibidem deo famulantium pro salute animę nostrę coram prelatis ecclesię nostrę, quorum qua plures aderant, libera traditione in perpetuum donavimus, aliam quoque decimam in Wizensteine, de communi hactenus silva traditione illorum, qui Merchren appellantur, excultam et a predecessoribus nostris eidem ecclesię perpetuo iure collatam, predictę ecclesię auctoritate nostra confirmavimus. Ut autem hęc supradicta ęvis omnibus firma et in convulsa permaneant, coram tota ecclesia, quę tunc aderat, huic facto nostro bannum adicere curavimus, statuentes sub anathemate, ne quis ulterius clericus vel laicus hanc traditionem nostram infringere presumat. In testimonium quoque huius facti presentem chartam conscribi fecimus et sigilli nostri inpressione firmari.

Huius rei testes sunt: Heinricus abbas de Ilasunge, Heinricus abbas de Bredenowe, Arnoldus abbas de Capella, Folpertus prepositus de Selbolt, Robertus prepositus in Muckenstat curie notarius, Albertus archipresbiter in Frisselaria, Ditmarus canonicus Frisselariensis. De laicis: comes Poppo de Velsberch, comes Poppo de Nuemburch, comes Albertus de Scoemburch, Ditmelle ecclesie advocatus, Wernerus Munt et Giso frater eius. De ministerialibus: Hedenricus vicedominus de Rusteberch, Hertvicus de Rusteberch, Godebertus curie marescalcus, Franco pincerna, Bertoldus dapifer et alii quam plures.

Acta sunt hec anno dominice incarnationis M.C.LXX, indictione II, imperante gloriosissimo Romanorum imperatore Friderico semper augusto. Data per manum Roberti notarii Mucstadensis prepositi, kalendas Octobris feliciter amen.

Mit dem aufgedrückten wohlerhaltenen Siegel des Erzbischofs.

82. — *Landgraf Ludwig III von Thüringen schenkt dem Stifte Jechaburg fünfthalb Hufen und drei Höfe zu Coczeleben.* — *Weiszensee 1174.*

In nomine sancte et individue trinitatis. Notum sit Christi fidelibus tam futuris quam presentibus, quod ego Lodewicus dei gratia tertius lantgravius doctus ad salutem animarum proficere ecclesias dei ditare et decorem domus ipsius diligere pro desiderio peticioni canonicorum Jecheburgensis ecclesie satisfacere curavi; libera enim et perpetua donacione beate Marie et beato Petro apostolorum principi in Jechaburg ad usum confratrum inibi serviencium quatuor mansos et dimidium et tres curias in Coczeleibin cum omnibus appendiciis suis pascuis, agris cultis et incultis, aquis et earum decursibus cum omni utilitate que tam in futuro quam in presenti de predictis bonis provenire poterit contradidi, quod videlicet hac paccione interposita feci, quatenus eiusdem ecclesie fratres semper duobus pauperibus pro remedio anime mee et patris mei et parentum meorum inde provideant necessaria. Hec sigilli nostri impressione confirmavimus ut omni tempore rata et inconvulsa permaneant. Que si quis infringere attemptaverit anathematis vinculo perpetuo subiacebit.

Huius rei testes fuerunt: clerici: Hunoldus decanus de Jecheburg, Hildebernus et Fredericus et Humbertus canonici. Laici: Reinardus et Udo de Hervesleiben, Berthous de Slathem, Arnoldus de Noiwenburg, Volbertus de Tungeszbrucken et alii quam plures.

Sub anno M.C.LXXIIII dominice incarnationis, indictione VII, facta sunt hec regnante Friderico invictissimo imperatore. Data Wyszense.

82. — *Erzbischof Christian I von Mainz bestätigt dem Kloster Lippoldsberg die in Gegenwart des Kaiser Friedrichs I, Heinrichs des Löwen und seines Stellvertreters des Propstes Burkhard von Jechaburg gemachte Schenkung des Jechaburger Canonicus Theoderichs von Sondershausen wie dessen Neffen und Nichten, bestehend in der Capelle zu Sondershausen und allen Besitzungen derselben zu Hamm und Sondershausen. — S. Cassiano (bei Imola) 1174! (1175) Feb. 24.*)*

Cristianus dei gratia Maguntine sedis archiepiscopus|. Equitatis ratio et a deo nobis commissum pastorale requirit officium, ut quod suum est unicuique conservemus et precipue vota fidelium in remissionem peccatorum ecclesiis collata auctoritatis divine tenemur munimentis corroborare. Quo circa notum facimus cunctis christiane professionis fidelibus, quod Teodericus canonicus Gicheburgensis ecclesie et filii fratris eius ministeriales Maguntine ecclesie, Hugo videlicet et Heinricus de Sundreshusun, una cum duabus sororibus suis in remissionem delictorum suorum et animarum remedium se ipsos obtulerunt cum bonis suis, capella videlicet de Sundreshusun cum omnibus pertinentiis suis et omnia allodia sua et proprietates, quas habent in Hamme et in Sundreshusun, ecclesie de Luppoldesberc ad usum pauperum Christi communem ecclesiastice religionis vitam ibidem profitentium. Quia vero hoc sanctum opus est et deo munus acceptabile, presertim cum sollempniter celebratum sit in presentia domini nostri serenissimi Romanorum imperatoris Friderici et illustris Bawarie et Saxonie ducis Heinrici et venerabilis preposti Burchardi de sancto Petro in Maguntia, cui vicem nostram commisimus, qui et vice nostra id ipsum collaudavit et quantum in eo erat confirmavit, et inclitorum comitum Edelgeri de Ilvelt et Friderici de Kircberc. Hoc igitur tam pium factum et rationabile et canonicum nos miserationis assensu collaudamus et auctoritate Maguntine ecclesie presentique privilegio confirmamus,

---

*) Aus dem Vorkommen mehrerer Zeugen dieser Urkunde in einem andern Privileg Erzbischof Christians das gleichfalls in Italien, zu Pavia ausstellt ist, aber das Jahr 1175 mit der gleichen und richtigen Indiction VIII trägt (vergl. Baur Hess. Urkk. 2ª, 23). und noch entscheidender aus der Ausfertigung einer zweiten Urkunde desselben als Erzkanzlers Deutschlands und kaiserlichen Legats ebenfalls von 1175 Mrz. 17 zu Imola (bei Savioli Ann. Bologn. 2ᵇ, 48), läszt sich mit voller Sicherheit auch für unser Document das Jahr 1175 als das einzig richtige feststellen.

statuentes et in domino firmiter precipientes, ut nulla prorsus persona secularis vel ecclesiastica prenominatam ecclesiam in prescripta collatione et ele-
mosina a nobis et prefatis ministerialibus nostris facta, molestare vel inquietare presumat. Quod qui ausu temerario facere presumpserit anathematis
gladio percussus indignationi divine usque ad condignam satisfactionem subiacebit.

Huius rei testes sunt: prepositus Burchardus de sancto Petro in Maguntia, Folpertus prepositus de Muckestat, Cônradus prepositus de Spalde,
magister Robertus scriptor, Folcnandus ecclesię sancti Stephani in Maguntia
custos, Gisilbertus canonicus ecclesię sanctę Marię ad gradus, Wernherus ecclesię sancti Victoris canonicus. Comes Reinboto de Bichelingen, comes Godescalcus de Rotenburg, Otto de Vesperde, Eberardus de Strofurde, Bertoldus vicedominus de Erpifurdia, Helewicus scultetus in Erpifurdia, Eberardus
de Ascafenburc et Cônradus frater eius, Dietherus scultetus in Maguntia,
Johannes de Luterahe, Johannes de Olfe et alii quam plures.

Acta sunt hec anno dominice incarnationis M.C.LXXIIII, indictione VIII.
Datum apud sanctum Cassianum, VI kalendas Martii feliciter amen.

Das angehängte Siegel des Erzbischofs ist verletzt.

84. — *Propst Burkhard von S. Peter zu Mainz bekundet, dasz nachdem
der Mainzer Bürger Namens Herold die Zahlung der jährlich zu entrichtenden zweiundvierzig Denare Erbpachtzinses wiederholt versäumte,
das Stift sich durch Stadtgerichtsspruch den Hof desselben zuerkennen
liesz und nur auf Fürbitte und Verwendung genannter Männer das alte
Erbpachtverhältniss wieder hergestellt habe. — 1175.*)*

C. In nomine sancte et individue trinitatis. Burcardus dei gratia sancti
Petri in suburbio Maguntino prepositus". Compromissiones, que ob aliquas
necessitates fiunt, plerumque fidei datione aut sacramento interposito vel
utroque firmitatem accipiunt nonnumquam et scripti testimonio et astipulatione testium corroborate difficilius dissolvi possunt. Notum sit ergo omnibus
tam futuris quam presentibus Christi fidelibus quod burgensis quidam Heroldus curiam quandam habuit in possessione ecclesie sancti Petri pertinentem,
quam quidem ad ipsam titulo hereditatis a predecessoribus suis derivaveret,
unde fratribus in ecclesia illa deo et beato Petro militantibus canonem constitutum, videlicet quadraginta duos denarios annuatim solvere tenebatur.
Transacto aliquot annorum curriculo cum iam dictus Heroldus prefatis fratribus canonem quem debebat solvere neglexisset et illi sepius repetendo pa-
rum proficerent, adierunt presentiam iudicum civicorum ibique suam depo-
nentes querimoniam ut mos est et consuetudo civitatis semel, bis et tercio
eandem curiam ad tres canonis solvendi terminos obtulerunt. Cumque nemo
esset qui redimeret et de neglecto canone responderet, per sententiam latam et

) Vergl. Baur Hess. Urkk. 2, 24.

approbatam fratribus curie possessio adiudicata est. Fratribus igitur ius suum in illa sibi vendicantibus suisque usibus aptantibus prememoratus Heroldus presentavit se iudicio, asseverans pre iudicio se ab illius curie possessione fuisse eiectum, nitens quod factum fuerat sic infirmare; fratres venientes coram allegaverunt incontrarium fultique iudicum et burgensium testimonio partem et causam suam defenderunt. Lite diu hinc inde agitata et fratribus in sua iusticia confidenter persistentibus cum Heroldus causam suam minus sperato vigoris habere conspiceret ad arma precum conversus optinuit per interventum domni Heinrici decani de domo, domni Hermanni cantoris, domni Dudonis camerarii, Arnoldi rufi, Cûnradi, Winzonis aliorumque probabilium virorum tam laicorum quam clericorum qui presentes aderant, quod fratres a iure suo cedentes in eiusdem curie possessionem, quam iure civili optinuerant, possessorem pristinum Heroldum videlicet libere restituerunt et canonem neglectum a decem et octo annis penitus dimiserunt, hoc pacto interposito quod Heroldus ex tunc in antea fratribus sepedictis censum debitum videlicet quadraginta duos denarios a termino solvendi canonis, videlicet festivitate beati Martini usque ad natale domini annuatim solveret, quodsi semel quacunque occasione neglexisset et hoc a fratribus probatum constitisset absque omni contradictione vel litis attestatione curie pretitulate possessio a potestate Heroldi iuxta compromissum suum exempta ad manus et usus fratrum rediret ab eo non repetenda de cetero. Ut autem pactio talis rata et inmobilis permaneat paginam hanc conscribi et civitatis signo placuit communiri testes adhibendo, quorum nomina sunt hec:

Arnoldus maior prepositus, Wernherus sancte Marie in campis, Heinricus decanus, Hermannus cantor, Cûnradus prepositus sancti Gingolfi, Ûlricus magister scolarum sancti Petri, Heinricus cantor, Rogerius archipresbiter, Hungerus cellerarius. Laici: Dûdo camerarius, Arnoldus rufus, Cûnradus, Winzo, Godescalcus, Bertholdus, Herboldus et alii plures viri probabiles.

Acta sunt hec anno domini M.C.LXXV, indictione VIII, regnante domno Frethurico imperatore gloriosissimo feliciter amen.

Das aufgedrückte Mainzer Stadtsiegel ist das auf dem Titelvorblatte abgebildete

85. — *Propst Burkhard von S. Peter zu Mainz bekundet des ausführlichen wie der Streit über die Besitzungen seines Stiftes zu Horbach und Willenmundesheim endlich mit dem Abt Conrad von Seligenstadt geschlichtet worden sei. — 1175.*

C. In nomine sanctę et individuę trinitatis. Burcardus dei gratia ecclesię sancti Petri prepositus humilis. Nonnullorum tanta est perversitas, ut non solum ecclesiis dei sua non conferant, sed ab aliis collata sibi usurpare presumant, vel si quidpiam forte contulerint, plenitudine tacti retrahere et ab ecclesiis alienare suisque usibus adaptare quoquo pacto contendant, nisi rectorum strennuitas eos inhibeat et privilegiorum auctoritas. Noverit ergo

tam futurorum quam presentium Christi fidelium universitas, quod ecclesia
beati apostolorum principis Petri que sita est in suburbio civitatis Maguntine
habuit quedam bona in Horbach et Willemundesheim ex antiqua traditione
et legitime possessionis titulo, que quidem predecessores Dragebodonis cuiusdam ecclesię eiusdem canonici, dum ibi canonicaret, ob memoriam videlicet
sui parentumque suorum ecclesię devote contulerant et ipse iam dictus Dragebodo a fratribus ea acceperat, ut excoleret et constitutum canonem decem
videlicet solidos annuatim ipsis inde exsolveret, exsolvitque aliquandiu expe-
dite satis quoadusque de choro exemptus est et domno Arnoldo tunc archiepiscopo resignatus, ut in capella sua ei deserviret, et tunc cepit adversum
fratres negligenter agere et eis censum quem multis anteactis annis solvere
consueverat, denegare, asseverans constanter sine rubore se multa bona ecclę-
się in possessione habere unde fratribus tenetur respondere, et ut eam falsi-
tatem veritatis spem palliare posset, abiit ad domnum Anshelmum tunc abbatem ecclesię sanctorum Marcellini et Petri in Selgestat et bona sancti Petri
ausu temerario vendidit illi. Quod ut conpertum fratres adversus abbatem
iam dictum coram domno Christiano archiepiscopo Maguntino litem conte-
stati sunt. Cumque abbas suo inniteretur auctori illumque produxisset et ille
factum non diffiteretur, iam actio cause a domno abbate transiit ad illum,
fratribus vero illum de facto pulsantibus cum iam in arto positus cause sue
diffideret, ad cor rediit, veniam de excessu petens emendationemque promittens optinuitque multo labore nostro et dilectissimi nostri Heinrici maioris
ecclesie decani, Sigefridi magistri scolarum, Hermanni cantoris aliorumque
probabilium fratrum et domnorum fide data, quod infra spatium illius anni
vel eadem bona redimeret vel restaurum, quod fratres acceptassent, ecclesie
restitueret. Sed morte preventus effectui promissum non mancipavit. Abbate
quoque defuncto domnus Cůnradus abbas eidem ecclesie preficitur. Hunc nichilominus predicti fratres convenerunt et lite posthabita monitis amicabilibus
mediante domno Heinrico maioris ecclesie decano ipsum ad hoc inflexerunt,
quod pro eodem negocio summisit se consilio, latumque est consilium in medium et ab utraque parte approbatum ita videlicet ut ecclesia in Selgestat
bona, de quibus contentio habita fuerat, in possessione haberet et solveret
inde ecclesie beati Petri quinque solidos annuatim et sic lis decisa est. Ut
autem hec maneant rata et per multas temporum successiones inmobilia, pa-
ginarum duo paria conscripsimus et ea signo beati apostolorum principis Petri
conmunivimus, alterum quidem ecclesie nostre, alterum ecclesie sanctorum
Marcellini et Petri in Selgestat conmendantes, testibus subscriptis quorum
nomina sunt hec:

Cůnradus abbas, Fridericus prior, Hartmůdus custos, Megenfridus cantor, Bernoldus cellerarius, Liufridus camerarius, Heinricus maioris ecclesie
decanus, Cůnradus de Bichenbach, Dammo de Hagenova. Canonici sancti
Petri: Ůlricus magister scolarum, Hungerus cellerarius, Bertholdus. Cives de
Selgestat: Godeboldus et filius eius Gerlacus, Wolframus, Walcunus et frater
eius Cůnradus, Heroldus thelonearius, Everhardus, Megenoldus sacerdos de
Cruzenburch.

Acta sunt hec anno domini incarnationis M.C.LXXV, indictione VIII, regnante domno Fretherico imperatore gloriosissimo semper augusto feliciter amen.

Das auf der Rückseite der Urkunde aufgedrückte Siegel des St. Peterstiftes ist sehr schön erhalten.

.

86. — *Landgraf Ludwig III von Thüringen bekundet die Schenkung seines Ministerialen Udo an das Kloster Reinhardsbrunn. — 1175.*

In nomine summe et individue trinitatis. Ego Ludowicus Thuringie lantgravius notum esse volo tam futuri quam presentis temporis fidelibus, quod Udo meus ministerialis pro remedio et salute anime sue contulit ad altare dei genitricis Marie in Reinhardsbron ad usum confratrum et aliorum ibi deo servientium predium suum IIII scilicet mansos ac vineam et VII curtes in villa Topfstet hoc pacto, (quatenus dum) ipse vixerit his libere perfruatur, sed post eius obitum ad prefatam ecclesiam sine omni contradictione conferatur.

Actum anno ab incarnatione domini M.C.LXXV, indictione nona.

Testes huius sunt: Ego Ludowicus lantgravius, Her(mannus) abbas, Hartwigus prior. Burckardus comes, Gumpertus, Cristianus capellani, Eckehardus de Guttern, Reinhardus de Topfstet et plures alii.

87. — *Kaiser Friedrich I bestätigt dem Nonnenkloster Ichtershausen dessen Rechte und Freiheiten und nimmt dasselbe in seinen Schutz. — Erfurt 1179 Juli 29.*)*

C. In nomine sancte et individue trinitatis. Fridericus divina favente gratia Romanorum imperator augustus. Quoniam anteces||sores nostri divę memorię imperatores ac reges pia devotione ad promerendam a rege regum immarcessibilem celestis regni coronam non solum ecclesias ipsi construxerunt sed et ab aliis Christi fidelibus constructas in regalis patrocinii tutelam susceperunt ab interno iudice nos remunerari non diffidimus, si eisdem ecclesiis divino servitio mancipatis cum omnibus inibi Cristo famulantibus imperialis gratie tutelam impendimus. Noverint itaque Cristi regnique nostri fideles presentes et futuri, quod temporibus domni et patrui nostri digne recolendę memorię Conradi Romanorum regis secundi ad honorem dei et beate virginis Marie sanctique Georgii martiris in provincia que Thuringia dicitur, monasterium quod Ôchtericheshusen nuncupatum est, a nobili quadam matrona Frideruna nomine et eius filio dilecto et fideli nostro Marquardo de Grûmbach honorifice constructum est, quod ad monachicam inibi vitam agendam sub regula et ordine Cisterciensium sub regimine prepositi et abbatisse sororibus et fratribus ibidem servituris prediis suis et mancipiis et aliarum rerum attinentiis cum consensu heredum suorum magnifice ditaverunt. Ordinatis

*) Vergl. Raumer Reg. Brand. Nro. 1457.

autem omnibus quę ad divinum cultum spectare videbantur hanc eidem monasterio libertatem constituerunt, ut ea quę ipsi contulerant vel ab aliis devote conferenda erant, prepositi sui et abbatisse donationi et ordinationi subiacerent. Hic itaque prepositus de regula sancti Augustini de ipso monasterio sive alio canonice electus et ab archipresule curę dono investitus suscepto legitimo ministerio secundum ordinem suum sine alicuius impedimento personę soli deo serviens subditos suos tam seculares quam spiritales verbo et exemplo commoneat ac informet et rebus sibi commissis intus et foris pro posse et scire suo provideat, eique tamquam pastori et rectori animarum suarum, qui debitam pro ipsis solicitudinem gerere comprobatur, in his, que ad deum et ad salutem suam pertinere noscuntur, devote per omnia obedire studeat. Abbatisse quoque electionem ita liberam constituerunt, ut quando mater spiritalis eiusdem cenobii naturę mortali debitum solverit, prepositus et sorores ibi congregatę secundum regulam sancti Benedicti liberam potestatem habeant, ut in locum et sedem defunctę aliam de ipso conventu sive de alia si opus fuerit ecclesia tali regimini idoneam absque omni contradictione sibi matrem et abbatissam constituant. Prudenter etiam atque salubriter ordinaverunt, ut senior ętate per successionem filiorum ac nepotum suorum vel eorum, qui legitime heredes esse debent, in posterum advocatus eius ecclesie fiat et is nullius transitorię utilitatis, sed divinę tantum remunerationis intuitu res ecclesię cum prediis, libertatem quoque et iustitiam instanter defendat, nullum etiam sub se advocatum constituat, neque alium advocatia inbeneficiare presumat. His omnibus solerter e predicta matrona Frideruna nec non et eius filio Marquardo preodinatis, locum eundem cum omnibus attinentiis sub tutelam regię potestatis, videlicet iamdicti antecessoris et patrui nostri regis Cunradi ac successorum eius devote contulerunt. Qui et bona ecclesie contradita et constitutam ab ipsis monasterii libertatem atque iustitiam privilegio et impressione sigilli sui sollempniter confirmavit. Cum igitur nostris temporibus idem cenobium propitia divinitate per oblationes fidelium auctum sit, ob spem et premium ęternę vitę in nostram quoque et Romani imperii tutelam tam bona quam personas cum omnibus ipsi ecclesię pertinentibus firmiter suscipimus et pro peticione fidelis nostri Alberti de Grůmbach nepotis videlicet predicte domne Friderune et filii Marquardi statutum memorati domini et predecessoris et patrui nostri regis Cůnradi et libertatem ecclesie nostro imperiali decreto et presentis privilegii munimine roboramus. Statuimus quoque, ut quicunque temerarius et iniquus de bonis aut rebus ecclesie violenter abalienaverit seu publicam invasionem in rebus ecclesię fecerit vel testamentum huius traditionis et libertatis aliqua calliditate pervertere vel infringere attemptaverit, centum libras auri probati ad regiam cameram persolvat, prius tamen ecclesie, quod ablatum fuerat, sub condigna satisfactione in integrum restituat. Ut autem hec ordinatio et constitutio ac predicte ecclesie libertatis status et omnia quę ibidem contradita vel statuta sunt omni evo in posterum rata et inconvulsa permaneant, hanc cartham testamenti venerabili preposito Ludigero et abbatisse Hochburge ac religiose priorisse Agneti, germanę prefati fidelis nostri Alberti de Grůmbach, ac sororibus ibidem degentibus conscribi manuque propria corroborantes per impressionem sigilli nostri insigniri precepimus.

Testes huius confirmationis sunt: Philippus Coloniensis archiepiscopus, Wicmannus Magdeburgensis archiepiscopus, Cûnradus Salzburgensis archiepiscopus, Udalricus Halberstatensis episcopus, Uto Nuenburgensis episcopus, Sifridus Brandenburgensis episcopus, Adelhogus Hildenesheimensis episcopus, Eberardus Merseburgensis episcopus, Martinus Misnensis episcopus, Arnoldus Osenbruggensis episcopus, Hermanuus Monasteriensis episcopus, Hugo Fardensis episcopus, Cûnradus Corbeiensis abbas. Teodericus marchio, Otto marchio, Otto comes palatinus, Ludewicus comes provincialis et frater eius comes Heinricus raspo, comes Sifridus de Orlamunde, comes Rudolfus de Phollendorf, comes Hermannus de Rabenesberc, comes Heinricus de Swarzburc et frater eius comes Guntherus de Keverenberc, comes Erwinus de Glichen, com(ites) de Cigenhagen Rûdolfus et Gozmarus, comes Fridricus de Bichelingen, Albertus de Grûnbach, Bertholdus de Wiltberc, Albertus de Hildenburc, Poppo de Wasungen, Albertus de Holnstein (?), Folradus de Cranichfelt et alii multi comites et nobiles.

Signum domini Friderici Romanorum imperatoris augusti, invictissimi.

Ego Godefridus imperialis aule cancellarius vice Cristiani Moguntine sedis archiepiscopi et archicancellarii recognovi.   (L. M.)

Datum Erphesfordie, IIII kalendas Augusti, indictione XII, anno dominice incarnationis M.C.LXXVIIII, regnante domno Friderico Romanorum imperatore augusto invictissimo, huius nominis I, anno regni eius XXVIII, imperii vero XXV, feliciter amen.

Das Majestätsiegel ist ganz unversehrt.

88. — *Erzbischof Konrad I von Mainz bezeugt in gefälschten Urkunden dem Kloster Volkolderode den Ankauf der Güter zu Horne und Körner von den Ministerialen Rudolf, Cuno und Sibold.* — *1180 Mai 1.*)*

C. In nomine sancte et individue trinitatis. Ego Conradus dei gracia ecclesie Moguntine archiepiscopus cupiens in visceribus caritatis invigilare utilitati ecclesie dei, universis Christi fidelibus tam posteris quam modernis scripto presentis pagine notum facio, quod conventus ecclesiae beate genitricis dei Marie in Volcoldirode mediante venerabili comite Ervino suisque duo-

---

*) Da Erzbischof Konrad I von Mainz durch Kaiser Friedrich I 1165 seiner Würde entsetzt und in seine Stelle der kaiserliche Kanzler Christian erhoben wurde, im Frieden von Venedig aber 1177 Konrad in Uebereinstimmung des Papstes und des Kaisers zum Erzbischof von Salzburg ernannt ward, welche Würde er auch bis zum Tode Christians 1183 inne gehabt und dann erst wieder den Stuhl von Mainz bestiegen hat, so können obige wie auch andere (vergl. Rossel Eberb. Urkkb. I. 59. 70.) innerhalb des bezeichneten Zeitraumes 1165 Sept. — 1183 Nov. von Konrad als Erzbischof von Mainz ausgestellten Urkunden unmöglich für correct gelten, falls nicht die Interpolation bloss in der Datirung liegt. — Als Grundlage zur Fälschung obiger Urkunden dürfte vielleicht das Document Landgraf Hermanns von Thüringen von 1206 (bei Schultes Dir. 2, 438) gedient haben.

bus filiis comitibus Lamperto et Ernesto quoddam prediolum vulgo Horne nuncupatum, tribus et dimidio constans mansis, quodque ad orientem prefato adiacet claustro, a duobus ministerialium nostrorum Rudolfo videlicet et fratre suo Conone, quibus illa possessio hereditario cesserat iure, XVIIII marcarum precio in liberam et legitimam coemit possessionem. Duos quoque mansos in Cornere sitos et dimidium cum tribus curtis pratique particula ab eisdem precommemoratis duobus fratribus Rudolfo scilicet et Conone eiusdem cenobii conventus XX marcis argenti libere comparavit. A quibus etiam XIIII marcis redemit partem arbustorum trium ferme mansorum. Ut autem hec rata et inconvolsa per omne maneant evum presens hec pagina super hoc facto conscripta et sigilli nostri inpressione signata est.

Huius rei testes sunt: Wigandus prefectus, Edelgerus iunior de Velshecke, Rudolfus de Amera, Johannes de Geveren, Rudolfus de Cornere et filius suus, Godefridus rufus cum filiis suis, Ermenoldus, Beringerus de Meldingen, Bertocus vicedominus de Apelen, Bertoldus de Erpesfort, Henricus de Tuchen.

C. In nomine sancte et individue trinitatis. Ego Cunradus favente pietate divina Mogontine sedis archiepiscopus universitati fidelium tam futurorum quam modernorum notum esse cupio, quod Siboldus senior fidelis ecclesie Mogontine minister, cuncta que sui iuris erant in villa que dicitur Kornere in agris in silvis, curtis et pratis, nec non et capellam cum suis appendiciis centum et VIII marcarum precio ductus, cum consensu coniugis sue et heredum suorum ecclesie beate Marie in Volcoldvrode libere venundedit, et in presentia illustrium virorum, comitis videlicet Erwini, comitis Hernesti plurimorumque qui tunc presentes aderant, stabili delegatione confirmavit, tali videlicet pacto, ut si quis posterum suorum ea forte redimere vellet, ecclesie predicte ducentas argenti marcas prius persolveret. Ut autem huius rei actio per cuncta secula sit firma et inconscissa, auctoritate dei patris et beati Petri principis apostolorum, bannique nostri firmatione stabilimus, roboravimus et in testimonium eiusdem actionis kartam hanc conscribi facientes sigillo nostro signari iussimus. Unde si quis ea quoquo modo infringere vel infirmare temptaverit anathemate sempiterno parat.

Testimoniales persone quibus presentibus acta sunt hec fuerunt: Bertoctus de Slatheim, Bruno et Frumoldus de Melre.

Data in N ... anno dominice incarnationis M.C.LXXX, indictione XIII, kalendas Mai, regnante Fridrico Romanorum imperatore augusto feliciter. Amen.

Das erzbischöfliche Siegel hängt.

89. — *Kaiser Friedrich I bestätigt dem Kloster Paulinzell die Güter eines gewiszen Siegfrieds. — Altenburg (1180 Oct. — Nov.).*

Fredericus dei gratia Romanorum imperator augustus. Omnibus imperii nostri fidelibus tam futuris quam presentibus notum esse volumus, quod abbas Gebehardus de cella Pauline ex iudicio curie et testibus idoneis legitime productis Sifridum cum bonis suis, videlicet cum duobus mansis obtinuit, ut de cetero bona eadem sine contradictione ecclesie pertineant. Inde est quod imperiali auctoritate firmiter precipimus, ut nulla persona parva vel magna iam dicto abbati aut ecclesie in predictis bonis aliquam iniuriam inferre presumat.

Datum apud Altenburg.

Das Fragment des Majestätssiegels hängt.

90. — *Herzog Heinrich (der Löwe) von Baiern und Sachsen schenkt mit seinem Sohne Heinrich dem Kloster Northeim Güter zu Sultheim und Everdishausen. — Northeim 1181 Aug. 11.*

In nomine sancte et individue trinitatis. Henricus dei gracia dux Bawarie et Saxonie omnibus Christianis in perpetuum. Sicut ex sensualitate caro vergit in culpam, ita vigore spiritus, procedente et subsequente divina gratia, mens humana niti debet ad veniam atque remedia semper inquirere, quibus irruentes occasiones mortis valeant declinare; veruntamen quod nullum bonum irremuneratum, nec aliquis christiane professionis quicquam deducet inultum ideo sub tali forma rebus transitoriis atque caducis inherere debemus, ut inde nobis spiritualis gratie proveniat incrementum. Noverint universi fideles tam presentis quam future vite successores, qualiter ego et filius meus Henricus ecclesie Northeimensi pro remedio anime nostre tres et dimidium mansum in Sultheimb, in Everdischusen tres areas et octo achtwart ex libera donatione presentibus heredibus sub testimonio eorum, quorum nomina subscripta sunt, Northeimensi coenobio contradidimus. Ut autem huius pagine donatio in perpetuum ab omni nostro successore rata et inconvulsa permaneat, sigilli nostri impressio tanquam rationabili causa vel auctoritate eam corroborat.

Testes vero, qui hec audiverunt et viderunt: abbas Hermannus de sancto Egidio, prepositus Gerhardus de Stetereburch, comes Bernhardus de Lippe, domnus Bernhardus de Hockelem et Godescalcus frater suus, domnus Ludolfus de castro quod appellatur Haghen, Ludolfus advocatus de Bruneswich, Jordanus dapifer, Rotherus de Veltheim, Wilhelmus marscalcus, Henricus de Sulingen, longus (Heinricus) de Medeheim.

Acta sunt hec anno dominice incarnationis M.C.LXXXI, indictione IIII. Data in Northeimb, III idus Augusti. Domnus Johannis ducis notarius assignavit.

91. — *Die erzbischöflichen Mainzer Richter: Arnold Dompropst, Siegfried Domscholaster, Hermann Domcantor bekunden, dasz der Ritter Reinbodo von Bingen und dessen Sohn ihre vom Kloster S. Alban in Mainz zu Erblehen tragende Mühle an der Nahe dem Kloster zu Rupertsberg für hundertfünfzig Mark verkauft haben. — 1181.*)*

In nomine sancte et individue trinitatis. Iudices a domino Christiano Maguntine sedis archiepiscopo delegati: Arnoldus maior prepositus, Sifridus

---

*) Vergl. Weidenbach Reg. Bing. Nro. 89.

magister scolarum, Hermannus cantor cum universo capitulo mai|oris eccle-
sie in Maguntia. Scripti memorabilibus annotanda esse decernimus ea, que
in nostra presentia vel venditione transferuntur vel locatione conducuntur,
seu in enphiteosim, qui contractus inter venditionem et locationem medius
consistit, rationabiliter conceduntur precipue inter domos religiosas et loca
divino obsequio mancipata, et hoc tam in recordatione, ne a memoria hominum elapsa·in oblivionem veniant, quam etiam ut firmitatis sue robur perpetualiter obtineant. Qua propter noverit universa presens etas ac succe-
sura fidelium Christi posteritas, qualiter Reinbodo de Pinguia et filius eius
eiusdem nominis super molendino in ripa fluminis Na sito, quod ab abbate
sancti Albani et fratribus ipsius cenobii iure enphiteotico, quod in lingua
theutonica vulgaritur ervescaf dicitur, tenebant, conventione et venditione
inter ipsos et cenobium sancti Roberti sub precio centum et viginti marcarum facta, quicquid in ipso molendino iuris habebatur abbati sancti Albani
et fratribus suis precise resignabant, abrenuntiando et exfestucando, sicut
moris est, quo habere videbantur ita, quod nec ipsi nec heredes illorum quicunque futuri nichil umquam de cetero in eo sibi vendicare contenderent.
Quo facto abbas sancti Albani cum fratribus ipsius cenobii molendinum ipsum preposito sancti Ruberti et sanctimonialibus ibidem deo famulantibus
sub eodem iure et pacto, quo super memorati milites Reinbodo et filius eius
tenuerant, in enphiteosim, quod vulgari vocabulo ervischaf nuncupatur, perpetualiter concesserunt, ita videlicet, ut singulis annis in festo sancti Martini
prenominato abbati et fratribus viginti quinque maldra siliginis Maguntine
mensure persolvant Maguntie et, si aliquo inpedimento superveniente hoc
adimplere non possunt, in vigilia nativitatis domini, quod festum illud sub-
sequitur, omni occasione prius posita prefatam annonam cum integritate persolvant. Si autem hoc aliquo modo neglexerint de cetero nichil sui iuris in
ipso molendino vendicare possunt, scilicet ad potestatem et usum fratrum cum
omni redibit integritate. Ut autem hec omni evo rata et inconvulsa perma-
maneant, ex consensu partium et omnium astantium tam clericorum quam
laicorum districtam excommunicationis sententiam, ne quis temere his que
rationabiliter acta sunt contraire attemptet, in medium promulgavimus et
hanc cartam inde conscribi et utroque sigillo beati Martini et beati Albani
iussimus insigniri et testes subscribi, quorum nomina sunt hec:
Arnoldus prepositus, Heinricus dechanus, Hermannus cantor, Sigefridus
magister scolarum, Godefridus prepositus in Frankevurt, Rogerus cantor
sancti Petri, Fulbertus abbas sancti Jacobi. Heinricus comes de Digt, Vudo
camerarius, Arnoldus rufus senior, Theodericus vicedominus, Cunradus offi-
cialis, Godescalcus et Arnoldus officiales et fratrem eorum Bertholdus, Hart-
libus dives, Vierherus scultetus, Arnoldus scultetus de Olmino, Gerungus et
Waltbelmus et alii quam plures.
Acta sunt autem hec anno dominice incarnationis millesimo, centesimo,
octogesimo primo, indictione quinta decima.

92. — *Äbtissin Sophia von Altenmünster zu Mainz bekundet die Schlich-*
tung und Ausgleichung eines Streites mit dem Kloster zu Rupertsburg
über Felder zu Appenheim. — 1184.

In nomine sancte et individue trinitatis. Omnium habere memoriam et in
nullo prorsus delinquere, potius divinitatis est, quam nostre humanitatis.
Unde, quoniam ∥ generatio preterit et generatio advenit et ita temporum vi-
cissitudine non solum privata verum etiam publica gesta delet oblivio, ego
Sophia, dei misericordia veteris monasterii in Moguntia abbatissa, notum esse
cupio omnibus Christi tam futuris quam presentibus et eorum perpetue memorie commendatum, qualiter controversiam et litem, que inter ecclesiam
nostram et ecclesiam sancti Rûdberthi de qnibusdâm agris in Appenheim,
curie nostre in Gencingen attinentibus, quosque villicus quidam noster me
ignorante et inconsulta prefate ecclesie vendiderat, diu agitabatur, favorabili
et congruo fine deciderim. Permutatione namque intercedente, quam inter
venerabiles domos canonum et legum sanctio fieri permittit, accepto a iam
dicta ecclesia sancti Rûdberthi uno manso cognomento Phas cum coniventia
omnium sororum nostrorum et familie nostre predictos agros, quos non iuste
possidere videbatur, iuste et legitime possidendos per manum advocati Wal-
berthi libera et firma traditione donavi. Ut autem hec traditio futuris temporibus illesa et inconvulsa permaneat, hanc cartam conscribi et sigilli nostri
inpressione signari fecimus.

Testes etiam qui his interfuerunt subnotare curavi, quorum nomina hec
sunt: Heinricus abbas sancti Albani, Folperthus abbas sancti Jacobi, Heinricus decanus et Hermannus cantor maioris ecclesie, Conradus archipresbiter
et alii quam plures clerici. De laicis autem interfuerunt: Heinricus comes de
Didesse, Dodo camerarius, Ditherus sculthetus, Conradus, Winz et alii quam
plures laici.

Hec acta sunt anno incarnationis domini M.C.XXCIIII, regnante Friderico Romanorum imperatore et semper augusto, Conrado presidente sedi Moguntine, indictione secunda.

Das aufgedrückte Mariensiegel des Altmünsterklosters ist wol erhalten.

93. — *Erzbischof Konrad I von Mainz, Cardinalbischof von Sabina*
und apostolischer Legat bestätigt dem Kloster Ichtershausen dessen
sämmtliche Freiheiten, Rechte und Besitzungen. — 1184.

C. In nomine sancte et individue trinitatis. Cunradus dei gratia Sabinensis episcopus et Moguntine sedis archiepiscopus, apostolice sedis legatus
in perpetuum. Omnibus quidem ∥ ratione caritatis debitores sumus, sed quia
iuxta petitionem sponse in canticis ordinanda est ipsa caritas, pronioris animi
circa eos esse debemus, quos divina dignitas nostre humilitatis tutelę commisit.
Eapropter illustris et nobilis viri Alberti de Grâmbach Ûchtrichishusensis
cenobii advocati peticioni annuere cupientes, quecunque bona tam a genitore

suo, felicis recordationis Marquardo, quam ab ava sua Frideruna, iam dicti
cenobii fundatricis, eidem ecclesię et sororibus inibi deo servituris tradita et
antecessorum nostrorum archiepiscoporum videlicet Heinrici et Arnoldi banno
et privilegiorum attestatione confirmata sunt, nos quoque nichilominus invocato nomine sanctę trinitatis, beatorum Petri et Pauli apostolorum ac domni
pape Lucii auctoritate ac nostra qua fungimur legatione confirmamus. Huius
itaque benevolentię constantia firmati venerabilis abbatisse Cunigundis, germanę eiusdem Alberti, et sororum ibidem congregatarum iustis postulationibus benigno concurrentes assensu, prefatam ecclesiam, in qua divino manci-
patę sunt obsequio, cum omnibus bonis ad ipsam pertinentibus sub beati
Martini et nostram protectionem suscipimus. Inprimis quidem sanctimus, ut
ordo monasticus, qui secundum dei timorem et Cisterciensium fratrum ob-
servantias in eodem loco auctore domino institutus esse dinoscitur, perpetuis
ibidem temporibus inviolabiliter observetur. Et ut huius constitutionis tenor
nullo succedentium ęvo temporum a predicte regule tenore decalescat, volumus et Romanę legationis auctoritate firmamus, ut per omnia vitam et con-
versationem monasterii in Wachtereswinkele, unde transsumptę dinoscuntur,
imitentur, eandem iuris et libertatis legem habentes, que in prefati cenobii
privilegiis continetur. Preterea quascumque possessiones quecumque bona
eadem ecclesia in presentiarum iuste et canonice possidet aut in futurum
munificentia regum, concessione pontificum, donatione principum, oblatione
fidelium seu aliis iustis modis prestante domino poterit adipisci, scilicet in
ecclesiis, prediis, mancipiis, agris, vineis, pratis, casalibus forensibus, curti-
libus, pascuis, silvis cultis et incultis, molendinis, hortis, aquis aquarumque
decursibus, vivariis, piscationibus, exitibus et reditibus cum aliis utensilibus
firma ipsi et illabata permaneant. Ad hec sane cuncta prescripta in monastice vitę usum confirmamus, et ne in alium usum transferantur, presenti privilegio ita prohibemus, ut statuti huius voluntarios transgressores et predictarum possessionum alienatores, invasores et distractores, in ęterna incendii
gehennalis pena semper arsuros, nisi resipuerint, pronuntiamus, quos etiam
nisi tereio commoniti resipiscant, perpetui gladio anathematis a corpore
sanctę matris ecclesię precidimus, eisque communionem sacratissimi corporis
et preciosi sanguinis Cristi interdicimus. In eligenda abbatissa sorores liberam in domino habeant potestatem vel in proprio vel in alio claustro eiusdem
professionis. Prepositum de vita primitive ecclesie unanimiter electum, qui
debitam pro eis sollicitudinem gerat, sibi preficiant et hic curam a nobis sive
successore nostro suscipiat, nullumque tam archiepiscopis quam archiprepo-
sitis coactum aut seculare servitium de prelatione vel cura sibi commissa
exhibeat vel impendat. In cognatione legitimorum heredum memorati Marquardi ętate maturiorem advocatum, immo defensorem et protectorem habeant, quatinus locus ipse cooperante dei gratia in omnibus feliciter procedat
et in monastica religione amodo pulcre et honeste subsistat. Huius itaque
privilegii nostri auctoritate sit liber ab omni seculari exactione et ab omni
tam ecclesiasticarum quam secularium personarum pregravatione, a nullo leda-
tur, a nullo calumniam patiatur. Si quis vero contra hanc nostram donationem

et confirmationem temere venire et predictum locum maliciose inquietare presumpserit, cum diabolo et angelis eius eterno nunquam salvandus deputetur
incendio. Cunctis autem eidem loco sua iura conservantibus eumque amplian-
tibus ac eius libertatem defendentibus sit pax domini nostri Ihesu Cristi,
quatinus et hic fructum actionis bone percipiant et apud supremum iudicem
premia eterne pacis inveniant. Ut autem hec nostre confirmationis pagina maneat semper inconvulsa, sigillo nostro eam muniri fecimus.

Hii testes affuere: Hubertus Havelbergensis episcopus, Godffridus imperialis aule cancellarius, Arnoldus prepositus sancte Marie in Erfort, Burcardus prepositus de Gicheburc, Albertus prepositus sancti Severi, Heinricus
decanus domus Mogontie, Piligrimus abbas de monte sancti Petri, Gebehardus abbas in cella donine Pauline, Engilricus abbas Saleveldensis, Hermannus abbas in Reinheresbrunnen, Franco abbas in Folcolderoth, Cunradus abbas
in Oldisleiben, Adeloldus abbas Portensis. Regulares prepositi: Gunfridus
sancti Mauritii in Nuemburc, Wolframus in Üchtrichishusen, Reingotus in
Hugisdorf, Tuto in Heiteresburc. Godefridus decanus sancte Marie in Erfort,
magister Jonathas, Gerwicus archipresbyter, Cristanus custos. Laici: Comes
Erwinus, comes Guntherus, Meinhardus de Muleburc, Folradus de Cranechfelt, Poppo de Wasungen, Bertholdus de Kindehusen, Albertus de Engilde,
Heinricus advocatus de Arnstete et frater eius Edelherus, Bertoldus vicedominus, Udalricus de Elchenleibe, Hugo de Herfirsleibe, Waltherus de Tennni-
stete, Albertus de Stutrinheim et alii multi liberi et ministeriales.

Hec facta sunt anno incarnationis dominice millesimo C.LXXXIIII, indictione II, domno Lucio III apostolice sedi presidente, imperium gubernante
glorioso imperatore Friderico et filio eius rege Heinrico et anno nostre electionis in archiepiscopatum Maguntine ecclesie XXIII, exilii nostri XX, reversionis vero ab exilio I.

Das Siegel des Erzbischofs ist abgeriszen.

94. — *Propst Wolfram von Ichtershausen bekundet, dasz der Fuldaische
Ministerial Hartung von Sonneborn der Jüngere, ehe er seine Wall-
fahrt nach Palaestina unternommen, die Capelle S. Johann des Täufers
zu Crispeleben dem Kloster Ichtershausen geschenkt habe, desgleichen
zwei Höfe daselbst, die aber das Kloster des weitern dem Ritter Udal-
rich als Lehen belaszen hat. — 1184.*

Ego Wolframus dei gratia humilis ecclesie sancti Georgii m(artiris)
in Üchtrichishusen prepositus secundus, notum facio Cristi fidelibus omnibus presentibus et futuris quod dominus Hartungus iunior de Sunnebrunnen
Fuldensis ecclesie ministerialis dominice passionis loca visitare cupiens capellam sancti Johannis Baptistae in Crispeleibe sitam, hereditario sibi iure
attinentem, cum pertinentiis suis consensu heredum suorum et domni abbatis
Fuldensis Cunradi super altare egregii martiris et patroni nostri Georgii pro
remedio anime sue et parentum suorum, videlicet Hartungi et Berthradis

nobis et multis testibus presentibus obtulit, tradidit et irrefragabiliter mancipavit. Preterea duo curtilia in eadem villa sita, quę miles quidam Ûdalricus
nomine feodali iure a memorato domno Hartungo possederat, beato Georgio
et ecclesię nostrę cum predicta capella liberaliter contradidit. Communicato
itaque fratrum nostrorum consilio, eadem duo curtilia iam dicto Ûdalrico et
filio eius Ûdalrico priori feodali iure concessimus, ea utique ratione, quatinus
tam ipsi quoad vixerint, quam legitimi eorum heredes, si successerint, ob
huius factę oblationis memoriale ecclesię nostre XVIII denarios annuatim
persolvant. Ut autem huius gestę rei memoria generationi omni que ventura
est nota habeatur, paginam hanc inde conscriptam sigilli nostri impressione
roboravimus.

Testes hii affuerunt: Withekint abbas de Asolveroth, Fridericus comes
de Bichelingen, Tithmarus cellerarius de monte sancti Petri in Erpesfort,
Cûnradus archipresbyter de Bischovesleibe, Cûnradus sacerdos et canonicus
noster, Rudolfus ministerialis et pincerna lantgravii, Bernoldus de Sunnebrunnen, Warmundus et Karl de Ûchtrichishusen et alii multi.

Facta sunt hec anno dominicę incarnationis millesimo C.LXXXIIII, indictione II, regnante glorioso Romanorum imperatore Friderico et filio eius
rege Heinrico.

Das Siegel ist zum gröszern Theile abgebrochen.

**95. — *Landgraf Ludwig III von Thüringen gestattet allen seinen Mini-
sterialen das freie Verkaufs- und Schenkungrecht an das Kloster Heusdorf. — 1184.***

In nomine sancte et individue trinitatis. Amen. || Operationis bone pro-
positum nulla debet occasio prepedire. Hoc nimirum intuitu ego Ludewicus
comes provincialis divina monitus inspiratione sanctimonialium in Hugges-
torf et aliorum ibidem deo militantium religionis sancte laborisque magnitudi-
nem et rerum necessariarum usus tenuitatem diligentius intuens et conmeciens
ad augendos dicte congregationis reditus ab salutem anime mee et pro meorum parentum remedio animarum, deo omnipotenti et beate Marie semper
virgini et sancto Godehardo confessori atque pontifici et verbis concessi et
donavi, ut quicunque ministerialium vel liberorum ad me pertinentium prefati
cenobii professoribus vel in mancipiis aut agris vel etiam qualibet mobilium
specie vendiderit aut donaverit ratum et inconvulsum habeatur perpetuo, unde
ne qua possit corrumpi calumpnia donatio, mea subscriptione testium et presentis sigilli munimine roboravi.

Testes igitur ex parte mea sunt hi: Hermannus palatinus, Heinricus co-
mes de Buch, Cunemundus dé Vargela, Heinricus et Lutolfus de Berlestad,
Hermannus et Otto de Lobedeburch, Arnoldus de Nuuburch, Irenfridus de
Crebezimvelt, Burcardus de Grifenberch, Hugo de Brisenze. Ex parte ecclesie
sunt hi testes: Godefridus de Dudeleben, Bertoldus de Apolde, Helwicus de
Ringelderode, Widelo de Grizheim, Eggehardus de Gudren.

7*

Actum publice incarnationis dominice anno millesimo, centesimo, octua-
gesimo IIII, indictione IIII, regnante domno nostro imperatore Friderico.

Das Siegel des Landgrafen hängt.

96. — *Erzbischof Konrad I von Mainz tauscht mit dem Kloster Walkenried für die dem Hofe Radulverode zugehörigen Leibeignen ein Huf zu
Gracinge um. — 1184.* *)

In nomine sancte et individue trinitatis. Conradus dei gratia Maguntine
metropolis archiepiscopus, ecclesie Christi fidelibus tam presentibus quam
futuris successione perpetua. Cum iustis semper et rationabilibus nobis com-
missorum peticionibus pro debito nostri officii insistere debeamus, maxime
tamen religiosarum votis et precibus personarum absque ambiguitate et diffi-
cultate obtemperare ratio postulat. Hinc est, quod venerabilis et dilecti filii
nostri Ekberti Walkenredensis ecclesie abbatis devotis precibus nullatenus
abnuere volentes, quedam mancipia nobis et ecclesie sancti Martini subiecta
et curti nostre Radulverode attinentia, Reingardem videlicet cum liberis suis
Bardone scilicet Machtilde quoque et Reingarde ecclesie Walkenredensi man-
cipavimus, ut deinceps ei iure mancipiorum subiecti sint et ut nullius dominio
potestative, nisi solius abbatis eiusdem loci subiaceant. Pro quorum recompensatione mansum in Gracinge quatuor solidorum censum annuatim persol-
ventem a prefato abbate recepimus, ut tanto firmior ac robustior in posterum
sit nostra donatio quanto evidentius elucescit reddita nobis recompensatio.
Quam sane delegationem atque commutationem inter nos et abbatem Wal-
kenredensem factam de cetero ratam et inconvulsam haberi decernimus, ut
nullus eam hominum infringere vel cassare presumat auctoritate dei omnipotentis et nostre pastoralis censure banno interdicimus, quam eciam presentis
pagine testimonio et proprii sigilli impressione communire ac roborare curavimus.

Actum anno dominice incarnationis M.C.LXXXIV, indictione II, presentibus personis venerabilibus, quorum subiecta sunt nomina:

Godefridus cancellarius imperatoris, Fridericus comes de Bichelinge,
Edilgerus comes de Honstein et filius eius Edilgerus, Fridericus comes de
Kirberg et filius eius Heinricus, Heinricus comes de Suarzburg qui et vicedomnus (!), Adelbertus comes de Everstein, Ludewicus comes de Lare, Erwinus comes de Glichem, Heidenricus vicedomnus et frater eius Hellewigus
de Rusteberg, Rubertus advocatus de Northusen aliique quam plures.

97. — *Papst Lucius III belobt den Abt Siegfried von Hersfeld, dass er
die Stadt und deren Umgegend von den verschiedenen Vogteien befreit*

---

*) Vergl. Urkkb. des hist. Ver. für Niedersachs. 2. (Die Urkk. des Stiftes Walken-
ried 1, 26).

habe, und bestimmt, dass weder er noch seine Nachfolger dieselben wieder vergeben oder verkaufen, am wenigsten aber Jemand mit dem Schloss Crainberg belehnen dürfe. — Verona *(1184 — 1185) Nov. 3.*

Lucius episcopus servus servorum dei filiis Sif(ridi) abbati et conventui Herisfeldensis ecclesie salutem et apostolicam benedictionem. Ad audientiam apostolatus nostri pervenit, quod tu fili abbas gravamen et oppressionem civitatis tue et vicinie circumposite diligenter attendens advocatiam, quam sibi in locis ipsis diversi principes vendicabant, de manu eorum cum labore non modico eripere studuisti et ea erepta perhempnem restituisti tam civitati, quam adiacenti vicinie libertatem. Quod utique nos gratum acceptumque tenentes presentium auctoritate decernimus, ut nec tu nec (tuorum) aliquis successorum, eandem advocatiam inbeneficiare vel alienare quomodolibet presumatis (sed qui) cumque tibi in administratione successerit, post susceptam officii sui plenitudinem, firmam pres(tet) ecclesie huius observantie cautionem, illud pariter in eadem cautione promittens, ne castrum (C)reienberg, in quo totius ecclesie vestre robur et fortitudo consistit, vel aliquid de pertinentiis eius in feudum concedat vel titulo quolibet alienet. Nulli ego omnino hominum liceat hanc paginam nostre constitutionis infringere vel ei ausu temerario contraire. Siquis autem hoc attentare presumpserit, indignationem omnipotentis dei et beatorum Petri et Pauli apostolorum eius se noverit incursurum.

Datum Veronae, III nonas Novembris.

Die Bulle des Papstes hängt.

98. — *Papst Lucius III nimmt das Nonnenkloster zu Rupertsberg in Schutz und bestätigt dessen Besitzungen.* — Verona *(1184 — 1185) Nov. 22.*)*

Lucius episcopus servus servorum dei. Dilectis in Christo filiabus .... sororibus de monte sancti Roberti salutem et apostolicam benedictionem. Sancrosancta Romana ecclesia devotas et humiles in Christo filias lex assuete pietatis officio diligere propensius consuevit et ne pravorum hominum molestiis agitentur tamquam pia mater sue protectionis munimine confovere. Ea propter dilecte in Christo filie, vestris iustis postulationibus clementer annuimus et ecclesiam vestram, in qua divino estis obsequio mancipate, cum omnibus que in presentiarum iuste et canonice possidetis aut in futurum iustis modis deo propitio poteritis adipisci sub beati Petri et nostra protectione suscipimus. Specialiter autem possessiones Brunnehem, Appenhem, Bermersheim, W(ertdersheim) et molendinum in fluvio, qui dicitur Na super Pingviam vobis et per vos, sicut ea iuste ac pacifice possidetis, eidem ecclesie vestre auctoritate apostolica confirmamus et presentis scripti patrocinio communimus. Nulli ergo omnino hominum fas sit personas vestras vel bona

---

*) Vergl. Weidenbach Reg. Bing. Nro. 03 mit dem irrigen Datum 1185 Dec. 1.

temere perturbare aut hanc paginam nostre protectionis et confirmationis infringere vel ei ausu temerario contraire. Siquis autem hoc attentare presumpserit indignationem omnipotentis dei et beatorum Petri et Pauli apostolorum
eius se noverit incursurum.

Datum Veronae, X kalendas Decembris.

Die päpstliche Bulle hängt.

99. — *Erzbischof Konrad I von Mainz, Cardinalbischof von Sabina
und apostolischer Legat, bestätigt der Kirche zu Tettenborn deren Güter
zu Bischofrode und erzählt ausführlich die derselben widerfahrene
Misshandlung.* — *1186.*

C. In nomine sancte et individue trinitatis. Ego Cônradus divina providentia Sabinensis episcopus, sancte Moguntine sedis archiepiscopus, apostolice
sedis legatus, omnibus fidelibus Christi in perpetuum. Ex debito officii nobis
commissi sollicitudinem gerere et compati omnibus tenemur, quos aliquorum
importunitate gravari cognoscimus, maxime tamen ecclesiasticis personis se-
dula devotione deo deservientibus pro caritatis studio et paterno affectu patrocinari debemus. Unde iustis votis et postulationibus rationi consentaneis
preposita de Dietenburnen annuentes, sicut ei tenemur preesse, ita eidem utpote devoto filio et dilecto capellano nostro ecclesie quoque sue cupientes
prodesse, privilegio auctoritatis nostre eidem ecclesie in posterum providere
et eam muniri opus caritatis duximus. Itaque notum esse cupimus universis
tam presentis quam futuri evi Christi fidelibus, quod bona sita in villa Bischoferode quidam Christi devoti castitate divinitus inflammati pro remedio et
salute animarum suarum ecclesię in Dietenburnen contradiderunt, quę sine
molestia in possessione quieta et iusta bona eadem multis annis tenens,
fructus abinde provenientes cum tranquilla pace percepit. Evolutis itaque
pluribus annis surrexerunt quidam de posteritate illorum, qui bona sua sicut
dictum est zelo divino prefatę ecclesię impenderant, et ius hereditarium sibi
pretendentes, ecclesiam in bonis collatis infestabant. Unde abbas in Reine-
resburnen, cuius rite intererat cenobii respectum habentis ad ipsum iniurias
exequi, querimonias incessanter de iniuriatoribus pretaxatis deposuit usque
dum ad hoc perventum fuit, quod talis inter illos et ecclesiam Dietenburnen
facta fuit transactio, quod illis abbas X marcas exhibuit et ipsi omnino iuri,
quod vel haberent, vel habere sibi videbantur abrenunciabant. Exinde puerum
quendam de eadem cognatione, ut et sic beneficium illi ab ecclesia perciper-
ent, in consortium sue religionis prepositus et fratres sui assumpserunt.
Deinde iterum adversarii per aliquantum temporis spacium, obliti benefacto-
rum ecclesię cordis sui desideria solventes, in eisdem bonis ecclesiam omnino
molestabant et gravabant. Quam ob rem accidit, quod puer prius assumptus
in cenobium abinde per prepositum et fratres fuit amotus. Demum nobis divina ordinatione ad sedem Moguntinam reversis prepositus sepe dictus iniurias suas et ecclesię suę ea qua debuit et decuit instantia, multiplicatis que-

rimoniis in presentia nostra persequebatur. Nos autem adversariis eo quo
debebamus iure, quatenus ab infestatione ecclesię indebita desisterent, precepimus brevi post tempore in Italiam iter moventes. Interim adversarii prepositi de absentia nostra presumentes, pro more suo ipsum infestabant, inter
alia etiam incendiis ecclesiam persequentes. Nobis ergo ad propria reversis
iterum, cum querimonia pristina prepositus ad nos accessit, adversariis iam
propter enormitates suas excommunicationi subiectis. Illos igitur, quia nostri
erant ministeriales, responsuros ad querimoniam prepositi scitavimus, dum
in castro nostro Rostebere maneremus. Eis siquidem in presentia nostra constitutis, secundum examen latę sententię a vexatione proposi cessare voluimus, presertim dum presto fuisset prepositûs attestatione avunculorum illorum, probare eam, que dicta est superius, per abbatem transactionem factam
fuisse inter illos et ecclesiam. Sed ex deliberato consilio multorum, que enu-
merabuntur in subscripto, hoc inter eos et prepositum moderamine usi sumus,
quod prepositus eis sex marcas persolveret, ut possent benigne facere, quod
tamen debebant iusticia cogente. Quod fecit prepositus et consequenter omni
iuri, quod sibi habere videbantur in bonis illis, coram nobis et subscribendis
personis prorsus abrenunciabant Bruno de Gelingehusen et filii sui, mariti
filiarum suarum. Ad huc autem et nos, ut prorsus nulla superesset illis ma-
lignandi contra ecclesiam occasio, puerum, quem in cenobium prepositus
quondam collegerat, et ut supra memoratum est, amoverat alias Hasungen
scilicet locavimus. Hoc igitur factum rationabile auctoritate dei omnipotentis
ac sanctorum apostolorum Petri et Pauli et domni Urbani pape tercii et nostra corroborantes, universis fidelibus sub anathemate inhibemus et interdicimus, ne quisquam ausu temerario ecclesiam in Dietenburnen in bonis
Bischoferode seu aliis quę iuste possidet vel adhuc possidebit, inquietare presumat. Siquis autem factiosus huius nostre ordinationis transgressor exsti-
terit, indignationem divinam se noverit incurrisse et a communione fidelium
usque ad condignam satisfactionem penitus alienum sequestratum esse. Ut
itaque hec nostra institutio inconvulsa in omne ęvum immutabiliter permaneat, hanc cartam, omne factum et facti modum eo tenore que res gesta est
expresse continentem, nostri sigilli impressione signari constituimus.

Huius rei testes probate tam clericorum quam laicorum personę existunt,
quorum nomina subscripta sunt: Theodericus Fritslariensis prepositus, Wort-
vin Aschafenburgensis prepositus, Eilbertus Hildesheimensis prepositus, Dypoldus decanus in Heilegestat, Paginus eiusdem ecclesię canonicus, Ortolfus
capellanus in Röstbere. Heinricus dux de Brunswic, comes Fridericus de Ziegenhagen, comes Albertus de Eberstein, comes Cûnradus filius suus, comes Siboto de Schartfelt, comes Bertoldus de Scowenburc, rufus comes Gozinarus,
comes Heinricus de Ziegenhagen, Heidenricus vicedominus de Rosteberc,
Helwicus frater suus, Heinricus de Butenhusen, Theodericus de Udra, Cûnradus de Birkinvelt, Fridericus et Albertus fratres de Hagen, Johannes et
Fridericus frater suus de Gebere, Herwardus de Badungen.

Hec autem facta sunt anno dominice incarnationis M.C.LXXXVI, indictione quarta.

Albertus pater istorum, Iseutrudis, Wernherus, Irinfridus, Bertradis, Li-
medis iunior, Hermannus de me, Henricus de Bertratrode, Iuta, Ditericus de
Farila filius Cristine avia Iutde. *)

Von dem aufgedrückten Siegel des Erzbischofs ist nur ein kleiner Theil erhalten.

100.—*Dechant Berthold vom S. Peterstift zu Mainz und der ganze Stifts-
convent bekunden, dass der Metzger Folcnand für den am Rheinufer ge-
legenen Fleischmarkt jährlich fünfundzwanzig Denare dem Stifte zinsen
will. — 1186.*

In nomine sancte trinitatis. B(ertholdus) dei gratia ecclesie beati Petri
in Maguntia decanus, N. . (Sigehardus) scolasticus, D(iethericus) cantor et
eiusdem loci conventus universus omnibus tam futuris quam presentibus salutem in perpetuum. Preciosus est thesaurus memorie scriptura, quae rerum
seriem incomutabili loquitur veritate et obstaculum proponit emergentibus
calumpniis inconvulsum, ne id quod legitime et cum ratione a predecessoribus factum est a successoribus trahatur in irritum; fallax est enim presens
etas et lucri avida, ut magis utile quam honestum attendat et consideret.
Huius rationis intuitu nos ad presentium et futurorum noticiam presenti pagina et nostro testimonio confirmamus, Folcnandum carnificem in presentia
nostra cuiusdam mazelli iuxta Renum siti proprietatem emisse, ita quod vel
per successionem vel per contractum ad quemlibet alium illam poterat trans-
ferre. Sed eandem proprietatem ipse anime sue intuitu ecclesie nostre reddidit et mazelli usum retinuit, ita tamen quod singulis annis XXV denarios
in censu solveret. Ne autem ista veritas postmodum queat vacillare presentis
pagine testimonium ad posterorum noticiam dignum duximus transmittere.

Hoc autem factum est vivente papa Urbano et regnante Friderico imperatore, Cunrado Maguntino existente antistite, anno dominice incarnationis
M.C.LXXXVI.

101. — *Erzbischof Konrad I von Mainz, apostolischer Legat, bestätigt
dem Nonnenkloster zu Rupertsberg dessen Besitzungen, Rechte und
Freiheiten. — 1187. **)*

In nomine sancte et individue trinitatis. Cûnradus dei gratia sancte Maguntine sedis archiepiscopus et apostolice sedis legatus omnibus Christi fidelibus tam futuris quam presentibus. Siquid venerabilibus locis ad subsidia
domino inibi servientium de his, que nostri iuris sunt contulerimus, speramus
et nobis et successoribus nostris ad perpetuam salutem profuturum, quibus
inde memoria debetur orationum. Noverint igitur fideles tam nostre quam

---

*) Diese Namen nach der Datirung sind mit anderer Tinte geschrieben und unverständlich.
**) Vergl. Weidenbach Reg. Bing. Nro. 95.

postfuture etatis, qualiter ego Cûnradus sancte Maguntine metropolis humilis
provisor pro honore sancte dei genitricis ad ecclesiam eius, que sita est Pinguie in monte sancti Roberti, talem nostri iuris usum propria manu ex consensu et hortatu priorium meorum contradidi, ut in pago Rheni et in omnibus locis que nostre attinent ecclesie de curiis aliisve possessionibus sanctimonialium in prefate ecclesie cenobio dicto famulantium nullum deinceps
supplementum episcopali nostre peticioni a nostris dispensatoribus exigatur,
sed ab huius pensionis debito libera prorsus omnia, que illic ad eas spectant,
ex autoritate nostre traditionis perpetuo iure habeant. Et quoniam licet
episcopus ut de facultatibus capitanee ecclesie pauperiores adiuvent ecclesias,
hortatu quam peticione maioris ecclesie nostre hanc donationem fecimus et
in hac carta conscribi mandavimus. Preterea ipsum locum sub patrocinium
sancti Martini ac sub tutelam nostram successorumque nostrorum suscipimus
cum possessionibus mobilibus et inmobilibus et prediis et curiis, quarum nomina sunt hec: Bermersheim, Brunnenheim, Dolengesheim, Isinheim, Appenheim, Berge, Longesheim, Basenheim, Volkesheim, Wertdersheim, Scrinne,
Rode, Epilensheim, Wellengesheim et in Binge et Ockenheim, Rudenes-
heim et duobus molendinis in ripa Na sitis, necnon omnibus rebus ad predictum locum pertinentibus, quas nunc habent vel in posterum dono donante
poterunt adipisci, sub nostra tuicione suscipimus atque omnes iusticias, quas
alia monasteria, que sub regimine nostro sunt, in universis spiritualibus causis habent, quod huic concedimus, nec ei ullum advocatum preter nos et eos
qui nobis in nostro officio succedunt a successoribus nostris proponi concedimus. Statuimus eciam ut sorores eiusdem cenobii post obitum spiritualis matris earum aliam tam in exterioribus quam in interioribus utilem et idoneam
communi et salubri consilio sibi in spiritualem matrem secundum regulam
beati Benedicti eligant libera electione, cui omnis per omnia digna obedientia
exhibeatur et ad quam cuncta que in prefato loco disponenda sunt respiciant.
Adicimus eciam, ut quicumque in monte sancti Dysibodi nunc et in futurum
abbas fuerit curam animarum earum gerat ita, ut monachos boni testimonii,
qui eas in omnibus procurent, secundum peticionem et utilitatem earum eis provideat, nec iterum illos sine voluntate earum amoveat, benedictionem monastice professionis secundum regulam beati Benedicti eis per se concedat atque in omnibus causis ad quas ipsum advocaverint eis benigne assistat, ita
sane dum talis religio in utroque prefato monasterio viguerit, quod hec digne
ab his queri et ab illis concedi potuerit, si autem ex aliquo defectu monachos
idoneos, qui eas procurare possint, in prefato monasterio sancti Dysibodi non
invenerint, auctoritate nostra prefatis sororibus concedimus et confirmamus,
quod de aliis ecclesiis viros honestos qui eis in regimine monastico proesse
sciant et possint sine contradictione prefati abbatis et fratrum sancti Dysibodi sibi libere eligant, acquirant. Omnem eciam auctoritatem et potestatem
in rebus et in possessionibus predictarum sororum abbati et fratribus sancti
Dysibodi inhibemus et interdicimus, ne in posterum aliqua controversia inter
predictas ecclesias oriatur. Ut autem hoc racionabile factum nostrum apud
omnem posteritatem ratum et inconvulsam omni evo permaneat, presentem

paginam impressione sigilli nostri fecimus insigniri et auctoritate nostra corroborari, facto nostro testes adicientes et statuentes ex virtute domini et
auctoritate beati Petri et nostra, ut quicunque hec infringere attemptaverit,
perpetue anathematis pene, nisi resipiscat, subdatur.

Sunt autem hec testium nomina: Arnoldus maior prepositus, Heinricus
abbas sancti Albani, Folbertus abbas sancti Jacobi, Burchardus prepositus
sancti Petri, Heinricus maior decanus, Ruggerus custos, Petrus scolasticus,
Ottho cantor, Heinricus prepositus Pinguiensis, Eberhardus cellarius, Wige-
nandus subcustos, Heinricus capra, Godefridus de Sarebrukken, Ruthardus,
Waltherus, maioris ecclesie Maguntine canonici. Laici: Wernerus de Bon-
landen; Thudo camerarius, Reinbotho de Pinguia, Hermannus advocatus,
Meingothus de Gisinheim et Arnoldus frater eius, Arnoldus de Selehoven,
Cûnradus Winzo, Dietherus sculthetus et alii quam plures.

Acta sunt hec anno dominice incarnationis M.C.LXXXVII, indictione V.

Das Siegel des Erzbischofs fehlt.

102. — *Urkunde über die Schenkung Ludger von Dorndorf an das
Kloster Hersfeld, bestehend in dem Leibeignen Berthold, der jährlich
dem Kloster sechs Denare zu zinsen hat. — (c. 1162 — 1187.)*

Noverint tam presentes quam futuri, quod quidam ex servientibus sancti
Wigberhti Lûdeger de Dorndorf tradidit ad altare eiusdem sanctissimi confessoris quendam sue proprietatis virum nomine Berdoldum ea conditione,
ut tam ipse quam posteri eius ad idem altare censum sex denariorum singulis
annis persolvant et postquam obierint, quicquit obtimum inveniuntur habere
predicto altario cedat in usum.

Hi quoque testes huic rei interfuerunt: Dudo maior prepositus, Ditmarus decanus, Sigeboto portarius, Heinricus ministerialis de Biberaha, Wigandus de Benehusin, Volpertus et Heinricus de Leingisfeld et alii quam plures.

Das Siegel des Klosters Hersfeld ist wol erhalten.

103. — *Abt Eckbert von Walkenried bekundet, dasz ein Leibeigner des
Klosters Namens Heinrich dritthalb Hufen zu Gersbeck gegen einen
jährlich am ersten Mai zu entrichtenden Zins von fünf Solidi dem Klo-
ster überlaszen habe, welches zugleich die Ablösbarkeit von dem jährlichen
Zins mit fünf Mark Silbers bestimmt und sich das Vorkaufsrecht des
Grundes vorbehalten hat. — (1184 — 1187.) *)*

Ekebertus dei gratia Walkenredensium vocatus abbas Christi fidelibus
tam presentibus quam futuris in perpetuum. Notum facimus quod quidam de
familia nostra bone voluntatis vir Heinricus nomine ecclesie nostre manci-

---

*) Vergl. Urkkb. des hist. Ver. von Niedersachs. 2.a, 24.

pium, dimidium mansum in Gersbeke ab abbate nostro bone memorie Heinrico VIII marcis comparatum, ecclesie nostre pro remedio anime sue reddidit ad censum annuum duorum solidorum, dein mansum, VI minus agris in supradicta villa a domino Dithmaro tunc temporis nostro abbate XII marcis comparatum, itidem ecclesie nostre ad censum trium solidorum delegavit annuatim in kalendis Mai persolvendum sicut et superiorem, sicque agri, qui venditi fuerant, deo largiente et huius viri devota largitione item nostre ecclesie restituti sunt. Quodsi fortassis in futuro eorundem agrorum possessores pro annuali censu redimendo certam pecuniam dare maluerint, datis ecclesie pro V solidis V marcis argenti ipsi de reliquo a prefato censu liberi semper habeantur. Hoc etiam annectere curavimus communiter statuentes, ut si idem agri a possessoribus suis forte venundandi fuerint, primo omnium prelati ecclesie nostre, qui tunc temporis fuerint, super eorum emptione conveniantur, ut ipsorum sit specialior potestas eos comparandi si comparare voluerint. Hec ita disposita et communi fratrum ordinatione confirmata auctoritate dei omnipotentis omniumque sanctorum ac nostra firma et inconvulsa esse de cetero precipimus, que etiam nostro sigillo communire curavimus.

104. — *Graf Albert von Clettenberg bestätigt dem Kloster Walkenried die Schenkung eines gewiszen Swicher von Urbach von sechs Joch Landes zu Beringen. — 1187.*)*

Albertus dei gratia comes in Clettenberg omnibus hoc scriptum intuentibus in perpetuum. Quoniam longo temporis processu hominum negligente memoria repetuntur dona'ta, contractus dissolvuntur et federa, sollerti provisione huic periculo studiosa debet obvenire cautio. Cunctis igitur que in presencia nostri facta sunt scripto redactis presencium ac futurorum universitati clarum fieri volumus, quod quidam bone devocionis homo nomine Swickerus de Urbeke artis fabricie frequenti incudis malleatione ac piorum laborum desudatione summam quandam super se contraxerat pecunie. Hic sciens pecuniam rem esse fugacissimam nunc huic nunc vero illum sibi adoptare domnum, labores suos iure cerciori locare disposuit proiectis his omnibus et datis VI iugera penes Berigen sita in proprietatem perpetuam sibi comparavit. Processu itaque temporis memoratus Swickerus future stirpis se videns orbari sobole apud omnipotentem gratiam et apud homines future benedictionis sibi comparare volens memoriam, dominum heredem sibi faciens felici usus commercio pro vilibus preciosa, pro transitoriis commutans eterna predictos sex agros beate virgini et fratribus deo dilectis in Walkenred in liberam et perpetuam proprietatem assignavit, legittimo heredum suorum ad hoc se inclinante assensu, filiorum videlicet fratris sui Swickeri et Alberti, qui et omni iuri in eisdem agris habito vel habendo nobis presentibus et testificantibus renunciaverunt, nullam querimoniam adversus ecclesiam super hiis deinceps

*) Vergl. Urkkb. des hist. Ver. für Niedersachs. 2.ᵃ, 26

se moturos, predictis fratribus eidem Swickero in rerum necessariarum amministratione annuatim tempore vite sue subvenientibus. Sed ut tenaciorem memoriam beneficia collata reservarent civibus de Urbeke tina cervisie pro donationis huius testimonio et confirmatione ad epotandum ministrabatur. Quod ut perpetuum esset et inviolabile presentem paginam inde conscriptam sigilli nostri munivimus inpressione.

Testes huius rei sunt: Hartugus de Holbach, Reinoldus de Meiwarderod, Gerugus de Ostede, Walugus de Saswerpen, Hartmannus de Herugen advocatus, milites omnes preterea testes; de Urbeke sunt hii: Heidenricus cognomento Hereste, Beio, Henricus Wnke, Heidenricus et Albertus fratres, Burchardus Nordel, Cristianus omnes eiusdem ville.

Acta sunt hec anno domni M.C.LXXXVII, regente venerabili domno Thitmaro abbaciam in Walkenred et hoc factum promovente amen, invictissimo Romanorum imperatore (?) Henrico regnum tenente. *)

Das angehängte Siegel trägt die Umschrift: S. ALBERTI DE CLETTENBERIC COM.

105. — *Abt Thietmar von Walkenried bestätigt, dass er einen gewissen Bertholf aus Goslar und dessen Schwester Irmingard sammt ihren Kindern, welche die Geschwister Ebe, Eilbertus und Ava von Nordhausen dem Kloster überlassen haben, unter seinen besondern Schutz genommen habe. — 1188.* **)

T(hitmarus) dei gratia Walkenredensium dictus abbas tam presentibus quam futuris Christi fidelibus in omni successione seculi. Officii nostri cura exigit, ut non solum hiis, qui ecclesie nostre attinere videntur fratribus sollicitudine nostra providere debeamus, verum illis quoque, qui sub familiarium nomine omnimoda se subiectione et deditione nostre ecclesie submiserunt, prout deo largiente possumus ad optinenda iusticie sue iura opitulationis nostre subsidium, ducatum quoque prebere necesse habeamus. Unde familiarem nostrum Bertolfum bone spei et industrie iuvenem de Goslaria, sororem quoque eius Irmigardem cum liberis eius, quos proprietatis iure duo fratres de Northusen Ebe videlicet et Eilbertus cum sorore sua Ava sibi vendicantes, acceptis ab eis VII marcis argenti absolutos penitus a se et efestucatos ecclesie nostre Walkenredensi mancipaverunt et proprietatis iure tradiderunt, sub dei genitricis semperque virginis Marie nostreque defensionis patrocinio susceptos nulli hominum de iure ac dominatione forensi, nisi soli Walkenredensi ecclesie eiusque prelatis, quicquam debere protestamur. Quos etiam communitos nostre auctoritatis atque attestationis paginula ab omni non iusta invasione et exactione immunes semper permanere, dei omnipotentis auctoritate atque pastoralis cure nostre banno decernimus.

Acta sunt hec anno domini M.C.LXXXVIII.

*) Sollte das Datum nicht richtiger M.C.LXXXXII lauten?
**) Vergl. Urkkb. des hist. Ver. von Niedersachs. 2ª, 31.

106. — *Papst Clemens III nimmt das Kloster Georgenthal in seinen Schutz und verzeichnet genau dessen Besitzungen und Gränzen. — Lateran (1189) Aug. 13.*

Clemens episcopus servus servorum dei, dilectis filiis abbati et fratribus monasterii vallis sancti Georgii salutem et apostolicam benedictionem. Suscepti regiminis amministratione compellimur loca religiosa paterna caritate diligere et, ne ipsorum bona temeritate quorumlibet diripi valeant vel turbari, attenta sollicitudine providere. Ea propter dilecti in domino filii novellam plantationem vestram diligentius attendentes, precibusque venerabilis fratris nostri C(onradi) Maguntini archiepiscopi, Sabinensis episcopi provocati, monasterium ipsum cum omnibus, que in presentiarum rationabiliter possidet aut in futurum iustis modis deo propitio poterit adipisci, sub beati Petri et nostra protectione suscipimus. Specialiter autem locum ipsum in quo prefatum monasterium situm est, qui vocatur vallis sancti Georgii cum pertinentiis suis: Vinzenrod, Arondenbech in Smalewazer, nemus a Smalewazer in Loybam, Aphelste, duplam partem nemoris inter Loybam et Aphelste, et Frankenstinch ex integro usque Wilcheresrodere, ab hinc usque Ebehardesbruchen, ab hinc usque ad arborem Ahornesstoc, deinde usque ubi Lyna oritur, dehinc per descensum eiusdem fluminis usque Herceresbrunnen, ab hinc per Ercestirc usque in Bevenbach, ab hinc per viam, que ducit Wanebrucken, ab hinc eadem via usque Azcelenwisen, grangiam Asolverod cum pertinentiis suis, scilicet magnam silvam Howarthe, Heselenlite, Kni, Hagen, grangiam Houwerith cum pertinentiis suis Argozesberc, grangiam Rekers cum pertinentiis suis, grangiam Herenhof cum pertinentiis suis Kranecmor, Gozberch, Sassenvelt, grangiam Herde cum pertinentiis suis, grangiam Tambuch cum pertinentiis suis, grangiam Barchusen cum pertinentiis suis. Que omnia supradicta sicut iuste et sine controversia possidetis, auctoritate vobis apostolica confirmamus et presentis scripti patrocinio communimus. Nulli ergo omnino hominum liceat hanc paginam nostre protectionis et confirmationis infringere vel ei ausu temerario contraire. Siquis autem hoc atemptare presumpserit indignationem omnipotentis dei et beatorum Petri et Pauli apostolorum eius se noverit incursurum.

Datum Laterani, idus Augusti, pontificatus nostri anno secundo.

Die päpstliche Bulle hängt.

107. — *Landgraf Ludwig III von Thüringen und Hessen bekennt dem Kloster Hilwartshausen, dass ihm kein Recht über dessen wie immer geartete Besitzungen zustehe. — 1189.*

C. In nomine sancte et individue trinitatis. Lüdewicus ipsius faveute divina clementia provincialis Thuringie et Hassie. Quoniam || super omnia necessarium esse censemus, anime nostre saluti providere omnimodis, noverit omnium tam presencium quam futurorum Christi fidelium industria, quod nos de omni fundo ecclesie beate Marie semper virginis sanctorumque martirum

Stephani et Viti in Hildewardeshusen, longe vel prope posito, videlicet in villis, agris cultis sive incultis, paschuis, pratis, silvis, aquis aquarumve decursibus, viis et inviis nihil iuris nobis ascribimus. Unde ne quis heredum nostrorum imposterum sibi quid iuris in prefatis usurpet bonis presentem paginam scribi sigillique nostri inpressione signari fecimus rogantes quam obnixe, quatenus ipsi pro remedio aninę nostrę nec non et ipsorum ubicunque termino terrę nostrę adiaceant, ab omni iniusta oppressione defendant.

Hec scripta sunt anno dominice incarnationis M.C.LXXXVIIII, imperatore Friderico.

Huius rei testes sunt: comes Hardradus de Merenberch, comes Wikerus de Bilsten, Gevehardus de Immenhusen, Widekindus de Vesperde, Echehardus de Gastervelde, Heinricus filius suus, Rentwicus de Hohenberc, Hermannus dapifer, Ropertus de Cassele, Erchengerus de Wodenesberch et alii quam plures.

Das Siegel des Landgrafen ist aufgedrückt.

108. — *Erzbischof Konrad I von Mainz, Cardinalbischof von Sabina, bestätigt dem Kloster Hardehausen die Schenkung von Volpert von Burke und dessen Söhnen und Schwester. — 1189.*

Anno M.C.LXXXIX, indictione VII. — *Conradus dei gratia Sabinensis episcopus et Moguntine sedis archiepiscopus confirmat donationes monasterio Herswithchusen factas a nobili viro Volperto de Burke et sorore eius Pia, eiusque Volberti filiis Volberto et Conrado.*

Testibus: Burchardo praeposito sancti Petri Moguntine, Godescalco praeposito de Nortinen, Gumperdo Geismariensi praeposito, Adeelmo Frideslariensi decano, Ludovico scholastico ... — Ludovicus landgravius advocatiam bonorum istorum resignavit. Laici testes: Conradus fratruelis Volperti donatoris et filii sororis eius Piae Gumpertus et Arnoldus, Wichogus de Bertolvesrothe.

109. — *Erzbischof Konrad I von Mainz und apostolischer Legat nimmt in einer sehr verdächtigen Urkunde das Nonnenkloster Weende in seinen Schutz und bestätigt dessen Rechte und Freiheiten. — 1189.*)*

C. In nomine sanctae et individuae trinitatis. Conradus dei gracia Moguntine sedis archiepiscopus et apostolicae sedis legatus. Quoniam inter innumera humanae salutis remedia amplius ad salutem animarum videntur provenire beneficia ecclesiis dei collata, idcirco indignitate pontificatus nostri, praeveniente nos gracia dei et sequente, ubi necessitas expetit, sustentationes pauperum et Christi fidelium ad auementandam religionis formam a deo debemus erogare, quatinus nos proinde aeternae retribucionis praemia merea-

---

*) Vergl die beinahe gleichlautende aber im Güterverzeichniss bedeutend abweichende spätere Urkunde unten Nro. 127.

mur assequi et servicia dei sanctae conversacionis studio valeant stabiliri.
Igitur notum esse volumus tam futuris quam presentibus universis Christi et
nostrae ecclesiae fidelibus, qualiter, agente dilecto fratre et subdito nostro preposito Wolveramo, locum novellae plantacionis in Winethe, sub nostrae tui-
cionis defensionem recepimus, ut nostra fretus auctoritate, tam in divinis
quamve in humanis rebus salutari proficere valeat incremento. Liber namque cum omnibus proprietatibus et attinenciis suis, antequam nobis traderetur
a prefato preposito et unanimi assensu congregacionis, in dicione archiepiscopatus nostri fundatus ad honorem domini nostri Ihesu Christi et perpetuae virginis, in prepositura Northunensi sub patrocinio sancti confessoris et
pii pontificis Nikolai substitit, sacrisque virginibus sub regula sancti Augustini, prepositorum nomine militantibus, dicatus est. Considerantes ergo de-
vocionem, quam nobis et ecclesiae Moguntinae isdem locus in iure patronatus
exhibuerat, omnia loco attinencia, adquisita et acquirenda, ipsis, qui nunc
manent, hiis, qui posteritate temporis venturi sunt, in perpetuum confirmare
decrevimus. Praeterea ad supplementum cottidiani victus pro remedio animae nostrae dedimus eidem loco et monasterio sancti Nicolai decimam, quae
de decem mansis in villa Winethe colligitur, qui mansi iure proprietatis attinere noscuntur ecclesie. Insuper arbitrio prepositi concedimus ut sibi advocatum prudentem eligat, quem si utilem ad profectum ecclesie viderit, prout
placuerit preposito, persistat, si autem incommodus loco fuerit, auctoritate
nostra et ministerialium ecclesie auxilio eo remoto, alium sibi utilem substi-
tuat. Nullatenus eciam permitto prepositi potestati, elemosinas fidelium,
quae ad stipendium pauperum conquisitae sunt, alienae personae iure benefi-
ciario exhibere. Obeunte vero preposito, in electione alterius regularis professionis, qui ydoneus ad id officium videatur, liberam illic manentes habeant
facultatem. Precipimus eciam in virtute obediencie et vinculo anathematis
ut, quicunque fratrum in priori ecclesia deputatur, ubi primitus erat congre-
gacio, quicquid receperit de oblacione fidelium, non sibi usurpet et quae sua
non sunt quaerens, sed semper animo intendens, quae sunt Ihesu Christi,
praesentet omnia preposito ad communem utilitatem. Concedo eciam ut quicunque respectu dei velint ad ipsum locum habere confugium et ad fideles
Christo ibi servientes, nostram super hoc habeant licenciam et in quocunque
loco obierint, ut eo transferantur, nullo prohibente precipio. Permittimus
eciam, ut, si quis liberorum vel ministerialium habens beneficia vel decimas
a Maguntina ecclesia, aliqua ipsis et ecclesie conferre decreverint, prius tamen ab ipsis ad manum nostram resignatis, de pietate nostra recipiant sive
in ecclesiis, in agris, in silvis, in molendinis, in pascuis, in fundis, in mancipiis,
in piscacionibus, in aquis, in campis, pratis et omnibus utilitatibus inde pro-
venientibus, liberam habeant haec faciendi licenciam, pro animae ipsorum
remedio et divini servitii augmento. Hec autem sunt praedia et reditus ecclesie: decima in Olredheshusen et sedecim mansi, in Werdereshusen decima
et quatuor mansi, in Rorunghen tres mansi, in Amburne quatuor mansi, in
Rostorp plus quam duo mansi, in Jese sex mansi et molendinum et beneficium cum dote, in Reinoldeshusen octo mansi et decima, in Tudingehusen

tres mansi et dimidius, in Winethen quadraginta quinque mansi et beneficium, duas decimaciones in Westerrot et in Munningerot, in Desingerot et in Aspelingerot decima de septem mansis, in Nackenrot tres mansi, in Snen tres mansi, in Gelingehusen tres mansi, in Grona duo mansi, in Lengede quinque mansi, in Bischoppeshusen decima, in Molendingevelde duo mansi. — Ego quoque Conradus Moguntinae ecclesiae archiepiscopus et apostolicae sedis et sanctae crucis legatus auctoritate dei omnipotentis et nostra ac sigilli nostri impressione, bonis predictae ecclesiae, quae nunc possidet, vel 'in futurum iuste obtinendo possidebit, stabilem atque perpetuam pacem servari, confirmantes ea, quae facta sunt, vel ea, quae ipsi fecimus, anathematis interminacioni praecipimus. Quicunque ergo vel fraude vel violencia haec cassare temptaverit, sit reus majestati divinae, sit exclusus a regno, sit corpore et omni facultate sua in potestate diaboli, quia clavium celestium temeravit auctoritatem, sit super eum in die domini horrendum dampnacionis iudicium, nec ad dexteram resurgat salvandus, nisi forte, quod omnibus modis optamus, penitens satisfecerit.

Testes huius rei sunt: duo fratres mei palatini Fridericus et Otto, Godeschalcus prepositus Northunensis, Burghardus prepositus Gechenburgensis, Hermannus abbas Northeymensis, Ordemarus abbas Stenensis, !Adolfus abbas Reinhusensis. Langravius de Bavaria (!), Albertus comes de Eversten, Segebodo de Scartfelde, Bernhardus et Godescalcus de Plesse, Hermannus et Bernhardus de Rothe, Thidericus de Gladebike, Hermannus advocatus de Grona, Hildebrandus, Elvericus de Uslere, Heinricus et Helwicus de Bodenhusen. Ministeriales: Hetheinricus et Helwicus de Rusteberge, Conradus et filii eius duo Conradus et Helwicus, Conradus de Berke(n)-velde, Othelricus de Rusteberge, Johannes de Luttere, Hartmannus et Conradus fratres de Rorberghe, Otto de Ballenhusen, Meinhardus et Heiuricus de Rostorp et alii quam plures Christi (fideles).

Facta sunt hec anno dominicae incarnationis millesimo, centesimo, octogesimo nono, regnante gloriosissimo Friderico caesare augusto.

110. — *Abt Konrad von Disibodenberg bestätigt dem Nonnenkloster zu Rupertsberg dessen Güter und das gegenseitige Unterstützungverhältnis.* — *(1179 — 1189.)* *)

In nomine sancte et individue trinitatis. Ego Couradus dei gratia abbas sancti Disibodi. Omnibus quidem de nobis bene presumentibus benefacere debemus maxime tamen eis, quos artiori devotionis vinculo deo deorum servire conspicimus. Ea propter notum facimus presentibus et futuris, quod consilio Maguntine ecclesie non minus assensu fratrum nostrorum sororibus in monte sancti Ruperti deo famulantibus eandem, quam ad nostra usque tempora libertatem obtinuerant, sicut in privilegiis prememoratorum archiepiscoporum

---

*) Vergl. Weidenbach Reg. Bing. Nro. 88.

Heinrici atque Arnoldi reperimus devote concessimus. Igitur predictae sorores et locum et praedia sua a nobis soluta, liber tenebunt, nec ullum impedimentum in quibusque causis a nobis sustinebunt, nam cum domna Hildegardis de monte beati Dissiboldi ad montem praedicti beati Ruperti cum quibusdam puellis cum ea deo dicatis venisset et locum ipsum de diversis personis cum vineis sibi a quibusdam fidelibus collatis iusto concambio in proprietatem redimisset, domnus Cuno predecessor noster communi fratrum consilio pro oblatione, quas eaedem puellae ad monasterium beati Dissiboldi pro se contulerant, ipsiusque posteris earum in diversis locis octo mansos in concambio in perpetuum contulit. Quod postea domnus abbas Helmgerus firmavit et in presentia domni Arnoldi archiepiscopi et aliorum quam plurimorum eundem locum assensu cunctorum fratrum absque omni contradictione, sicut predictum est, liberum dimisit. Nos quoque pro utilitate et necessitate earundem sororum benigne. concedimus decernentes, ut hec et cetera, que eis in quibuscunque oblationibus data sunt vel dabuntur, absque omni contradictione nostra et successorum nostrorum possideant. Sed tamen ne ipsa per incertitudinem sacerdotum negligantur censuimus, ut nos omnesque successores nostri curam animarum earum geramus ita, ut sacerdotes monachos sed boni testimonii, qui eas in omnibus procurent, secundum utilitatem et petitionem ipsarum eis provideamus, nec iterum illos sine voluntate earum amoveamus, benedictionem monasticae professionis secundum regulam beati Benedicti eis per nos concedimus atque in omnibus causis, ad quas nos advocaverint, eis benigne assistamus, ita sane dum talis religio in utroque prefato monasterio viguerit, quod hec digne ab his queri et ab illis concedi poterint. Statuimus etiam ut ipsae sorores post obitum spiritalis matris earum aliam tam in exterioribus quam in interioribus utilem et idoneam communi et salubri consilio sibi in spiritalem matrem secundum regulam beati Benedicti libera electione eligant, cui omnes per omnia obediant, ad quam cuncta, quae in prefato loco disponenda sunt, respiciant. Siquis igitur successorum nostrorum, siqua laicalis vel ecclesiastica persona huic nostre attestationi et confirmationi temerario ausu contradicere voluerit, anathema sit.

Huius rei testes sunt: Heinricus decanus maioris ecclesie, Sifridus magister scolarum, Hartmannus cantor, Vulpertus abbas sancti Jacobi, Albero prior ecclesie nostre, Cuno, Wernerus, Thietmarus et omnes fratres nostri.

Acta sunt hec ab incarnatione dominice M. C . . . . .

111. — *Erzbischof Konrad I von Mainz, Cardinalbischof von Sabina, nimmt das Nonnenkloster Hildwartshausen in seinen besondern Schutz und bestätigt dessen Rechte und Freiheiten. — Nörten 1190 März 11.*

In nomine sancte et individue trinitatis ipsius favente clementia Conradus, Sabinensis episcopus et Moguntine sedis archiepiscopus. Quoniam in omnibus ecclesiis ‖ dei, in diocesis nostre termino positis, si necesse fuerit, pietatis affectum prebere tenemur, condecet, ut, si qua digne postulaverint a

nobis, intuitu illius inmarcescibilis et divini muneris obtineant. Unde significamus tam futuris quam presentibus Christi fidelibus, quod, sicut beate memorie Adelbertus uterque et Heuricus archiepiscopi, predecessores nostri,
pro remedio aninarum suarum ecclesie sancte dei genitricis Marie, beatorum
martyrum Stephani et Viti, rogatu domine Gisle abbatisse et Meinfridi advocati loci eiusdem, videlicet Hildewardesbusen, decimas novalium de omni
fundo suo inculto, longe vel prope posito, que sui iuris erant, perpetua donatione contulerunt, ita et nos ob petitionem Arnoldi, fidelis nostri, loci iam
prefati prepositi, eandem donationem iterando manuque propria dando libera
et perpetua traditione firmamus, ea tamen ratione, ut, quicquid utilitatis inde
proveniat, in usus sanctimonialium et ceterorum ibidem deo servientium transeat. Huius autem facti si qui fuerint perturbatores aut invasores, ex quo
hec primo ecclesie iam pretaxatę collata fuerint vel sint vel futuri fuerint,
quod absit, auctoritate beati Petri apostoli predecessorumque nostrorum, qui
manu dederunt et nostra, nemo fidelium perpetuo anathematis vinculo inno-
datos esse dubitet. Unde si qui ex eis obierint restaurumque ecclesie non
antea dederint, ita ut indempnis ipsa permaneat, nullo recepti sed eliminati
extra cimiterium sepeliendi eiciantur. Presens igitur hoc scriptum inde; quatenus omni evo ratum et inconvulsum pro testimonio reservetur, exarari penna
sigillique nostri impressionis robore firmari fecimus, testibus subnotatis, quorum nomina sunt:

Philippus archiepiscopus Coloniensis, Hermannus Northeimensis abbas,
Cesarius abbas in Bursfelde, Godescalcus Nortune prepositus, Fridericus prepositus in Liuppoldesberch, Ordemarus abbas Stenensis, magister Rotholfus,
magister Adeloldus notarius. Laici: Heinricus dux, comes Albertus de Everstein, Liudolfus de Dassela advocatus et frater eius Adoulfus, comes Sigebodo de 'Lutherberch et frater eius Bertholdus, Godescalcus et frater eius
Bernardus de Plesse, Heithelricus vicedominus, Helmwicus frater eius marscalcus, Strigerius dapifer, Otto pincerna.

Acta sunt hec anno incarnationis dominice M.C.XC, indictione VIII.
Data Northunis, V idus Martii.

Das Siegel des Erzbischofs ist aufgedrückt.

112. — *Erzbischof Konrad I von Mainz und Cardinalbischof von Sabina schildert, in welchem Zustande der Verwüstung, Unterdrückung
und Demüthigung er die Mainzer Kirche bei seiner Rückkehr (1183)
getroffen habe, zählt ferner genau die Verluste auf, die dieselbe durch
die verschiedenartigsten Veräuszerungen, Belehnungen, Verpfändungen
erlitten und verzeichnet dann ganz ausführlich, welche Güter, Schlöszer
u. s. w. und um welche Summen er für die Kirche wieder zurückerwor-
ben oder gekauft habe. — (1187 — 1190.)*

Ego Conradus dei gratia Sabinensis episcopus, Mogontine sedis archiepiscopus omnibus fidelibus, ad quos hec pagina pervenerit in perpetuum.

Postquam a glorioso et diuturno exillo nostro reversi fuimus et omnimodo desolate ecclesie nostre restituti fuimus, qualiter eam tam destructam, oppressam, humiliatam invenimus, breviter audire potestis. Destructam diximus matrem ecclesiam maiorem videlicet beati Martini sine hostio, sine tecto, sine omni commoditate desolatam invenimus, qualiter autem nunc per misericordiam dei et per merita et gloriosa miracula beati Nicolai, studio quoque quam plurium fidelium sed et nostro reparata sit, visu discere potestis. Destructa etiam fuit per destructionem castrorum et aliorum edificiorum. — Oppressam diximus per potenciam principum et aliorum etiam minus potentium. Coegerunt enim familiam ecclesie tam maiores quam minores propter absentiam veri pastoris ad mendicata suffragia extraneorum recurrere et se dominio illorum subicere. Alii coniugio illicito se illis subdendo, alii indebito hominio se illis subiciendo, et quod ad hoc miserabilius scilicet propriam hereditatem transferendo in illos et ab eis in feodo recipiendo. Oppressa etiam fuit per novas municiones, sicuti fuit Wizenowe, quam Tuto tunc camerarius eidificaverat et regio dominio subdiderat. Similiter et quandam municionem in portis Aschaffinburc a Conrado tunc vicedomino constructam invenimus. — Humiliata etiam fuit per aligenationem castrorum sicuti fuit Reinberc, quod domno regi collatum fuit. Medietas etiam castri Gelenhusen cum medietate omnium attinencium domno imperatori infeodata fuit. Turris etiam in Pinguia (Wernhero) de Bolant et turris in Ameneburc Cononi de Minzinberc infeodate fuerunt. Castrum etiam in Glichen comiti Ernesto infeodatum et castrum Hornburc prorsus destructum invenimus, quod omnino in plenaria possessione ecclesie in recessu nostro reliquimus.

· Anichilata etiam fuit per diversam aligenationem multarum curtium; diversam aligenationem ideo dixi, quoniam alie infeodate sunt, alie pignori obligate, alie violenter invase, quaedam etiam furtim subtracte. Infedatas dico inferius Volmen, quod W(ernhero) de Bolant infeodatum fuit cum multis aliis possessionibus pro moneta de Ingilnheim; curtis Hosti comiti Heinrico de Diets; possessiones, quae dicuntur Swinhagin Hartmudo de Butingen et Gerhardo de Kelberowe; moneta etiam in Ascafenburc et curtis, que dicitur Sigilouf eidem Gerhardo; forestum etiam Frislare, quod Camerdorf dicitur vicedomino de Rusteberc et fratri suo — et ut breviter concludamus omnia foresta in Hassia, in pago Reni, circa Erfordiam alienata invenimus, quod tamen ius nequaquam admittit. Preterea Hugoldo de Volkestete curtim in Ratolferodo cum multis aliis possessionibus obligatam invenimus. — Pignori obligate diximus primo comiti Ruberto de Nasowe curtim Loginstein pro CL marcis examinati argenti; eidem comiti Ruberto Ramsel cum aliis adiacentibus possessionibus LVII marcis; W(ernhero) de Bolant Algisheim, Altevile, Wintirheim pro LXX marcis obligata invenimus; Reinboto de Pinguia superius Volme et Beckilnheim pro CCXXX marcis; Ludewico camerario Hechedisheim pro CXX marcis; imperatori Bischofesheim pro CCC marcis; lantgravio Turingie moneta Frislari pro CXXX marcis; curtim in Hovesgemar Ludewico de Dassele pro CC marcis; curtim de Norzim comite Alberto pro CC marcis; curtim Geismar prope Leinam Heinrico de Wida

8 *

pro CC marcis; decimam de Noscilrit Helewico pro **XXX** marcis. Preterea in primo anno reditus nostri omnia imperator consumpserat usque ad novos fructus praeter XLV solidos in Mogontia et septem libras in Turingia. Curtim in Gutherin langravius habebat pro quingentis et L marcis; curtim in Sedele Goteberto pro XXIIII marcis.

Insuper innumerabiles expensas coacti sumus facere tum in curiis celebrandis domni imperatoris, tum in Lombardia, ubi longam moram in obsequio domni pape et domnorum nostrorum imperatoris et regis scilicet et domne regine, tum etiam in gwerris et in diversis nostris necessitatibus et in edificiis et in restaurationibus possessionum nostrarum fecimus; de quibus omnibus per dei misericordiam et studio amicorum nostrorum liberati sumus.

Inter eas autem res, que alienate fuerunt, primo a domno nostro gloriosissimo rege castrum Rinberc recuperavimus, quod ad manus nostras libere tenemus et semper tenebimus. Municionem etiam in Wizenowe de manu domini imperatoris Tutoni camerario restitui fecimus eo tenore, quod nunquam de cetero a dominio ecclesie aligenaretur, ut ad extraneam personam transiret. Turrim etiam Pingwie a feodali iure W(ernheri) de Bolant eximimus et ei eandem ut castellano servandam comisimus. Curtim etiam Hoste, quam comes H(einricus) de Diets Gerhardo de Eppenstein conceserat liberam ad manum nostram recuperavimus. Possessiones etiam illas, que Swinhage dicuntur, a feodali iuro Hartmanni de Botingen et Gerhardi de Kelberowe absolvimus. Insuper monetam Aschafinburc et curtim, que dicitur Sigelouf a iure feodali Gerhardi XL marcis redemimus. Hec omnia iure feodali fuerunt obligate, que nunc per dei misericordiam ad manum tenemus.

De possessionibus pignori obligatis primo a domno imperatore curtim Bischofesheim pro CCC marcis redemimus. Deinde a comite Ruberto curtim de Logestein et Ramsel et Drissungen et Espelscheit pro CC marcis recollegimus. Algesheim et inferius Volmen auxilio domni imperatoris pro CCC marcis recollegimus. Similiter superius Volmen et Swerheim a Reinbotone de Pingwia centum LXXX marcis redemimus. Hechedesheim a camerario Tutone CXX libris absolvimus. Monetam Frilari C marcis a langravio et Geismar iuxta Leinam quae CCCC marcis obligata erant absolvimus et hec omnia ad utilitatem nostram habemus.

Hec sunt castra et possessiones, quas post reditum nostrum pecunia et labore nostro ecclesie conquisivimus. Primo castrum Ebersberc cum reditibus L marcarum a connato nostro comite palatino Saxonie CC marcis emimus et rursum ei et uxori sue nepoti nostre et filie in feodo dedimus. Castrum Wasungen cum burgo adiacente et silva et reditibus XV librarum a domno ipsius castri Poppone emimus et ei et uxori sue et filie infeodavimus. Municionem quoque Dobreschen cum silva adiacente et aliis attinenciis sicut empta fuerunt CCC marcis ecclesie in proprietatem conquisivimus et marchioni O(ttoni) infeddavimus. Wickersten quoque XXIIII marcis ecclesie in proprietatem conquisivimus et comiti Gunthero infeodavimus. Predium quoque Calde cum attinenciis suis LXV marcis emimus et cuidam Alberto infeodavimus. Medietatem castri Holzhusun cum omnibus possessionidus Wolknandi, que quondam ecclesie collate postea alienate fuerunt XXX marcis recuperavimus, quas idem Volnandus tantum in vita sua tenere debet. Curtim in Gutenberc XII marcis redemi, burgum quoque Milsungen cum attinenciis suis a comite palatino de Turingia et uxore sua CCCL marcis emimus et ad usum nostrum conservavimus. Porcionem castri Richinbach rufi comitis cum suis pertinenciis pro centum L marcis emimus et ei infeodavimus. Predium Langenhusen cum reditibus XX marcarum a comite Friderico, fratre langravii pro C marcis emimus et ei infeodavimus. Biscofesheim VII mansos XXI marcis emimus a quondam ministeriali nostro Hartmudo. Duo iugera vince V marcis et Hurste V iugera pro XXII marcis que omnia ad usum possidemus. Similiter in superiori Volmen pratum unum pro VII marcis; molandinum Pinguie pro LXIII marcis; possessionem, que dicitur Espelchem XXV marcis; reditus V marcarum pro LV marcis et V a Hermanno de Arnistein; a Titerico Meur (?) predium trium mansorum pro XXIV marcis coemi. A duce de Limburc possessiones XLV mansorum pro CC marcis, cuius proprietatem domnus rex accepit Mogontine ecclesie conservandam, quas duci in feodum dedimus. A Bertoldo de Wilberc locum quendam municionis cum VII marcis ecclesie nostre conquisivimus et ei in feodo dedimus. Bergero de Gamburc CXXXV marcas dedimus examinati argenti ne castrum Gamburc umquam diebus vite sue ab ecclesia alienaretur, et si hoc tempore a peregrinatione non redigerit, IIII de melioribus et ditioribus militibus quos habet cum possessionibus castro adiacentibus, que de proprietate sua sunt, nobis et ecclesie perpetuo tenendas tradidit, et si redigerit pactum de castro servabitur et medietatem pecunie persolvet. Item castrum Widekinstein cum possessionibus V librarum eidem castro adiacentibus pro C marcis examinati argenti nobis tradidit et in feodum a nobis recepit comes Wernherus. Arnshusen etiam quod iniuste ab ecclesia alienatum fuit LXX marcis recolegimus.

Summa emptorum: LXX marcae et duo milia quingente marcae. Summa debitorum, quae reliquit Cristanus episcopus nobis ad episcopatum redeuntibus est: tria milia, — CL marcae minus; de his expedivimus mille sexcentas et XXX marcas. Summa ergo et solutorum et emptorum est: IIII milia CC marcae, — XIII marcae minus. Sunt, que super creverunt labore et diligencia nostra post reditum nostrum in reditibus, in officiis, in monetis, in quibuscunque possessionibus CCCCC et XXIIII marcae, que prius mihi non provenerunt, quamvis expedita et libera fuissent. *)

Ein Siegel war an dem gleichzeitig geschriebenen Documente nie daran gewesen.

---

*) Die Summen stimmen nicht überein mit den im Verzeichniss specificierten Auslagen, nach welchen vielmehr ein geringeres Ergebniss der, sowol als Kaufschilling als auch für die Einlösung der verpfändeten Güter verwandten Gelder zu erwarten wäre, es müssen daher doch nicht alle gemachten Ausgaben aufgezählt worden sein. Auch die Schlusssummen differieren ein wenig, denn der Kaufschilling mit 2570 Mark und die Schuldendeckung mit 1630 Mark ergeben = 4200 und nicht wie es in der Urkunde heisst (4200 — 13) = 4187. Das jährliche Einkommen aber von 524 Mark würde in acht Jahren allerdings 4192 Mark betragen.

113. — *Äbtissin Sophie vom Kloster Altenmünster zu Mainz bekundet den Verkauf von drei Jock Weingärten zu Heldere an das Kloster Eberbach. — 1191 Aug. 23.*

C. In nomine sanctę et individue trinitatis. Ego Sophia per divinam misericordiam abbatissa veteris monasterii in Maguntia. Pagine presentis attestatione constare volumus tam futuris quam presentibus universis Christi fidelibus, quod cum nos et ecclesia nostra videlicet vetus monasterium inter vineta venerabilium fratrum Eberbacensis cenobii iuxta curtim suam Hunreberc in medio montis illius declivio in loco, qui vulgariter Held(er)e nuncupatur, tria iugera vinearum titulo proprietatis possideremus, quidam homines eadem iugera de manu nostra hereditario iure possederunt et annuum inde nobis et ecclesię nostre censum solverunt. Contigit autem virum unum, ad quem ipsa iugera hereditarie defluxerant, quoddam predium suum prefatis fratribus vendere, quibus et predicta nostra iugera nobis insciis et inconsultis vendidit, asserens illa suo attinere predio. Verum ubi talis venditio et iactura, quam in hac parte sustinuimus, nobis innotuit, fratres super hoc convenimus, qui statim utpote filii pacis quietem querentes et non solum sue sed et nostre saluti providere volentes, nobis et ecclesię nostrę in restaurum tres marcas argenti solverunt et de bona voluntate nostra et ex nostra concessione et ecclesię nostrę memorata iugera sibi et ecclesię suę libera proprietate in perpetuum obtinuerunt. Ut autem inter Eberbacenses fratres et nostram ecclesiam factum hoc rati habitione perheniter gaudeat et inconvulsum permaneat, paginam istam super hoc conscribi et testibus annotatis sigilli nostri impressione communiri fecimus.

Nomina testium sunt hec: Gûta dechana, Benigna cameraria, Gerdrudis et Sophia custodissa ecclesię nostrę, Henricus rufus maioris ecclesie canonicus, Giselbertus cantor et Hartmudus canonicus sancte Marie ad gradus, Ûlricus dechanus et Godefridus pastor ecclesię sancti Quintini, qui et ecclesie nostre ministri et ebdomadarii. Laici ecclesie nostrę vasalli: Arnoldus, Cûnradus, Eberhardus et alii quam plures Christi fideles.

Acta sunt hec anno dominice incarnationis M.C.LXXXXI, indictione VIIII, decimo kalendas Septembris.

Das angehängte Mariensiegel ist gut erhalten.

114. — *Erzbischof Konrad I von Mainz, Cardinalbischof von Sabina macht einen mit dem Kloster Breitenau bezüglich dessen Güter zu Utphe in der Wetterau auf die Dauer seines Lebens eingegangenen Tauschvertrag kund. — Mainz 1191.*

C(onradus) dei gratia Sabinensis episcopus, Maguntine sedis archiepiscopus omnibus Christi fidelibus ad || quos iste littere pervenerint, eternam in domino salutem. Notum fieri volumus universitati vestre, quod cum ecclesia in Breidenowe quasdam possessiones haberet in villa Othife sibi minus

utiles et fructuosas, nos ad commodum et utilitatem prefate ecclesie, que filiali
subiectione nos respicit, sollercius intendentes, easdem possessiones communi
consensu tocius capituli ad nostros usus suscepimus excolendas pro quodam
censu determinato annuatim inde persolvendo. Hec nostra ordinatio in presentia et sub testimonio Maguntine ecclesie facta est a nobis in generali synodo Maguncie presidentibus in hunc modum, ut toto tempore vite nostre
stet et rata habeatur, in obitu autem nostro, quicquid emendationis in animalibus et augmenti in aliis rebus predicte possessiones medio tempore fuerint
adepte, totum ad usum predicte transibit ecclesie, et conventio prius inter
nos facta tunc primum expirabit et ea, que ipsi ecclesie in concambium dedimus, ad dominum tunc redibunt archiepiscopum.

Acta sunt hec anno dominice incarnationis M.C. nonagesimo primo, regnante Heinrico imperatore.

Testes sunt: Arnoldus maior prepositus, Heinricus maior decanus, Ru-
cherus custos, Heinricus abbas sancti Albani, Petrus scolasticus, Wortwinus
prepositus sancti Victoris, Burchardus prepositus sancti Petri, Wernerus prepositus sancti Stephani, Cunradus prepositus sancte Marie, Hezechinus abbas
sancti Jacobi, Godefridus cantor, Simon. Heinricus comes hirsittus, Gerlacus
comes de Veldence, Wernerus comes de Widekindisteine, Hartmannus de
Budingen, Hardradus de Merenberch, Fridericus palatinus quondam de Wi-
thelingesbach et alii quam plures.

Das erzbischöfliche Siegel ist noch ziemlich gut erhalten.

**115. — Propst Burkhard von Jechaburg bekräftigt den Canonikern sei-
nes Stiftes das freie Testierungrecht nach Mainzer Domstiftsgebrauche.
— 1193 Jan. 12.*)**

Ego Borchardus dei gracia ecclesie sancti Petri Jecheburgensis prepositus. Omnibus fidelibus tam presentibus quam futuris ad quos presens pagina
devenerit salutem et dilectionem in domino. Novit universitas presencium
(scilicet) et futurorum, quod concanonicos nostros predicte ecclesie ita intimo
caritatis affectu semper amplexati fuimus, quod nunquam rebus eorum dila-
cerandis seu per nos diminuendis intendimus sed pro posse et nosse ad rerum
ipsorum et honoris incrementum operam dedimus. Unde nunc omnium utilitati consulentes et consuetudinem Maguntine ecclesie imitantes et dilapsam
revocantes sub impressione sigilli nostri presentibus confirmare et ad posteros transmittere oportunum et commodum fore duximus, videlicet ut quicunque confrater descedens testatus fuerit, omnia sua statuta tam in stipendio
quam in supellectile quam eciam in curtibus rata et inconcussa permaneant;
si vero intestatus de medio raptus transierit fideli confratrum dispensacioni

---

*) Vergl. mit Bezugnahme auf obige Urkunde das Document Erzbischof Konrads I
von Mainz bei Würdtwein Dipl. Mog. 1, 125 (Schultes Dir. dipl. 2, 324), das
aber nicht in das Jahr 1186 gehört, sondern 1196, wie es auch das Chart. Jechab.
de anno 1398 fol. 88 im Archiv zu Sondershausen zeigt.

de suis ordinare permittimus et ordinata rata firmiter teneri decernimus, stipendium vero integrum cum suis attinenciis vel pro remedio anime sue per
dies XXX et annum et diem unum quibus visum fuerit vel pro debitis, si
quibus tenebitur, assignetur.

Facta sunt hec pridie idus Januarii, anno dominice incarnationis M.C.
nonagesimo tercio.

Testes sunt clerici: Wernherus Halverstadensis ecclesie canonicus et
custos et in Busleben prepositus, Hardmannus maioris ecclesie in Maguntia
canonicus, Fridericus ibidem sancti Victoris canonicus, Vinnoldus ecclesie nostre decanus, Meizo scolasticus, Hildebernus custos et ceteri canonici. Laici:
Siffridus scultetus et filius suus Heinricus, Ditmarus de Sondershusen, Henricus de Stoghusen, Hugo de Gotturnen et ceteri fideles. Aderat eciam ecclesie nostre advocatus Gozmarus de Kirchberg, Wythigo et frater suus.

116. — *Erzbischof Konrad I von Mainz bestätigt dem Kloster (Schul)-
pforta das bei der Georgenkirche zu Erfurt gelegene Hospital und zwei
Hufen zu Ramesla mit Ausnahme von zehn Äckern, die er für die Georgenkirche bestimmt. — 1193 Oct. 13.*)*

Conradus divina favente clementia Moguntinensis archiepiscopus. Pietatis ratione et officii nostri debito commonemur religiosorum utilitatibus consulere et cautela, qua possumus in futurum prospicere. Notificandum itaque
duximus cunctis fidelibus modernis et posteris, quod nos hospitale quoddam
iuxta ecclesiam sancti Georgii situm cum consensu et rogatu confratrum ad
idem hospitale pertinencium Pfortensi ecclesie cum duobus mansis in Ramesla
sitis et ceteris attinenciis eius pro remedio anime nostre contulimus exceptis
decem agris, quos ecclesie sancti Georgii assignavimus. Sane haec eo tenore
et conditione peracta sunt, ut confratres ad prefatum hospitale pertinentes
fraternitatis et orationis communionem tam vivi quam defuncti inperpetuum
in Portensi ecclesia obtineant. Ut autem hec nostra constitucio rata et inconvulsa in perpetuum permaneat presentem cautionem sigilli nostri impressione signavimus et idoneorum testium subscriptione communivimus dei auctoritate et nostra districtissime sub anathemate prohibentes, ne qua in posterum spiritalis secularisve persona hanc nostram constitucionem convellere
aut mutare ullatenus presumat.

Testes autem hii sunt: fratres sancti Johannis Baptiste, Adelbertus mone-
tarius, Adelbertus filius Peregrini, Adelbertus albus, Maroldus, Beringerus,
Bernherus, Conradus, Ranis, Theodericus de Ruden, Waltherus, Ebernandus,
Burchardus, Heinricus Weiniek, Heinricus supan, Fruto, Hugo, Theodericus
Polternus, Theodericus de Rode, Berthous in lapidea via, Adelbertus dives,
Christianus.

Acta sunt autem hec anno ab incarnacione domini millesimo, centesimo,
nonagesimo III, indictione XI, tertio idus Octobris.

*) Vergl. Wolff Chronik des Klosters Pforta 1, 213.

117. — *Graf Albert von Klettenberg bekundet dem Kloster Walkenried die Schenkung eines Baumgartens bei Bodenroth durch den Ritter Johann von Welkerrot. — 1193.**)

In nomine sancte et individue trinitatis amen. Albertus dei gratia comes de Clettenberc omnibus ‖ hanc litteram inspecturis in perpetuum. Notum esse cupimus universis quod, Johannes miles de Welkerrot cum consensu matris sue, cum uxorem et liberos non haberet, arbusta quedam iuxta vineam Botenroth sita vendidit ecclesie Walkenridensi pro duabus marcis et dimidia. Huic venditioni Sigehardus de Risla qui eadem arbusta iure hereditario cum aliis bonis ab eodem Johanne possederat assensum prebere recusavit donec dicti fratres modium forensem siliginis solventem tres fertones dederunt et ipsa arbusta ad incidendum primo anno ipsi dimiscrunt.

Testes huius venditionis sunt hii: Heinricus miles de Heringen, Johannes prefectus de Cletthenberc, Hartungus de Holebach, Burcardus de Haverungen, Heinricus de Buzelingen, Kristianus de Utheleyben et alii quam plures.

Acta sunt hec anno incarnationis domini M.C. nonagesimo III et terminata coram nobis in placito provinciali.

Das Siegel des Grafen ist angehängt.

118. — *Erzbischof Konrad I von Mainz, Cardinalbischof von Sabina und apostolischer Legat, bestätigt dem Kloster Hardehausen den Kauf des Allods Werners von Bischofshausen, deszgleichen die Schenkung eines Allods zu Engelnhausen durch Friedrich und Albert von Quicborn wie auch einer Hufe zu Rieden durch den Ministerialen Conrad von Gensingen. — 1193? (1194).*

M.C.XCIII, indictione XII, sub Coelestino papa, Henrico VI imperatore, electionis suae (sc. archiepiscopi Conradi) ad sedem Moguntinam XXXIII, exilii XXX, reversionis ab exilio XIII.

Conradus dei gratia Moguntinus archiepiscopus, Sabinensis episcopus et apostolicae sedis legatus; *confirmat venditionem cuiusdam allodii ab homine liberae conditionis Warnero de Bischovishusen eiusque uxore factam monasterio Hersuithehusen situm in Wichardistorp et Muselbach cum decimis pro quinquaginta marcis, quas decimas Warnerus tenebat de manu prepositi ecclesiae Fritslariensis, cui Warnerus pro decimis in restaurum dedit allodium suum in Oppetterothe solvens decem solidos hoc pacto, ut illud allodium post hac a praeposito haberet in feudo. Item approbat donationem eidem monasterio factam de allodio in Engelnhusen a duobus viris nobilibus Frederico et Alberto de Quecburnen. Item alterius ministerialis sui Conradi de Gensingen unius mansi in Rieden cum consensu fratris eius Thietmari.*

*) Vergl. Urkkb. des hist. Vereins für Niedere. 2 a, 36.

Testes: Cunemannus capellanus archiepiscopi,... Henricus comes de Heiligenberg, Hellenwicus in Rusteberg vicedominus, Isfridus, Albertus, Lutter, Godescalcus de Mettscirsdorf, Brun de Slirbach, Henricus de Albolzhusen, Ruthingus de Buchindorph, Adolphus de Rucherode,... Wipodo capellanus de Quecburnen, Lupertus de Nitthe, Warnerus de Rouhenhusen,... Conradus de Eideuwein, Heinricus de Flersbach, Ditmarus de Buschesecke, Eckehardus filius supradicti Friderici de Quercbrunnen.

119. — *Abt Heinrich von S. Alban zu Mainz gestattet dem Cleriker Embricho, dem Sohne Herbords in Albig, unter gleichen Bedingungen den Tausch seiner vom Kloster zu Lehen tragenden Güter zu Bermersheim mit dem Kloster zu Rupertsberg gegen einen, dem letztern zugehörigen Hof und neunundsechzig Joch zu Albig. — 1194.*)*

In nomine sancte individue trinitatis. Heinricus dei gratia abbas sancti Albani in Maguntia. Generatio preterit et generatio advenit, unde cautum est ut scripto muniantur ea, que inter mortales inmutabiliter permansura contrahuntur. Noverint igitur universi Christi fideles tam futuri quam presentes, quod cum Embricho clericus, filius Herbordi in Albicho, quedam bona, quorum proprietas ecclesie nostre videlicet sancti Albani in Maguntia pertinuit, in villa Bermersheim hereditario iure ad ipsum devoluta possideret, placuit ipsi et sanctimonialibus cenobii sancti Ruberti apud Pinguias, que curtim unam et sexaginta et novem iugera ab omni censu libera in villa Albecho possederunt, de concambio convenire hoc modo, ut Embricho clericus bona sua censualia, que in Bermersheim possedit, in predium et proprietatem sanctimonialibus et ecclesie sancti Ruberti per nostram voluntatem traderet et conventus sanctimonialium predicti predii sui in Albecho proprietatem, videlicet unius curtis et sexaginta novem iugerum nobis et ecclesie nostre conferet hoc ordine, ut prefatus clericus Embricho iam dictam curtim et iugera hereditarie possideret, annuum censum IIII unciarum et X denariorum, quem censum de promemoratis bonis suis in Bermersheim, que iam per commutationem ad sanctimoniales et ecclesiam sancti Roberti devenerant, solvebat, nobis quoque, ecclesie nostre scilicet sancti Albani cum integritate annuarum persolveret. Que bonorum commutatio quia absque favore et consensu nostro et nostri capituli effectum habere non potuit, precibus sanctimonialium et Embrichonis hinc inde inclinati commutationem hanc sub iam dicta forma fieri concessimus. Ut igitur iste contractus et horum bonorum commutatio inviolata ratiabitione gaudeat, presentem paginam super hoc conscribi et impressione nostri sigilli roborari fecimus.

Testes apponentes, quorum nomina sunt hec: Hiltwinus prior, Hartdungus, Wolfradus, Hermannus, Gunzelinus custos, Ruthardus cellerarius et reliqui omnes ecclesie nostre fratres. Laici: Heinricus de Albecho, Hugo,

---

*) Vergl. Weidenbach Reg. Bing. Nr. 99.

Gozwinus, Hertwicus, Ûdo de Budensheim, Brunicho de Eberbach et plures alii.

Acta sunt hec anno dominice incarnationis millesimo, centesimo, nonagesimo quarto, indictione undecima.

120. — *Erzbischof Konrad I von Mainz, Cardinalbischof von Sabina, gestattet allen Ministerialen seiner Kirche das freie Schenkung- und Verkaufsrecht an das Kloster Georgenthal. — Erfurt 1195 Feb. 3.*

.In nomine sanctę et individuę trinitatis. Cûnradus dei gratia sancte Maguntine sedis archiepiscopus, Sabinensis episcopus, universis Cristi fidelibus perpetuam in domino salutem. Virorum prudentum interesse dinoscitur, ut quecunque pie gesserint et fideliter, auctoritate testium et scripture communiant, ne quoquomodo possint a posterorum animis revocari. Pastorali siquidem vigilantia quosque labefactatos consilii et auxilii stabilimento fulcire nos condecet, speciali tamen pietatis affectu filios sancte matris ecclesię quos ampliori pollere novimus privilegio sanctitatis iuste prestantiori privilegiorum nostrorum munimine tutari hos iudicavimus. Sciant igitur omnes Cristi fideles ad quos presens pagina pervenerit, quod fratribus de valle sancti Georgii ob ipsorum prerogativam meritorum, hoc pietatis largitare concessimus ut ministerialibus nostris et omnibus ecclesię nostrę fidelibus et devotis liberum ac licitum sit ecclesie predictorum fratrum quicunque ob animarum suarum redemptionem vel aliquam venditionem deo offere voluerint, dei et nostra licentia offere. Ne autem aliquis temerario ausu huic nostrę pię ordinationi obviare contendat, ipsam sigilli nostri impressione munivimus, quod si quis, quod absit, contra huius decreti nostri paginam aliqua ambitionis potestate vel etiam secularium seu ecclesiasticarum legum calliditate venire temptaverit, hunc perpetui anathematis vinculis tanquam paternarum prevaricatorem traditionum obligatum esse censemus, quia nimirum iustum non est, ut quod nostra discreta pietas Cristi pauperibus statuit, id cuiusquam insolens presumpcio conturbare presumat.

Acta sunt autem ista anno dominicę incarnationis millesimo C.XCV, indictione XIII, domino Celestino apostolicę sedi presidente, Heinrico gloriosissimo Romanorum V imperatore et VI rege imperium gubernante, electionis nostrę in archiepiscopatum Moguntinum XXXIIII, exilii nostri XXXI, reversionis vero ab exilio XIIII.

His testibus presentibus: Helmbertus Havelbergensis episcopus, Dithmarus abbas de monte sancti Petri in Erpesfort, Alboldus abbas in Folcoldiroth, Gerwicus prepositus sancti Severi, Heindinricus prepositus in Sulza, Lutherus decanus sancte Marie, Jonathas scolasticus, Cristianus cantor. Canonici: Ludowicus et Giselbertus. Capellani: Reinfridus notarius, Cunimannus et Marowardus. Laici: comes Lampertus et frater eius Ernestus, comes Wernherus de Widechenstein, Bertholdus vicedominus et fratres eius

Theodericus camerarius et Theodericus pincerna, Helewicus de Rusteberc, Heinricus scultetus in Erpesfort.

Datum Erphesfordię, III nonas Februarii feliciter amen.

Das angehängt gewesene Siegel des Erzbischofs fehlt.

121. — *Propst Wolfram von Ichtershausen bekundet die Schenkung Vinolds von Külleda und dessen Frau Agathe, bestehend in einer Hufe Landes zu Werengozesleben, deren jährliches Erträgniss von sechs Solidi zur Beleuchtung des Krankenzimmers der Ichtershausner Nonnen verwendet werden soll.* — *1195.*

In nomine sanctę et individuę trinitatis. Wolframus dei gratia pauperum Christi in Üchtrichishusen qualiscunque dictus prepositus, omnibus Christi fidelibus in perpetuum. Quoniam qui in cottidianis tam ecclesiasticis quam secularibus agimus negotiis tum ex prolixitate temporis tum corpore fragilitate naturę humanam facile fugiunt memoriam utilis ac pulchrę consuetudinis usus modum et ordinem rerum gestarum per litterarum inscriptionem ad posterorum transmittit noticiam. Hac igitur rationabili consuetudine freti, notificamus universis Christi fidelibus tam presentibus quam futuris, qualiter vir illustris nomine Vinoldus de Küllide eiusque deo devota coniux Agatha dicta, divino afflati spiritu, mansum in Werengozesleiben situm, VI solidos solventem, VI marcis argenti a nobis conparaverint et ad lumina in infirmitorum egrogantium sororum super altare sancti Georgii martiris egregii retributionis ęternę intuitu devote obtulerint. Petentibus itaque iam dictis Christi fidelibus comuni consilio statuimus, quatinus conventus domnarum nostrarum in presentiarum apud nos congregatarum sive adhuc in Christi congregandarum in cottidianis orationum suarum suffragiis seu missarum celebrationibus ipsorum memoriam faciat et post mortalis vitę huius decursum obitus sui diem memorię conmendet ac per singulos annos cum vigiliis et missa pro defunctis concelebret. Hec talis per eos facta oblatio et constitutio ut rata et inconvulsa maneat omne per evum, banno beati Petri apostolorum principis et vicarii sui domni apostolici Celestini III nec non et domni Cůnradi Mogontiensis archiepiscopi apostolice sedis legati et omnium orthodoxorum ac nostro confirmavimus et impressione sigilli nostri cartham hanc inde conscriptam roboravimus.

Acta sunt hec anno dominicę incarnationis millesimo C.XCV, indictione XIII, regnante glorioso Romanorum imperatore Heinrico huius nominis V et VI rege, feliciter amen.

An rothseidener Schnur hängt ein Siegelfragment.

122. — *Erzbischof Konrad I von Mainz, Cardinalbischof von Sabina entscheidet den Streit zwischen Nicolaus dem Küster des Stiftes S. Peter*

*zu Mainz und einigen Gärtnern über den Zehent des Gutes Brül zu
Gunsten des Erstern. — (1183 — 1195.)*

C(onradus) dei gratia sancte Maguntine sedis archiepiscopus, Sabinensis
episcopus, omnibus qui hoc scriptum inspexerint salutem in eo, qui est vera
salus. Ex officii nostri tenemur debito lites que inter subditos nostros in nostra iurisdictione emergunt secundum vigorem iuris decidere vel, ut amice inter
ipsos conponatur, diligentiam quam possumus adhibere. Unde cum multis re-
troactis annis inter Nicholaum ecclesie sancti Petri custodem et quosdam or-
tulanos verteretur querimonia super decima cuiusdam predii, quod vulgo dicitur Brule, nos dignum et conveniens duximus, ut eadem questio sententia
mediante finem debitum sortiretur. Partibus itaque in nostro constitutis et
de suo vix contendentibus, iam dictus Nicholaus presente et domno Burchardo
eiusdem ecclesie tunc preposito et assensum prebente hoc per sententiam
evicit, quod eadem decima omni iure eidem adtineret custodie. Sed quoniam
oblivionis incommodum humana patitur fragilitas, tale factum scripti et sigilli
nostri confirmatione roborari postulavit, ne ab ipso vel ab eius successoribus,
scilicet illius custodie possessoribus ad lites et contentiones recidivo dolore postmodum esset recurendum. Iustis igitur eius peticionibus annuentes Nicholaum
et omnes in prefato beneficio ei succedentes in illa decima confirmamus et
sub anathematis interdicto statuimus, ne quispiam ausu temerario hanc nostram confirmationem et presentis scripti paginam perturbare vel infringere
presumat, quam nostri sigilli impressione fecimus communiri.

123. — *Propst Arnold vom S. Marienstifte zu Erfurt (zugleich Dompropst zu Mainz) bestätigt dem Abte Gebehard von Paulinzell das
Eigenthum der Kirche zu Tamward. — (1160 — 1195.)*

A(rnoldus) dei gratia sancte Marię in Erfordę prepositus reverendo fratri
G(ebehardo) abbati de Cella domne ‖ Pauline salutem et fraternas orationes.
Quia legitimum possessorem ęcclesię in villa Tamwarde veraciter vos esse
cognoscimus, auctoritate banni nostri pacem vobis in eadem ecclesia confirmamus; ut nullus aliqua vexatione vos inquietare presumat vel dominium sive
patronatum ipsius sibi vendicare audeat, nisi sinodali iusticia coram nobis
causam movere incipiat et per iustam sentenciam perdat vel obtineat.

Spuren des angehängten Siegels sind vorhanden.

124. — *Abt Heinrich von Fulda bekundet dem Kloster Georgenthal den
Kauf des Dorfes Catterfeld für hundert zweiunddreiszig Mark Silbers
von Ludwig von Wangenheim, der seinerseits des weitern die Canoniker
des Fuldaischen Klosters zu Hünefeld wie auch Hartmann und Ortwin
von Günthersleben zu entschädigen hat. — Waldo? 1196 Jan. 20.*)*

*) Vergl. Böhmer Reg. imp. 2866 und Schultes Dir. dipl. 2. 375.

In nomine sancte et individue trinitatis. Heinricus dei gratia Fuldensis ecclesie abbas strenuissimus. Licet generalis nobis sit pietatis forma, lege divine auctoritatis indulta, ut quantum officio tantum simus et beneficio erga omnes precellentes, speciali tamen prerogativa dilectionis hiis, quos sub communi gratia in vinea domini Sabaoth nobiscum laborare novimus, ampliari protectionis solatio prodesse desideramus. Notum sit igitur tam presentibus quam futuris, quod dilectus ecclesie ministerialis Ludewicus de Wangeheym, villam quandam Katherveld nomine, quam pater eius Bertogus in concambio a canonicis de Hünevelt libere et iure suscepit hereditario, abbati Wethechino et fratribus de valle sancti Georgii, nostro et fratrum nostrorum Fuldensium assensu, legitima venditione pro centum decem et equo duarum marcarum contradidit. Partem vero eiusdem ville, que Hagen dicitur, ipse Berthogus cum uxore sua Agne et filio suo Ludewico pro viginti marcis et remedio anime sue multo tempore ante predicte contulerat ecclesie. Residuum vero possessionis illius cum omnibus pertinentiis suis videlicet pratis, cultis et incultis, pascuis, nemoribus ipse Ludewicus statuto precio ibidem vendidit et cum uxore sua Adilheida et filiis suis Berthogo et Ludewico in manu comitis Guntheri senioris de Kevernberg et filiorum suorum Heinrici et Guntheri et Ludolfi predicte ecclesie perpetuo conservanda tradidit omnibus tamen, qui aliquid iuris vel beneficii hactenus in eadem villa vel eius pertinentiis habuerunt, per huiusmodi recompensationem amotis. Advocatiam siquidem ville, quam Hartmannus et Ortwinus de Gunderichesleibin ab eo in beneficio acceperant, ipse autem ab Hermanno lantgravio, idemque lantgravius ab ecclesia Fuldensi in beneficio habebat, redditu quindecim solidorum absolvit. Colonis quoque canonicorum de Hüneveld in Gunderichesleiben pro communitate, quam sibi in parte nemoris predicte ville vendicabant, quedam exigentie annuales ab ipsis canonicis sunt relaxate, videlicet pabulum quod cellerario conferebant et nummi, quos ei ad prandium dabant, insuper Huppen triginta denariorum et denarii messionis. Preterea Hartmannus et Ortwinus mansum habent et quinque agros, Florentinus quoque cognatus eorum dimidium mansum in Gunderichsleibin ab eisdem canonicis, quindecim solidos et triginta denarios solventes, hac videlicet conditione, ut post eorum decessum redeat ad canonicos. Insuper Hartmannus duos habet mansos, quos duobus viris suis locavit, qui quamdiu annuales redditus persolverint, eos habebunt, si non persolverint, libere possidebuntur a canonicis. Ut igitur hec auctoritatis nostre pagina illibata ex hoc tempore et deinceps permaneat, testium astipulatione et sigilli nostri munimus impressione.

Huius rei testes sunt: Berengerus prepositus sancti Petri, Conradus prepositus in Rosdorf, Conradus prepositus in Huneveld. Ditherus de Hasilsteyn, Heinricus de Ertal, Erbo de Ufhusin, Wigandus dapifer, Rupertus pincerna et alii quam plures, quorum nomina in libro vite.

Siquis autem de numero fidelium quoquomodo inductus hanc confirmationis nostre paginam infregerit et in predicta bona ausu temerario violentas manus iniecerit, auctoritate apostolorum Petri et Pauli et sancte Romane sedis apostolice Celestini et Conradi Maguntine sedis archiepiscopi et nostra a liminibus sancte matris ecclesie et consortio fidelium sequestratus sit anathema maranatha, nisi resipiscens de illata iniuria predictis fratribus satisfecerit.

Acta sunt hec anno ab incarnatione domini M.C.XCVI, indictione XIIII, presidente sancte Romane sedi Celestino apostolico, regnante Heinrico sexto Romanorum imperatore gloriosissimo et rege Sicilie, dominante Conrado Maguntine sedis archiepiscopo, imperante Hermanno Thuringie lantgravio. Datum XIII kalendas Februarii, Waldo in novo monte.

125. — *Papst Coelestin III nimmt das Kloster Paulinzell in seinen Schutz und bestätigt dessen Besitzungen, besonders die Schenkung des Erzbischof Konrads I von Mainz. — Rom (1196) Mrz. 1.*

Celestinus episcopus servus servorum dei, dilectis filiis Cheboardo abbati et fratribus monasterii sancte Marie de || Cella Paulina salutem et apostolicam benedictionem. Iustis petentium desideriis dignum est nos facilem prebere consensum et vota, que a rationis tramite non discordant, effectu prosequente complere. Ea propter dilecti in domino filii vestris iustis postulationibus clementer annuimus et prefatum monasterium sancte Marie de Cella Paulina, in quo divino mancipati estis obsequio sub beati Petri et nostra protectione suscipimus et presentis scripti patrocinio communimus. Statuentes, ut quascunque possessiones, quecunque bona idem monasterium in presentiarum rationabiliter possidet aut in futurum concessione pontificum, largitione regum vel principum, oblatione fidelium seu aliis iustis modis prestante domino poterit adipisci, firma vobis vestrisque successoribus et illibata permaneant. Specialiter autem possessiones, concessiones et alia bona que venerabilis frater noster Cuuradus Maguntinus archiepiscopus, Sabinensis episcopus rationabiliter monasterio vestro concessit, sicut iuste ac pacifice possidetis vobis et per vos eidem monasterio auctoritate apostolica confirmamus. Nulli ergo omnino hominum liceat hanc paginam nostre protectionis et confirmationis infringere vel ei ausu temerario contraire. Siquis autem hoc attemptare presumpserit indignationem omnipotentis dei et beatorum Petri et Pauli apostolorum eius se noverit incursurum.

Datum Rome apud sanctum Petrum, kalendas Marcii, pontificatus nostri anno quinto.

Die päpstliche Bulle ist abgerissen.

126. — *Erzbischof Konrad I von Mainz, Cardinalbischof von Sabina schenkt beim Antritt seines Kreuzzuges nach dem heiligen Lande dem Kloster Ichtershausen die Wiese Rode genannt bei Wawithe und ertheilt demselben Zollfreiheit zu Erfurt. — Erfurt 1196 Oct. 17.*

Cônradus dei gratia Moguntine sedis archiepiscopus, Sabinensis episcopus universis Christi fidelibus ad quos presens pagina devenerit perpetuam in domino salutem. Universitati vestrę notum fieri desideramus, quod nos ob reverentiam perpetuę virginis dei genitricis Marię in via sanctę crucis, quam ingressuri fuimus, prosperari exoptantes, pratum quod est conterminum novali monasterii Üchtricheshusen, Rode vocato, situm iuxta arbustum, quod dicitur Wawithe, iam dicto contulimus monasterio hac conditione ut eo utatur ad pascendum pecora sine impedimento in perpetuum. Item iam dictum monasterium tali reddidimus libertati ut in eundo et redeundo a foro nostro Erpesfordię nullum persolvat theloneum pro hiis quę vel emerit vel vendiderit ad suę necessitatis indigentiam. Ne autem factum hoc pietatis auctor aliquis temerarius audeat violare presens scriptum ordinationis nostrę confirmativum sigilli nostri communivimus impressione omnem hominem, qui illud violare attemptaverit perpetuo subicientes anathemati dei omnipotentis, beatorum Petri et Pauli apostolorum, domni papę Celestini et nostri auctoritate.   .

Testes hii: Helmbertus Havelbergensis episcopus, Godefridus sanctę Marię prepositus cum fratribus suis: Luthero decano, Jonatha scolastico, Cristiano custode, Erico archipresbytero. Gerwicus prepositus sancti Severi cum fratribus suis: Heindenrico decano, Hermanno scolastico. Gebehardus prepositus de monte sancte Walburgae (?). Sifridus comes de Orlamund, Guntherus comes de Kervenburc et filius eius Heinricus, Lampertus comes de Glichen, Poppo de Wasungen, Bertholdus vicedomnus Erpesfordensis et alii quam plures.

Acta sunt hec anno dominicę incarnationis M.C.XCVI, indictione XIIII, regnante glorioso Romanorum imperatore et rege Sicilie Heinrico huius nominis VI. Datum Erfordię, XVI kalendas Novembris.

Das Siegel des Erzbischofs, das an grün-, roth-gelbseidenen Fäden gehangen hat. ist abgefallen.

127. — *Erzbischof Konrad I von Mainz, Cardinalbischof von Sabina bestätigt dem Kloster Weende dessen Rechte und Freiheiten und nimmt dessen aufgezählte Güter in seinen Schutz.* — *1196.*

In nomine sancte et individue trinitatis in perpetuum. Conradus dei gratia Moguntinus archiepiscopus, Sabinensis episcopus. Quoniam inter remedia humane salutis innumera amplius ad salutem animarum videntur provenire beneficia ecclesiis dei collata, ideo indignitate nostri pontificatus, preveniente nos gratia dei et sequente, ubi necessitas expedit, sustentationes pauperum et Cristi fidelium ad augmentandam religionis formam a deo debemus erogare, quatinus proinde retributionis eterne premia mereamur assequi et servitia dei sancte conversationis studio valeant stabiliri. Igitur notum esse volumus tam futuris quam presentibus, qualiter agente dilecto nobis in Christo filio Wolveramo preposito locum novelle plantationis in Winethe sub nostre tuitionis defensionem recepimus, ut favoris nostri auxilio tam in divinis quam in humanis rebus salutari proficere valeat incremento. Liber namque cum omnibus proprietatibus et attinentiis suis, ante quam nobis traderetur a prefato preposito et unanimi assensu congregacionis in iurisdictionem archiepiscopatus nostri, fundatus ad honorem domini nostri Jehsu Christi et perpetue virginis Marie, in prepositura Northunensi, sub patrocinio sancti confessoris et pii pontificis Nycolai subtsitit, sacrisque virginibus sub regula sancti Augustini militaturis prepositorum nomine dicatus est. Considerantes itaque devocionem, quam nobis et ecclesie Moguntine idem locus in iure patronatus exhibuerat, omnia loco attinentia, adquisita et adquirenda, ipsis, qui nunc manent et hiis qui posteritate temporis in eodem futuri sunt, in perpetuum confirmare decrevimus. Preterea ad victus cottidiani supplementum pro anime nostre remedio dedimus eidem loco decimam, que de mansis decem in villa Winethe colligitur, qui iure proprietatis eidem attinent monasterio; statuimus etiam, ut prepositus aliquem nobis offeret loci iam dicti procuratorem sive defensorem, cui procurationem sive defensionem eius committeremus, si ad hoc utilis videretur nobis et commodus ecclesie. Nullatenus autem permittimus preposito potestatem inbeneficiandi aliquem hominem hiis, que ad stipendium deo servientium conquisite sunt, elemosinis. Defuncto vero preposito in electionem alterius regularis professionis, qui ad hoc officium sit ydoneus, illic manentes liberam habeant potestatem. Precipimus etiam in virtute obedientie et sub pena anathematis, ut quicumque fratrum ad curam prioris ecclesie fuerit deputatus ubi primitus erat congregatio, quicquid receperit |de oblationibus fidelium, non sibi usurpet sed universum preposito representet ad communem utilitatem. Concessimus insuper, ut quicunque respectu divino velit ad sepe dictum monasterium tale habere confugium, ut ibi sepeliatur, nostram super hoc habeat licenciam et in quocumque loco decesserit, eo transferatur nullo prohibente cetero iure sui pastoris inviolato permanente. Ad hec concedimus, ut si quis ministerialium Moguntine ecclesie allodium suum, sive quascunque possidet proprietates, pro honore dei et beati Nykolai prius memorato conferre voluerit monasterio, nostra ad hoc licencia perfruatur. Ne autem aliquis instinctu diaboli nocendi studio hanc nostram ordinationem adeo rationabilem presumat attemptare, presentem paginam facti nostri impressione communivimus et testium adhibitione roboravimus, omnem hominem qui dei timore posthabito eam aggressus fuerit violandi animo, auctoritate omnipotentis dei, beatorum Petri et Pauli apostolorum nec non domini pape Celestini et nostri perpetuo subicientes anathemati. Hec sunt bona predicti cenobii, que sub banni nostri protectionem suscepimus simul cum adquirendis: decima in Uthelradeshusen et sedecim mansi, in Werthershusen quatuor mansi, in Rorhungen quatuor mansi, in Amburnen quatuor mansi, in Rostorph duo mansi, in Yese quatuor mansi et molendinum, in Reinoldeshusen octo mansi, in Dudinnenhusen tres mansi et dimidius, in Winethen duodecim mansi, in Westirrod et in Mundingerod due decimationes, in Desingerod et in Aspelingerod et in Wiericheshusen decima de septem mansis, in Snen tres mansi.

Nomina testium: Hellenbertus Havelbergensis episcopus, Godefridus ecclesie sancte Marie in Erpsfurdia prepositus, Gerwicus sancti Severi prepositus, Hetthenricus de (Sulze*)) prepositus, Lutherus decanus, Jonathas scolasticus, Giselbertus, Hericus et alii quam plures ecclesie predicte virginis canonici; Hetthenricus decanus sancti Severi, Cunemannus presbiter noster capellanus, Hermannus et Giselbertus notarii. Laici quoque: comites Lambertus et Ernestus de Glichen, Ludolfus de Dasle. Nobiles: Hermannus de Novali, Hartmannus pater Strigerii, Albero de Bisenrot. Ministeriales: Hellewicus de Rusteberg vicedominus, Bertoldus in Erpsfurdia vicedominus, Thirricus camerarius, Thirricus pincerna, Strigerius dapifer, Henricus in Erpsfurdia scultetus, Hermannus Werra, Wernerus quoque de Jechaburch prepositus nec non et alii quam plures tam laici quam clerici, viri bone fame atque commendabili.

Acta sunt hec domino Celestino apostolice sedi presidente, Henrico sexto Romanorum imperatore gloriosissimo imperium et regnum Sicilie gubernante, anno dominice incarnationis millesimo, centesimo, nonagesimo sexto, indictione quarta decima, anno quoque nostre electionis in Moguntinum archiepiscopatum XXXVI, exilii XXXII, reversionis vero quarto decimo.

128. — *Erzbischof Konrad I von Mainz, Cardinalbischof von Sabina, erlaubt, dasz dem Kloster Bronnbach die Güter zu Dörlesberg, die Sibodo von Zimmern vom Pfalzgrafen am Rhein und dieser von der Mainzer Kirche zu Lehen trug, geschenkt werden dürfen, wenn der Pfalzgraf zustimme. — 1196.**)*

In nomine sancte et individue trinitatis. Conradus dei gratia Moguntine sedis archiepiscopus, Sabinensis episcopus in perpetuum. Licet ex eo, quo divina favente clementia fungimur pontificatus officio, universis Jesu Christi dilectoribus pro modo nostre possibilitatis teneamur inpendere opera karitatis, hiis tamen curam debemus adhibere inpensiorem, qui curam proprii corporis non curantes strictiori iugo dominice servitutis colla subdiderunt. Unde notum fieri volumus tam futuris quam presentibus, quod nos dilecto nostro Sibodoni de Cimberen licenciavimus, ut bona, que in Dorlich palatinus comes Reni a Moguntina in beneficio tenet ecclesia et ab ipso tenet Sibodo, pro remedio anime sue Burnebacensi conferat cenobio ea condicione, si ad preces eius comes palatinus iuri suo in eisdem bonis voluerit renunciare. Ne autem aliquis hoc factum nostrum pietatis ausu temerario attemptet infringere, presentem paginam sigilli nostri inpressione fecimus communiri, omnem hominem hoc factum infringere attemptantem perpetuo subicientes anathemati.

Acta sunt hec anno dominice incarnacionis M.C.XCVI.

War doppelt besiegelt, vom Erzbischof von Mainz, dessen Siegel aber ganz verletzt ist, und wahrscheinlich vom Pfalzgrafen am Rhein Heinrich dem Welfen, denn von der Umschrift des zweiten Siegels ist noch S. HEINRICI .... zu lesen.

---

*) In der Copie steht irrthümlich: Fulre.
**) Vergl. Mone Zeitsch. für die Gesch. des Oberrh. 2, 296.

129. — *Erzbischof Konrad I von Mainz und Cardinalbischof von Sabina bestätigt dem Kloster (Schul)pforta die Zehentfreiheit besonders betreffs der Weingärten zu Borsendorf. — (1183 — 1196.)*)*

In nomine sanctae et individuae trinitatis. Conradus dei gratia Moguntinae sedis archiepiscopus et Sabinensis episcopus. Cum pro moderaminis nostri officio religiosorum utilitatibus consulere et auctoritate dei et nostra omnem inimicitiae propulsare tenemur iniuriam notificandum duximus, quod venerabiles fratres in Porta iuxta decretum cyrographi quod contulit ipsis Innocentius papa et secundum decretum Eugenii quod toti ordini Cisterciensium tradidit, sed et secundum privilegii, quod Portentibus specialiter in Venetiis in presentia nostra et concilii ab Alexandro papa collatum est ab omni iure decimarum et de animalibus, que per conversos suos nutriunt, omnimodis sunt absoluti. Unde nos quoque apostolicis decretis innitentes similiter decernimus et auctoritate dei et nostra prohibemus, ne quis de cetero infra archiepiscopatus nostri ambitum et precipue in Borsindorff aliquam decimam ab ipsis de nutrimentis animalium suorum ullatenus presumat exigere. Porro quia ecclesia in Borsindorff decima IIII mansorum vel aliquanto minus dotata fuerat inviolabiliter statuimus, ne de aliis mansis quos vel postmodum conquisierunt vel adhuc conquisituri sunt decimas exolvere cogantur preter antiquum ius quod ex consuetudine per provinciam solvitur, quia prorsus a iusticia alienum esse dinoscitur, si de his rebus decime ab eis exigantur, que nec a secularibus prius exactae fuerant. Notificamus nihilominus, quod Henricus et Wernerus fratres decimam de una vinea propria ipsorum eidem ecclesie in Borsindorff iure dotali dederunt, sed et de alia quadam vinea fratris ipsorum Gerhardi, quam ab eo iure censuali sicut ipsimet attestantur, quamdiu sub cultura eorum esset, habuerunt, preter conscientiam et consensum ipsius sponte obtulerunt. Unde quia idem Gerhardus eandem vineam propriam et sibi singulariter delegatam ab omni decima absolutam et liberam, sicut ipse in presentia nostra in Gevegensteyn contestatus est, prefatis fratribus in Porta cum omni utilitate contulit, decernimus atque districte inhibemus, ne quisquam deinceps aliqua exactione decime eiusdem vinee praememoratos fratres ullatenus gravare presumat. Siqua vero spiritualis secularisve persona decretum predictorum apostolicorum et nostrum scienter violaverit et rapinam omnium possessionum in Borsindorff ipsorum monachorum seu alienationem aliquam molita fuerit tertioque commonita emendare contempserit, excommunicationi dei et supra dictorum apostolicorum et nostre atque divine ulcionis examini subiacere se sciat.

130. — *Erzbischof Konrad I von Mainz und Cardinalbischof von Sabina bestätigt dem Kloster Walkenried aufs neue die demselben früher*

---

*) Vergl. Wolff Chronik des Klosters Pforta 1, 203.

*(1184) von dem Propst Burkhard von Jechaburg tauschweise über-
laszenen Güter, die nun der neue Propst Werner von Jechaburg demselben streitig machen will. — 1196.*)*

In nomine sancte et individue trinitatis. Conradus dei gratia Moguntine
sedis archiepiscopus, Sabinensis episcopus in perpetuum. Quoniam in cure
pastoralis specula divina ordinante gratia sumus expositi, ita super gregem
nobis creditum tenemur vigilare, ut non tautum ab instantibus fortune fallen-
tis casibus, verum ab inopinatis cuilibet debeamus providere, qui se de gregis
nostri esse numero profitetur. Unde notum fieri volumus tam futuris quam
presentibus, quod fratrum consensu et advocati, Jecheburgensis ecclesie prepositus Burchardus quedam bona iam dicte ecclesie in concambio tradidit monasterio in Walchenriethe, secundum quod plenius exprimitur in quodam alio
scripto nostro, quod in confirmationem eiusdem conmutationis sive concambii
dilecto nobis ‚in Christo filio Dithmaro abbati et eius monasterio aliquando
tradidimus. Succedens autem preposito Burchardo Warnerus decanus maioris ecclesie Halverstadensis questionem movit iam dicto abbati super eodem
facto, affirmans illud esse minus rationabile unde et iustum esset ipsum retractari. Abbas vero licet esset satis communitus scripto nostre confirmationis, tamen propter cautelam habundantem accessit ad prepositum Burchardum in nostra presentia et testium subscriptorum rogans, ut veritatem rei ab
illo inquireremus. Qui per virtutem obedientie requisitus et per anime sue salutem dixit predictam conmutatiouem rationabiliter factam et cum sue scilicet
Jecheburgensis ecclesie indempnitate, cuius tunc erat prepositus. Ea propter
nos item presentem paginam predicte conmutationis denuo confirmativam sigilli nostri appositione insignivimus sub pena excommunicationis precipientes
auctoritate omnipotentis dei beatorum Petri et Pauli apostolorum, domni Celestini pape et nostri, ne de cetero super dicto sepe concambio aliquis hominum abbati prenominato et eius monasterio questionem moveat, ipso bona
eadem quiete possidente et in eadem libertate qua fuit sub preposito Burchardo in perpetuum perdurante.

Nomina testium sunt hec: Henricus maioris ecclesie Moguntinensis decanus, Wortwinus sancti Victoris prepositus, Prepositinus maior in Moguntia scolasticus, Rochardus cellerarius, Emecho et Wolenandus ecclesie maioris
Moguntinensis canonici.

Acta sunt hec anno dominice incarnationis M.C.XCVI, indictione XIIII,
domno Celestino papa apostolice sedi presidente, Henrico sexto gloriosissimo
Romanorum imperatore, Rom(anorum) imperium et regnum Sicilie feliciter
gubernante, anno quoque nostre electionis in Moguntinum archiepiscopatum
XXXVI, exilii XXXIII, reversionis vero XIII.

Das erzbischöfliche Siegel hängt.

131. — *Erzbischof Konrad I von Mainz, Cardinalbischof von Sabina,
bestätigt den Nonnen des Marienklosters zu Worms zur Deckung ihrer*

---

*) Vergl. Urkkb. des hist. Ver. für Niedersachsen. 2 • 1, 36.

groszen Bedürftigkeit die Schenkung ihrer Äbtissin (Sophie), nämlich die Kirche zu Haslach. — (1196.)*)

Cunradus dei gratia Maguntinus archiepiscopus, Sabinensis episcopus in perpetuum. ‖ Quoniam virorum prudentium et maxime personarum ecclesiasticarum interesse dinoscitur, factis pietate suffultis annuere et ne per iniquorum hominum malitiam subvertantur, sollicite providere, inde est quod nos donationem, quam abbatissa de ecclesia beatę Marię in suburbio Wormaciensi fecit eidem cenobio, cognoscentes de fonte pietatis emanasse, approbamus, presertim cum eandem ecclesiam summa necessitatis indigentia videamus laborare. Proinde predictam traditionem ecclesię in Hasela, quam per manum Wormaciensis episcopi memorata abbatissa in subsidium sororum devote deo servientium super altare donavit, accedente voluntate et coniventia totius capituli maioris ecclesia in Wormacia ratam haberi volentes, auctoritate apostolica et nostra confirmamus et ut inconvulsa propagetur in posteros impressione sigilli nostri roboramus.

Das erzbischöfliche Siegel hängt.

132. — *Bischof Helmbert von Havelberg bezeugt die Einweihung der dem Kloster zu Ichtershausen zugehörigen Capelle S. Johann des Täufers zu Crispeleben, erzählt deren früheren Schicksale und bestätigt ihre Rechte. — 1197 Jul. 27.*

C. In nomine sanctę et individuę trinitatis. Helmbertus dei misericordia humilis ecclesię Havelbergensis episcopus. Ad universorum tam futurorum quam presentium Christi fidelium noticiam pervenire cupimus, quod pio nos urgente dilectionis affectu, quo semper collegium sanctarum feminarum in Üchtrichishusen amplexati sumus, et pro petitione dilecti nostri Wolframi eiusdem ecclesie prepositi, cuidam capellę sancti Johannis Baptistae in Crispeleiben site auctoritate domni Cunradi venerabilis Moguntinensis archiepiscopi manum consecrationis imposuimus, cuius donationem ab ipsis plene cognoscentes eis petentibus huic scripto inserere curavimus. Anno siquidem ab incarnatione domini millesimo C.LXXXIIII Hartungus quidam filius Hartungi de Sunnebrunnen libera quidem matre progenitus ministerialis tamen ecclesię Fuldensis dominicę passionis loca visitare cupiens, tum divinę remunerationis, tum ob memoriam matris sue felicis memorie Berthradis, pro salute quoque anime sue parentumque suorum eandem capellam primo ab ipso a fundamento constructam et a venerabili Wormatiensi episcopo Buggone consecratam, permissione domni Cůnradi abbatis Fuldensis beato Georgio martiri et ecclesię in eius honore in Üchtrichishusen dicatę, consensu germanę suę Berthę et heredum eius sine contradictione sub testibus idoneis perpetuo iure possidendam cum omnibus attinentiis delegavit. Miles autem quidam Adeloldus, cuius edificia curie, quam a memorato Hartungo iure feodali possederat, predicte capelle contigua fuerant, homo sine deo multas iniurias ecclesie in Üchtrichishusen intulit, pro quibus ex querimonia iam dicti prepositi per domnum archiepiscopum Cünradum vinculo anathematis sinodaliter multo tempore fuit innodatus, cuius exigente tyrannide et divino ut credimus iudicio, pariter cum domo sua predicta capella penitus est exusta, sicque non multo post sine penitudine defunctus est. Verum cum post reparationem manum consecrationis expectaret, filii predicti Adeloldi, Adelbertus et Hermannus, ne peccato patris involverentur, ad subveniendum quoque anime ipsius omni iuri si quod habere videbantur abdicantes, ostium versus curiam ad septentrionalem plagam muro clauserunt insuper et de area curie eiusdem quantum ad circuitum processionis in sanctis diebus sufficeret eidem capelle consignaverunt. Preterea quidem cives memorate ville divino spiritu afflati quosdam agros in presentia nostri et plurimorum testium super altare sancti precursoris domini obtulerunt et delegaverunt, quorum nomina sunt hec: Cristianus agrum, Cristianus filius eius I, Egilfridus I, Heinricus I, Fridericus I, Hildebrandus I, Hedewiga I. In die itaque consecrationis prefatam donationem cum omni iure et dote suscripta, auctoritate beati Petri apostoli et vicarii sui domni pape Celestini et domni Cünradi Mogontiensis archiepiscopi, nostra quoque confirmantes, ut nullus predicte ecclesie iniuriam inferre presumat sub vinculo anathematis interdiximus. Eadem vero capella parochie, que in villa sita est, in nullo tenebitur obnoxia sed sine baptismo, sine sepultura nisi parochianus indulgeat, permanens, liberam et sine contradictione prepositi in Üchtrichishusen habebit iure patronatus locationem. Si qui vero de civibus in beneficio agrorum vel aliarum rerum respicere voluerint capellam, parochianus nullam illud prohibendi habebit potestatem. Ut autem huic scripto maior et validior inesset auctoritas, sigilli nostri notam ei impressimus. Testes horum sunt tam clerici quam laici, omnes qui ad eiusdem ecclesie dedicationem confluxerant. Hec est dos attinens memorate capelle: in Florstete mansus solvens VII solidos; in Widilbrunnen dimidius mansus solvens IIII solidos et dimidiam sexagesimam avene et dimidium schefel frumenti et II pullos; in Crispeleibe dimidius mansus solvens V solidos et duo curtilia solventia V solidos et duos denarios; in Eichilbrunnen dimidius mansus solvens IIII solidos.

Anno dominice incarnationis millesimo C.XCVII, indictione XV, VI kalendas Augusti, regnante glorioso Romanorum imperatore et rege Sicilie Heinrico huius nomine VI consecrata est capella in Crispeleibe a me humili Havelbergensis ecclesie episcopo Helmberto sub patrocinio sancti Johannis Baptiste cum novo altari, consensu domni Cünradi Mogontensis sedis archiepiscopi, agente Wolframo preposito ecclesie sancti Georgii martiris in Üchtrichishusen sub domno Celestino papa III.

Continentur autem in eodem altari relique sanctorum. Hec relique sanctorum invente sunt in priori altari sub sigillo Wormatiensis episcopi Buggonis: de sepulchro domini, de vestimento domini, de veste sancte Marie virginis, Johannis Baptiste, Petri apostoli, Pancratii martiris, Bonifacii episcopi et martiris, Venantii martiris, Secundi martiris, Martini episcopi, Innocentii papae, Luciȩ virginis et martiris, Anastasiȩ martiris, Felicitatis martiris, Eugeniȩ martiris.

Iste reliquie sanctorum super additȩ sunt a preposito: de ligno domini, Lucȩ Evangeliste, Laurentii martiris, Georgii martiris, Sixti pape et martiris, Constantii episcopi et martiris, Kiliani episcopi et martiris et sociorum eius, Victorini martiris, Adelarii episcopi et martiris, Servatii episcopi, Annonis archiepiscopi, Egidii abbatis, Benedicti abbatis, Agathȩ martiris, Margaretȩ martiris, Concordiȩ martiris, Deumathȩ virginis et martiris, Panafretȩ virginis et martiris, Verenȩ virginis, Scolastice virginis, undecim milium virginum et aliorum plurimorum sanctorum. *)

Das Siegel zeigt die Umschrift: HELEMBERT* DEI GRA. ɴAVE .. ECCLIE EPC.

133. — *Propst Ludolf von Heusdorf verkauft dem Kloster Georgenthal einen Hof mit sechs Hufen Landes zu Rudolstadt für siebzig Mark.* — 1197.

In nomine sancte et individue trinitatis amen. Quoniam rerum oblivio incerta pariter omnia et re sub incerto posita universisque in rei alicuius ventilatione nititur asserere, quod ȩue patrocinatur utilitati potius, quam quod nude astipulatur veritati, idcirco providentia hominum statuit quod eciam censura ecclesiastica approbavit, ut in contractibus fidelium rerum gestarum series scripto committatur, ut sic earumden notitia posteris ingeratur. Unde ego Ludolffus prepositus in Hugestorp notum facio tam presentibus quam futuris, quod paci et utilitati nostre consulens bona quedam a nobis nimis remota et ideo minus utilia, scilicet VI mansos cum quadam curia et omnibus pertinentiis suis in Riudelstete fratribus de Valle sancti Georgii pro septuaginta marcis vendidimus, cum assensu Juthe priorisse, et totius conventus. Huius rei obtentu ut ex eadem pecunia bona nobis viciniora emeremus, quod non est bona alienare set sub concambio recompensare. Et ne quis presentium vel futurorum temeraria presumptione hoc infirmare aut infringere presumat sigilli nostri appensione confirmamus.

Actum est hoc anno domini M.C. nonagesimo septimo, indictione XV, presentibus hiis testibus: Conrado, Statio, Bertholdo sacerdotibus et canonicis, Eberhardo, Heinrico, Erico conversis et aliis pluribus.

134. — *Die angewiesenen Richter des Mainzer Domcapitels: Heinrich Domdechant, Ortwin Propst von S. Victor und Ruthard Dom-*

---

*) Auf der Rückseite der Urkunde steht von der Hand des Propstes Wolfram geschrieben: Domnus Helmbertus Havelbergensis episcopus dedicationem capelle sancti Johannis Baptiste in Crispeleiben site VI kalendas Augusti ab ipso factam, habito ad populum sermone VIII kalendas Augusti hoc est in festo sancti Jacobi apostoli, futuris semper temporibus agendam auctoritate pontificali constituit.

kellermeister berichten dem Bischof Helmbert von Havelberg als Stell-
vertreter des Erzbischofs von Mainz über den Streit zwischen dem
Kloster Walkenried und dem Propste Werner von Jechaburg, wie auch
über die Entscheidung des Erzbischof Konrads I zu Gunsten des Er-
stern. — (c. 1197.) *)

H(elmberto) venerabili Habilbergensi episcopo ac suis coniudicibus delegatis summi pontificis Moguntinę iudices delegati devotum obsequium cum

---

*) Vergl. Urkkb. des hist. Ver. von Nieders. 2. (Die Urkk. des Stiftes Walkenried
1, 37). Der vielfach erwähnte Streit über die Güter zu Urbach (vergl. Urkkb. des
hist. Ver. von Nieders. l. c. 25 und oben Nro. 130) wurde endgiltig erst 1206 ent-
schieden und ausgeglichen, wie die folgende Urkunde des Jechaburger Propstes
Werner zeigt (vergl. Urkkb. des hist. Ver. von Nieders, l. c. 53).

In nomine sancte et individue trinitatis. Wernherus dei gratia Jecheburgensis
ecclesie prepositus universitati fidelium cui hoc scriptum innotuerit in perpetuum.
Ad cautelam retractationis, ne utrimque concorditer ordinata valeat dissilire transactio, placuit pari voluntate roborari et scripto, ne forte sua carens firmitate va-
cillet actio, si a quoquam in posterum perturbande pacis studio emergat obiectio.
Noverit igitur tam presentis quam future etatis successio, quod domnus Burchardus
beate memorie Jecheburgensis ecclesie, cui ego Wernherus successi, prepositus,
supplicante conventu in Walkenred pro loci conmoditate concambium fecit cuiusdam predii in Urbeke XXV marcis ab eodem preposito inpignerati et a prefatis
monachis pro totidem marcis redempti, solventis reditus XXIIII solidorum, receptis
aliis reditibus eiusdem estimationis in Horwirtere videlicet X solidis, in Eriche
VIII, in novali iuxta Oweleven VI, respondentibus sibi invicem equali proventu
utrobique prediis. Ego vero ad quem procuratio ecclesie proxime et immediate
devoluta est, videns eam dampnificatam domnum Thitmarum, predicti monasterii
abbatem coram iudicibus delegatis super eodem facto conveni, sed ille fiduciam
habens contractum tam precise factum, parem hinc inde solventem pensionem re-
scindi non valere, in presentia domni Conradi Moguntine sedis archiepiscopi, quomodo super hoc articolo pulsaretur, proposuit. Archiepiscopus adhibitis, quibus
redi necesse fuit, personis pro huius veritatis cognitione ad domnum Burchardum
prefatum prepositum misit, qui et tunc, quasi in extremis agebat. Ille contestans
deum et viam quam ingressurus erat, predictam conmutationem tali disquisitione
tanta examinatione constare, ut neutra pars dampni, periculo deberet iuste moveri
et precipue Jecheburgensem ecclesiam fore indempnem. Huic attestationi subscri-
bens domnus archiepiscopus auctoritate sui sigilli corroboravit quod factum erat,
iudicans hoc non oportere denuo convelli vel retractari. Nichilominus tamen Thitmarus pro reverentia Jecheburgensis ecclesie et pro comparando sibi favore nostro
et bono pacis, ne emergentibus negociis et causis quibus presidemus abbatem minus honorabilem haberemus. apposuit predicto concambio reditus XX solidorum. adiciens pro conservatione mutue dilectionis et sopiende litis consilio X marcas: ar-
gentum quidem nobis cessit, sed quia fundus quem depotavit minus placuit facta
est veteris et nove pactionis molesta dissolutio. Medio temporis domnus Thitmarus in custodia mandatorum dei clausit dies suos et cessit eiusdem loci anmini-
stratio abbati Heidenrico. Quem cum nos tamquam successorem successionis obi-
cientes titulum super priori questione pulsaremus, fractus tedio et molestiis et volens
exuere omnem difficultatem aucmentum quod inchoaverat domnus Thitmarus am-
pliavit ita, ut summa redituum excresceret usque ad LX solidos annuatim persol-
vendos. Quos cum ad presens abbas assignare non valeret, pro defectu XII soli-

sincerę dilectil|onis plenitudine. Cum vestra non ignoret prudentia illud ewangelicum elogium, in quo salvator, id est Christus, qui caput est sacratissimi
corporis sanctę katholicę ecclesię ait: Ego sum via et veritas, nos cum simus
membra et filii eiusdem sacrosancte matris ecclesię ab ipso nostro capite videlicet Christo ipsam veritatem constantissime asserendo non debemus discrepare. Inde siquidem est, quod nos rem aput nos gestam nobis notam ac
testibus ydoneis manifestam super causa, que versatur inter venerandum abbatem Dietmarum et fratres suos de Walcenride et dilectum fratrem nostrum
Wernherum Gechenburgensem prepositum, dignum vobis duximus et omnium
Christi fidelium posteritati meram veritatem declarare. Veniens igitur ad
domnum nostrum archiepiscopum prefatus Gechenburgensis prepositus Werenherus querimoniam movit de concambio quorumdam agrorum ecclesię suę
et abbatis de Walcenride irrationabiliter peracto. Cuius rei veritatem scire volens domnus noster Moguntinus archiepiscopus iam dictum abbatem in civitatem Moguntiam venire precepit et ibidem Heinricum maioris ecclesie decanum, Ortwinum sancti Victoris prepositum, Rûthardum maioris ecclesie
cellerarium, magistrum Emichonem nostrum concanonicum et alios nostros
fratres misit ad Burchardum prepositum, qui in extremis laborabat et eandem
preposituram Gechenburgensem iam dudum resignaverat, ut eum per sanctam

dorum turbata est compositio. Domno itaque Heidenrico ad altiora concendente
factus est eiusdem loci domnus Heinricus abbas, cui cum defectum nostrum et imperfectionem sepe iam dicti concambii obiceremus, habito consilio cum suis ut perpetualiter sibi conciliaret favorem nostrum et ecclesie, viris industriis pacis amatoribus et ad concordandum ydoneis interpositis, ob mutue dilectionis obsequium
amicabili compositioni se dedit et quatinus deinceps omnis cessaret simultatis occasio et domus illius religiosa cohabitatio perpetua nobiscum pace frueretur, suppletionem ab aliis omissam pro nostra voluntate conplevit, adiciens priori conmutationi XX solidos in Badere, XXVIII solidos in Hereden, VIII in Sunthusen,
IIII in Steinbrucken, insuper X marcas eo videlicet fine, ut areas et homines ad
mansos pertinentes ab omni inpedimento et absolutas ecclesie in Walkenred cum
omnibus attinenciis possidendas consignemus, quod et fecimus et sic omnis controversia sive molestia sive turbatio de concambiis et de ecclesiis ipsorum, scilicet
Gunceroth et Mestede inter prenominatas ecclesias in perpetuum eliminetur.
Igitur ut huius conpositionis forma rata perseveret in evum et inconvulsa, presentem paginam huius facti confirmativam tam nostri quam Jecheburgensis ecclesie
sigilli roboravimus inpressione.
Acta sunt hec anno dominice incarnationis M.CC.VI.
Huius conpositionis sunt testes: domnus Christianus decanus, Fridericus scolasticus, Dithardus, Hermannus de Wurre, Johannes, Hildebrandus, Reinbardus, Hermannus de Eriche, Conradus, Wernherus, Ditmarus, Heinricus, Fridericus de Northhusen sacer(dos), Conradus de Ballenhusen, Heinricus de Salzan sacer(dos), Ortho
de Gruenbeke.... Laici: Fridericus sculthetus de Northusin, Sifridus advocatus
eiusdem civitatis, Hermannus de Wurre iunior, Heinricus de Heringen, Heinricus
de Stochusen, Reinbardus de Nore, Widego de Kyrichberc, Theodericus de Salsan,
Heidenricus cognomento puer. Burgenses de Northusen: Hermannus deiswar, Petrus, Willehelmus cremaere, Heinricus de curia regis, Heinricus de porta.

Die Siegel des Propstes und Stiftes zu Jecheburg hängen daran.

obedientiam et salutem animę suę interogarent, si eadem commutatio agrorum rationabiliter et iuste fuisset consummata. At ille requisitus per salutem anime suę et veram obedientiam respondet, quod ea commutatio inter eum et abbatem de Walcenride habita, consensu utriusque capituli et advocati eiusdem Gechenburgensis ecclesię sine omni indempnitate ecclesię suę facta fuerit. Prefati vero nuncii ad domnum revertentes archiepiscopum ipsi retulerunt super hac causa Burchardi Gechenburgensis quandoque preposito verum testimonium. Sane archiepiscopus quesivit in sentencia, an ipse huius iustę commutationis factum deberet confirmare et sententiatum fuit, talem conmutationem a deo rationabiliter determinatam ipsum debere confirmare. Igitur secundum latam sentenciam domnus archiepiscopus in presentia multorum tam clericorum quam laicorum auctoritate Petri et Pauli apostolorum et sua iam sepius prelibatam commutationem agrorum que facta fuit inter abbatem de Walcenride et fratres suos et B(urchardum) Gechenburgensem et fratres eiusdem ecclesię viva voce confirmavit, ac illud confirmationis privilegium inpressione sigilli sui munitum eisdem fratribus de Walcenride dari constituit. Hec omnia hoc ordine quo dicta sunt veraciter processisse sciunus et super hiis testimonium in omni loco si necesse fuerit perhibebimus.

Das Siegel des Mainzer Domkapitels mit der Umschrift: SANCTVS MARTINVS EPS. hängt unverletzt daran.

135. — Abt Ditmar von Walkenried macht die seinem Kloster gewordene Schenkung von vier Feldern zu Northausen mit dem jährlichen Erträgniss von zweiundzwanzig Solidi durch den dortigen Canonikus Gottschalk bekannt. — (1178 — 1183 oder 1188 — 1197.)*)

Dithmarus dei gratia Walkenredensium vocatus abbas, sancte ecclesie filiis universis tam presentibus quam futuris successione perpetua. Nos qui fidelium oblatione sustentamur et vivimus, donationes quas pro peccatorum suorum remedio ipsi largitores annua nobis consolatione amministrari statuerunt, karactere quodam signanter exprimere ab eis exigimur, quatinus eorum memoria nulla in posterum decedentibus nobis oblivione supprimatur dum annua ipsorum oblatio ipsorum imaginis pariter et nominis redivivum semper sit monimentum. Unde notum facimus, quod quidam probe pollens canonicus sancte crucis in Northusen Godescalcus nomine, qui etiam pastor et sacerdos ecclesie sancte Margerete preest, pro peccatorum suorum absolutione quatuor ecclesie nostre areas in Northusen XXII solidos persolventes contradidit, uti videlicet idem census apud nos domui hospitum annua redditione famuletur et in usus, necessitates quoque inibi adventantium dispensetur, post ipsius quoque Gosdescalci obitum anniversaria defunctionis eius dies cum lauciori plus solito cibo et potu in conventu refectio singulis semper annis peragatur, que videlicet refectio a communi fratrum promptuario preparanda

*) Vergl. Urkdb. des hist. Ver. für Niedors. 2 *, 33.

erit. Hanc itaque delegationis et constitutionis formam sicut taxavimus ratam et inconvulsam deinceps in omnia tempora esse decernentes, auctoritate dei omnipotentis et pastoralis officii preceptione roboramus et ne quispiam temerario ausu infringere eam vel cassare audeat, in virtute spiritus santi et sancte obedientie mandato prohibemus.

136. — *Landgraf Hermann I von Thüringen, Pfalzgraf zu Sachsen bestätigt dem Kloster Ichtershausen die Schenkung der Wittwe Hedwig und ihres Sohnes Cunimund von acht Hufen Landes zu Buttstädt, Vargula und Rudolstadt. — Ekardsberg 1199 Nov. 15.*

In nomine sancte et individue trinitatis. Hermannus dei gratia Thuringie lantgravius et Saxonie comes palatinus universis Christi fidelibus tam futuris quam presentibus pacem et salutem in perpetuum. Ex suscepti sollicitudine moderaminis domino deo et precioso martiri Georgio recognoscimus nobis imminere, quod ecclesiis infra principatuum nostrorum terminos constitutis debeamus pervigilem curam gerere et contra quelibet adversa nostre parmam defensionis sagaciter opponere. Notum itaque fieri volumus omnibus Christi fidelibus, quod de familia nostra matrona quedam de Vargla, Hedewiga nomine, deo devota, vidua Cunimundi, contulit pro remedio animarum filiorum suorum Cunimundi cognomento albi et Cunimundi, qui dicebatur sinister, qui in peregrinatione dominice crucis nature mortali beato fine debitum solverunt, beato Georgio martiri et Christi pauperibus in Üchtrichishusen mansum unum situm in Vargla. Preterea ad locandam inibi eiusdem Cunimundi sinistri filiam predicta matrona cum filiis et heredibus contradidit prefato cenobio mansum in villa Buthstete maiori situm, marcam annuatim solventem. Succedente autem modico tempore placuit filio eiusdem Hedewige Cunimundo cognomento magno, qui etiam in prefatam donationem cum fratribus suis consensit, et propriam filiam et filiam fratris sui Heinrici marescalci in eodem offerre cenobio quod et fecit assignans tres mansos in villa Vargla presente matre et fratre Cunimundo crispo et consentiente. De predictis vero tribus mansis mansus et dimidius perpetuo debent attinere ecclesie ex donatione eiusdem Cunimundi magni, de reliquo autem manso et dimidio permissum est, ut si idem Heinricus marscalcus tempore dum vixerit eos redimere voluerit, de XX marcis ab ecclesia redimat, quod si eo vivente non fecerit, sine omni contradictione heredum vel aliquorum successorum ecclesie attineant. Contulit preterea memorate ecclesie sepedictus Cunimundus magnus nostro consensu et in nostra presentia, matris quoque ac fratrum suorum tres mansos in Rüdisdorf sitos, XXX solidos annuatim solventes, unum videlicet pro anime sue remedio alios vero duos pro filia sua adhuc parvula inibi locanda. His itaque donationibus et a matre et a filiis tam devote quam salubriter preordinatis, cum de perficiendo et stabiliendo noster requiretur consensus, nos devotioni eorum promptum submittentes animum, orationibus quoque sanctarum feminarum in Üchtrichishusen nos apud deum iuvari sperantes, hilariter manum nostram pariter

cum donatoribus super reliquias egregii martiris Georgii porreximus mandantes et incommutabiliter statuentes, ut nullus heredum vel successorum nostrorum, nulla inquam spiritalis secularisve persona in predictis bonis temerario
ausu ecclesię violentiam inferre presumat. Predictus quoque fidelis noster
Cunimundus magnus presente matre et fratribus et quibusdam heredibus apud
nos meritis suis obtinuit ut, si de bonis hereditariis sive coemptis seu coemen-
dis quacumque occasione accidente aliquid predicto cenobio donare voluerit,
liberam habeat potestatem nec ullam umquam ab eis repulsę patiatur mole-
stiam. Hanc igitur donationem et per ipsos rationabiliter factam in presenti
pagina scribi et impressione sigilli nostri cum testibus subscriptis muniri
precipimus.

Hii testes affuerunt: Withemarus abbas Portensis, Witbekindus quondam abbas Vallis sancti Georgii, Wolframus prepositus in Üchtrichishusen,
cuius temporibus hec facta sunt, Ludolfus in Hugisdorf, Dudo prepositus in
Heiteresburc. Bertholdus comes de Henneberc, Adolfus comes de Chowen-
burc, Hugoldus comes de Büch, Heinricus de Heldrungen, Ludewicus de
Wartberc, Duto de domo, Folradus de Cranichfelt iunior, Ludolfus de Alrstete, Godefridus de Tůteleibe, Guntherus dapifer et frater eius Cunimundus,
Heinricus pincerna, Fridericus de Mannistete, Waltherus de Cobinstete, Herdegen castellanus de Eckehardesberc, Wernherus de Rudingisdorf, Geroldus
Saxo et alii quam plures.

Acta sunt hęc anno dominicę incarnationis millesimo, C.XCVIIII, indictione III. Datum in castro Eckehardesberc, XVII kalendas Decembris.

Das Siegel hat die Umschrift: HEREMAN... ĐI. GRA. LAÑG... PALAT..
SAXONIE †

137. — *Propst Konrad von S. Maria, Propst Gerwig von S. Sever und
Dechant Luther von S. Maria zu Erfurt entscheiden den Streit zwischen
dem Kloster Paulinzell und den Bürgern von Gebstädt über das Patro-
natsrecht der Kirche zu Gebstädt zu Gunsten des Ersteren.* — *Erfurt
1199.* *)

Cunradus dei gratia sanctae Mariae in Erphort prepositus, Gerwicus
praepositus sancti Severi, Luterus sanctae Mariae decanus, iudices in Erphort delegati, notum esse cupimus tam futuris quam praesentibus, quod civibus de Gebinstete cum abbate de Cella dominae Paullinae de patronatu et
locatione ecclesiae eiusdem villae contendentibus, iam dictus abbas non solum
privilegii antiquati auctoritate civium indebitos conatus evicit sed et septima
manu sacramento praestando sui iuris et ditionis esse investituram eiusdem
ecclesiae solemniter probavit. Ceterum ne denuo iam dicti cives contra abbatem vel eius successores debeant tumultuari, ¡publice ventilata et rationabiliter decisa scripto mandavimus et sigillorum nostrorum impressione signavimus.

---

*) Vergl. Schöttgen und Kreysig Dipl. et SS. 1, 164.

Huius rei testes sunt: Hugo abbas de sancto Petro et totus eiusdem ecclesiae conventus, Jonathas scolasticus, Christianus cantor cum reliquis fratribus ecclesiae beatae Mariae. Laici: Bertholdus vicedomnus, Gothefridus
de Tuteleiben, qui et ipse sacramentum praestitit, Hermannus de Eilbrecht-
tisgehoven, Wernerus burgensis et alii quam plures.

Acta sunt haec Erphortiae, anno incarnationis dominicae M.C.XCIX.

138. — *Landgraf Hermann I von Thüringen, Pfalzgraf von Sachsen
bestätigt, dasz sein Ministerial Helmwich von Rorenvort und dessen
Brüder dem Kloster Hardehausen Güter zu Rosbach verkauft haben.
— 1199.*

Hermannus dei gratia lantgravius Thuringiae et palatinus comes Saxonie coenobio in Hersuithehusen in perpetuum . . .

Testes: comes Fridericus frater lantgravii, comes Wickerus, comes Heinricus de Cigenhagen, dominus Volcwinus de Nuwenburch, Heinricus de Ga-
sterveld, Stephanus de Scandenberch, Thudo de Rodenberch, Heinricus de
Ense, Henricus, Sygewin et alii quam plures.

Acta sunt haec anno dominicae incarnationis M.C.XCVIIII.

139. — *Äbtissin Beatrix von Kaufungen bekundet, dasz ihr Ministeriale
Megenward dem Kloster Hardehausen den Zehent einer Hufe zu Rosbach unter der Bedingung übergeben habe, dasz er und seine Erben dafür
jährlich zwei Malter Hafers erhalten sollen. — 1199.*

Ego Beatrix dei gratia in Kaufungen abatissa coenobio in Hersuithehusen in perpetuum. Amen . . .

Testes: comes Fridericus frater landgravii, comes Wickerus, comes
Henricus de Cigenhagen, Ekkehardus ministerialis de Confungen . . ., Conradus de Durebach.

Acta sunt haec anno dominicae incarnationis M.C.LXXXXIX.

140. — *Graf Gebhard von Wernigerode, dessen Sohn Konrad und Neffe
Friedrich schenken dem Kloster Walkenried die Vogtei über Mönch-
schouwen, welcher Dietrich und Rudolf Cothze zu Gunsten des Klosters
entsagt haben. — 1200 Juli 29. *)*

Gevehardus et Conradus filius eius ac Fridericus nepos eorum, comites
in Wernigerode omnibus in perpetuum. Quoniam et perfectam concepimus
deo dante voluntatem prestare serius dei obsequium et favorem, ut eorum

---

*) Vergl. Urkkb. des hist. Ver. für Nieders. 2 ª, 41.

interventionibus deum, quem venturum pertimescimus securi indicem videamus, universitati vestre volumus notum esse, quod advocaciam ecclesie in villa Monekescowen sive custodiam vel gardyam secundum iuris nuncupacionem Thi(derico) et Rudolfo Cothze iure concessimus feodali, illi melius aliquando cogitantes de suarum remedio animarum in manus nostras hoc feodum resignaverunt, actenus exorantes, ut abbati et conventui de Walkenrede Cysterciensis ordinis memoratam conferimus proprietatis iure perpetuo possidendam. Nos igitur eorum pio desiderio annuentes pro remissione peccatorum nostrorum atque pro salute propriarum et progenitorum nostrorum animarum conferimus pleno iure, consensu heredum nostrorum omnium et quorum interest, cum omni quo nobis competebat iure ac potest competere proprietatis tytulo perpetuo possidendum. Ideoque nos et heredes nostri abbatem et conventum antedictum omni prosequentes favore pariter et amore debemus omni tempore omni loco contra omnem personam ecclesiasticam et civilem super advocacia ista per nos racionabiliter hiis collata defendere, warandare et iugiter conservare, idque promittimus bona fide. Ut igitur factum nostrum memoriale perseveret stabile atque firmum et perpetuis temporibus inconcussum, hanc paginam inde confectam sigillis nostris fecimus roborari.

Testes sunt: Sifridus de Mensleve, H(enricus) et Everhardus de Jerchsem, Fridericus et H(enricus) fratres de Scowen et alii quam plures.

Datum anno domini M.CC, — IV kalendas Augusti.

141. — *Heinrich von Lesden schenkt dem Kloster Heusdorf, wo seine Tochter Jutta als Nonne lebt, eine halbe Hufe Landes und einen Hof sammt den Weidenpflanzungen zu Wickerstädt. — Heusdorf 1200.*

Quoniam litterarum testimonia rerum gestarum causam et ordinem clarissime representant et lites exterminant, quas litium cupiditas pro rebus consuevit temporalibus faciliter suscitare, ego Heinricus de Lesden, recognosco publice et protestor litteras per presentes, quod dimidium mansum situm Wicherstete et unam curiam ibidem, cum salicto dicte ville adiacente ex illa parte aque, sacro conventui ancillarum Christi in Hustorph cum filia mea Jutta ibidem deo dicata contuli cum omni utilitate, dominio et iure, quod in dictis bonis habui usque modo. Item pro annua pensione duorum maldrorum, que in anniversarium patris mei et pro salute ipsius felicis memorie Heinrici de Ischirstete dicto conventui fuerant deputata, quoddam salictum iuxta Sulcbeche ex ista parte aque situm contuli eidem conventui principaliter propter deum uxoris mee Luccardis et heredum meorum Ditherici, Uthe et Bertradis nec non fratrum meorum Bertoldi et Heinrici atque sororis mee Bertradis consensu benivolo plenarie accedente, resignans dicta bona cum ipsis heredibus meis eidem conventui super altare sancti Gothehardi et in manus Heinrici prepositi ibidem, iusto proprietatis titulo perpetuo possidenda. Promittens una cum meis heredibus bona fide, ipsum conventum super iure proprietatis eorundem bonorum iugiter warandare et ab omni impetitione salvum facere et indempnem. Ut autem predicta rata, inconvulsa et inviolabilia permaneant presentem litteram conventui confero memorato sigilli mei et aliorum testium subscriptorum appensionibus communitam.

Testes quoque huius rei sunt: dominus Bertholdus de Ischerstete, Heinricus et Theodoricus pincerne et Theodericus vicedomnus de Appolde, Hermannus marscalcus de Ekarsperge et plures alii fide digni.

Acta sunt hec in Husdorph, anno domini M.CC.

142. — *Die Gebrüder Grafen Konrad, Otto, Ludwig und Hermann von Everstein bestätigen den Verkauf zweier Hufen Landes zu Lengede von Seiten des Klosters Walkenried an das Kloster Weende und entsagen allen ihren Rechten, die sie daran hatten. — 1200.* *)

Conradus dei gratia comes in Eversten et fratres ipsius Otto videlicet, Lûdewicus et Hermannus universis fidelibus Christi kartam hanc inspecturis in perpetuum. || Tempus et progressus temporis, si qua fiunt in tempore oblivionis infirmant velamine, nisi per scriptum memorie reservetur. Noverint igitur universi, quedam bona duos scilicet mansos ville que vocatur Lengede adiacentes Walkenridensem ecclesiam sine gravaminis inpulsione libere possedisse ac quiete, fratres autem huius loci dampni periculum considerantes et tardius alicuius fructus remedium de dictis bonis se habituros propter loci distanciam estimantes, pro quadam pecunie summa cenobio dominarum de Wineden assignarunt nullo super tali assignacione contradicente ac nemine liberam hanc vendicionem et empcionem inpediente. Hiis rite, laudabiliter et fideliter ita celebratis diebus aliquis elapsis domnum abbatem de Walkenride Bertoldum convenimus super bonis ecclesie Wineden in vendicionis astipulacione assignatis, quoniam aliquod in illis ius habere videbamur, hinc deo deferentes honorem Walkenridensis et ecclesie Winedensis parcere volentes ex parte abbatem Walkenredensem ad eorundem restitutionem bonorum compellere attemptavimus, qui veniens ad nos de illis bonis rationem assignavit legitimam. Nos siquidem videntes ius defendere rationem datam ad prefati abbatis Bertoldi inclinari cepimus voluntatem ita, ut ad petitionem suam et amicorum nostrorum venerabilium de Plesse, domini Ludolfi et fratris eius Godescalci, quicquid in bonis videbemus habere, resignaremus etiam ut ecclesiam Walkenridensem a dampnis servaremus illibatam et iniuriis. Ne igitur successores nostri vel ceteri falsa opinione irretiti super hiis bonis anime sustineant discidium, testificamur bona de quibus agitur non nostra esse neque nostrorum sed fratrum Walkenridensium, quos sincere diligentes obnixius postulantes ab eisdem fraternitatis particium merebamur. Ut suprascripta firmitatem capiant perhennem, kartam hanc conscribi procuravimus rei tocius testes anotantes quorum sunt nomina:

---

*) Vergl. Urkkb. des hist. Ver. für Niders. 2 a, 42.

Nobiles viri de Plesse: Ludolfus et Godescalcus fratres, Poppo de Plesse
et Helmoldus fratris eius filius; Bodo et Thitmanrus fratres de Wicbeke, Engelfridus de Riddageshusen dictus Pine, Hildebrandus Holde dictus et
vicecomes.

Sigillum nostrum appendimus ut plenius roborentur.

Acta sunt hec anno domini M.CC.

Das gräfliche Siegel: ein schreitender gekrönter Löwe, mit der Umschrift SIGILL. .
CONRA . . . OM . . . . . . ERSTEN. hängt daran.

143. — *Bischof Helmbert von Havelberg bezeugt als Stellvertreter des
Erzbischofs von Mainz dem Abt Heinrich von Reinhausen, dasz das
vom Dompropst von Hildesheim angefochtene Gut bereits über achtzig
Jahre sich im Besitze des Klosters befinde. — (c. 1197 — 1200.)*

Helmbertus dei gratia Havelbergensis episcopus *) universis ad quos
scriptum hoc pervenerit salutem in eo qui est salus et vita. Significamus quibuslibet, quod cum domnus Heinricus abbas Reynehusensis coram delegatis iudicibus episcopo, preposito et decano Myndensibus a maiori Hilden-
semensi preposito domino Heinrico (?) super quodam predio impeteretur, a
nobis devote petiit, ut quid nobis de eodem predio constaret sigilli nostri attestatione profiteremur. Quoniam igitur uterque reus est et qui veritatem dis-
simulat et qui falsum loquitur, huic iuste et honeste sue petitioni contraire
volentes hac presenti cartula declaramus et pro veritate asserimus cum ipso
abbate Reynhusensi et pro ipso cenobio, quod predium illud de quo nunc primum supradictus prepositus querimoniam proposuit monasterium illud amplius quam ab octoginta retro annis absque contradictione et interruptione
possedit.

---

*) Schon Helmberts Vorgänger, den Bischof Hubert von Havelberg, sehen wir 1191
gleichfalls als Stellvertreter des Mainzer Erzbischofs eine Urkunde dem Kloster
Reinhausen ausfertigen, vergl. Riedel Nov. Cod. dipl. Brandenb. I. Abth. 2. 445.

ANHANG.

144. — *Erzbischof Adelbert I von Mainz und apostolischer Legat bestätigt dem Marienstifte zu Erfurt die Schenkung des Grafen Wichmann
(von Querfurt), nunmehr Stiftscanonicus, bestehend in zehn Kirchen
und zwei Waldungen. — 1119.* *)

In nomine sancte et individue trinitatis. Gaudium et leticia, pax et ex-
ultatio omnibus Cristi fidelibus maxime autem huius scripti seriem pia caritate intuentibus. Ego Adelbertus omnipotentis dei misericordia sanctę Mogontinę ecclesię archiepiscopus et apostolicę sedis legatus. Notum facio omnibus ecclesie dei fidelibus tam posteris quam presentibus, qualiter in partibus
Thuringię quidam nobilis miles Cristi liberis ortus natalibus et omni insignitus
prosapię decore, comes Wichmannus nomine, terrenę hereditatis prole desti-
tutus celestem sibi assumpserit et universi patrimonii sui, quod eum quidem
satis magnum contingebat, Christum heredem fecerit, diversasque inde ecclesias magnifice promoverit, mirabili quodam sed optando atque laudabili more
ditari eligens, dum hoc tantum pensabat, ut temporalium impendiis eterna
lucrifaceret. Ipse vero a prima sane discretionis indole, factus verus Cristi
assecla iam non surdus evangelii auditor, pacem bonę voluntatis hominibus
nuntiatam sollicita aure percipere satagebat, totius studii sui summam circa
hoc intendens, ut lancea in falcem ecclesię confabricata et gladio suo in vo-
merem spiritus conflato inter supra dictę pacis filios reciperet portionem.
Sicque divina miseratione ad apostolicę sanctitatis vitam promotus in religiosorum virorum ecclesia factus est regularis canonicus. Memor tamen ante
beatę et gloriosę virginis matris domini et ratus utile fore reginę patrocinium
sibi oppignerare aliquo matrimonio suę hereditatis, quemadmodum vir sanctę
semper meditationis maiori, quę est in Erpesphort ecclesie, in eiusdem beatę
dei genitricis dicate honore pro salute animę suę sed et ex dilectione venerabilis viri Embriconis, eiusdem ecclesie prepositi, decem ecclesias suis in locis
constitutas : in Apolde duas ecclesias, Rodorf, Heilingesburch, Bercha, Grizheim, Maroldeshusen, Luibretheroth, Busteleiben, Rameslaha, addensque duarum silvularum terminos, quorum altera in Diephenburnen sita est, altera
usque in campestria Welcmannesdorph extenditur, dedit etiam quosdam de
ministerialibus suis Helenwigum cum fratribus et sororibus suis et fratres

---

*) Vergl. Eckardt Tria dipl. arch. Vinariensis 7.

Stumpf Acta Mag.   10

domini Altmanni, singulos cum suis allodiis, quę omnia in perpetuas possesiones eiusdem ecclesię mancipavit, quam nos traditionem legaliter factam
esse cognoscentes et sine alicuius calumpnię controversia stabilem et inconvulsam manere debere perpendentes, auctoritate sedis apostolicę, cuius vice
fungimur et sanctę Mogontinę ecclesię omnibus Cristianis interdicimus, ut nullam prefatę ecclesię iniuriam inferre presumant in determinatis possesionibus.
Siquis vero temeraria perversitate huic precepto contraire temptaverit et in
aliquo prefinitorum supradictam ecclesiam defrudaverit, hec perpetua dampna-
natione teneri denuntiamus et, nisi perpetratam iniquitatem condigna satisfactione correxerit, districto spiritus sancti iudicio relinquimus. Facta est
autem hec traditio his testibus presentibus:

Venerabili Spirensi episcopo Brunone, Reinhardo Halverstadense, eius-
demque ecclesię preposito Embricone cum fratribus suis: decano Dietholdo,
archipresbitero Gelperno, custode Erwino, Adelgero et ceteris ecclesie canonicis. Laicis vero: palatina comitissa Gerthrude cum filio suo prefatę ecclesie
advocato Sigefrido, comitibus Ludovico et Wiberto, filiis Ludovici Ludovico
et Heinrico, Hermanno de Gudenesberg, Gerbardo, Diethmaro de Rosla,
Christiano et Adelbero, Christiano et Unargo. De familia autem: Wolverico,
Rudegero, Rechero, Cunrado, Sigeboldo, Adelberto, Adelberone. Huic
vero privilegio, quo maior et validior inest auctoritas, sigilli nostri ratam
impressimus.

Anno dominicę incarnationis M.C.XVIIII, indictione XIII.

145. — *Erzbischof Adelbert I von Mainz und apostolischer Legat setzt
an die Stelle der ihres unlauteren Lebenswandels wegen aufgehobenen
Canoniker zu Ettersburg Augustiner-Chorherren ein.* — *Erfurt 1123
März 9.*)*

C. In nomine sanctę et individue trinitatis. Ego Adelbertus humilis
sanctę Mogontinę ecclesie servus et apostolicę sedis legatus notum facio omnibus Cristi fidelibus tam posteris quam presentibus, qualiter comes Wicmannus ante conversionis suę tempora ecclesiam, quę est in Eideresburc, cum
omnibus possessionibus et appendiciis suis ecclesię nostrę donavit et in perpetuam possessionem libere et sine omni contradictionis scrupulo beato Martino contradidit. In qua cum essent canonici illius temporis absolute et nimis
irreligiose viventes, consilio fratrum nostrorum et ipsius prefati comitis cum
iam conversionis habitum suscepisset, ordinavimus in ea fratres, qui sub regula beati Augustini apostolicę conversationis vitam servarent. Quibus religiosum et bonę opinionis virum, fratrem quendam Sinzonem nomine, prepositum constituimus et ut cunque pusilli tunc gregis dominici curam commi-
simus, ab omni potestate prefatam ecclesiam absolventes, liberam elegendi
patris facultatem concedentes, baptismum, sepulturam et cetera quę ad monasterii libertatem pertinent donantes ita, ut quisquis dictante spiritu sancto

---

*) Vergl. Eckardt Tria dipl. arch. Vinariensis 13.

ab eis canonice fuerit electus, a Mogontino archiepiscopo investiatur, cui ab eodem claustro debita in omnibus obedientia exhibeatur. Illud quoque adiciendum patavimus, ut quicunque prefatam ecclesiam ledere sive pregravere in aliquo attemptaverit, tam in illis qu$ tunc possedit, quam in omnibus qu$ liberalitate quorumlibet fidelium Cristi in posterum obtinebit, auctoritate omnipotentis dei et beati Petri apostolorum principis et nostra perpetuo se sentiat anathemate involvi et cum auctore iniquitatis diabolo habere porcionem $tern$ dampnationis, si quis vero eam promoverit, dilexerit, foverit atque manutenuerit, beatorum consorcio associatus in die domini gaudeat possessione perpetu$ beatitudinis. H$c ut in omnibus evis firma et inconvulsa permaneant sigilli nostri roboravimus presentia.

Huius rei testes sunt: Imbrico prepositus sanct$ Marie in Erpesphort, Richardus prepositus sancti Stephani in Mogontia, Dietoldus decanus sanct$ Marie, Arnoldus magister. Ludewic eiusdem ecclesi$ advocatus, Dietrich de Abbolde et alter Teodricus et filius eius Herman, Ditmar, Cuonrat, Reinhard et alii ministeriales sancti Martini et complures alii.

Data in Erpesphort, per manum Heinrici notarii canonici sancti Victoris, VII idus Marcii, anno dominic$ incarnationis M.C.XXIII, indictione I, regnante domino nostro Ihesu Cristo, imperante autem rege Henrico huius nominis quinto.

148. — *Erzbischof Heinrich I von Mainz bestätigt dem Kloster Eberbach die Schenkung des Gutes Luden, die der nach dem heiligen Lande pilgernde Ditmar von Luden für sein Seelenheil und mit Vorbehalt des Niessbrauchs seiner Erben durch Marquard von Gamenburch demselben gemacht hat. — 1150.*

In nomine sancte et individue trinitatis. Henricus divina favente clementia Maguntinensis sedis archiepiscopus. Notum sit omnibus tam futuri quam presentis evi Christi fidelibus, qualiter quidam Ditmarus de Luden pro eterne visione pacis ad terrestem Jerosolimam peregere proficiscens, quoddam predium situm in Ludln cum assensu heredum suorum per manum Marquardt de Gamenburch beate Marie in Eberbach ad usum fratrum ibidem deo famulantium pro remedio anime sue ea tradidit conditione, ut proles sua quam divisam quidem scilicet coheredem de duabus uxoribus habuit, predium illud equaliter divisum, ad terminum vite sue possideret et singulis annis censum IIII solidorum predicte ecclesie fratribus inde persolveret. Si autem pars una prolis universe carnis viam ingrederetur, altera totum in predicta conditione illud possideret. Et si utriusque pars prolis ab hac lacrimarum valle migraret, predicti fratres in Eberbach in usum suum integraliter illud redigerent. Ut igitur hec traditio rata et inconvulsa omni (evo) permaneat, hanc cartam fieri, et impressione sigilli mei precipi insigniri, illud incunctanter annectens, quod siquis ausa temerario hoc pietatis opus cassare aut infringere temptaverit, anathematis vinculo se sciat innodatum et termini resipuerit inexpiabili pena eternaliter cruciandum.

Huius rei testes sunt: H(art)mannus maior prepositus et (Arnoldus) prepositus sancti Petri *) et alii complures.

Acta sunt hec anno dominice incarnationis M.C.L, indicione XIII, regnante gloriosissimo rege Conrado.

147. — *Erzbischof Arnold von Mainz ertheilt den erzbischöflichen Dienstleuten zu Hochheim, Bindersleben und Ilversgehofen, deszgleichen den slavischen Bewohnern zu Dittelstädt, Melchersdorf und Daberstadt für ihren Ein- und Verkauf Zollfreiheit zu Erfurt. — 1157. **)*

In nomine sancte et individue trinitatis. Ego Arnoldus dei gratia Moguntine sedis archiepiscopus universis Christi fidelibus tam futuris quam presentibus . . . . . Pastoralis cure nostre debitum exigit et episcopalis ordinis officium requirit, ut ea, que a predecessoribus nostris utili et circumspecta consideratione statuta esse cognovimus, nos quoque debito benevolentiae favore accepta habeamus et rata et inconvulsa omnimodo esse decernamus. Volumus itaque, ut homines familie nostre, qui episcopali mense nostre iugiter deserviunt, videlicet qui sunt in Hocheim et in Bilterislenien et in Egilbrechoven ab omni exactione thelonii in Erfort sint emancipati et liberi sicut usque ad tempora nostra ex gratiosa concessione pie decessorum nostrorum permanserunt; ex super habundanti etiam miserationis nostre gratia permittimus, ut sclavi nostri, qui sunt in Tutelstede et in Merchendorf et in Tabersteden hanc eandem remissionem thelonii cum predicta familia nostra habeant, ita scilicet ut ad usus domesticos et proprias expensas emere et vendere sine aliqua thelonii exactione vel molestia libere possint. Si vero huius nostri in eos collati beneficii aliqui ipsorum imminuere et defraudare veraciter deprehensi et convicti fuerint, tanquam fures et scelerati tam in personis quam in facultatibus suis dampno subiaceant publico et hoc secundum arbitrium et preceptum episcopalis dignitatis. Ut autem hoc nostrum et antecessorum nostrorum rationabile statutum plena et stabili firmitate sit roboratum, hanc paginam inde conscribi et sigilli nostri impressione firmari precipimus.

Hi sunt testes: Arnoldus prepositus sancte Marie, Adelhartus prepositus sancti Severi, Gelfartus abbas sancti Petri, Reinhardus prepositus hospitali, Volpertus prepositus sancti Cyriaci, Albertus decanus sancte Marie, magister Ditmarus, Bertoltus cantor, Conradus custos, Reginhartus, Wolchelinus, Rupertus, Heinrich Boppe. Laici: Erwin comes et advocatus et frater eius co-

---

*) In der Copie heiszt es irrthümlich: Hermannus maior prepositus, und ferner: et archi prepositus sancti Petri, was widersinnig ist, denn schon seit 1149 war Arnold, der spätere Erzbischof, Propst zu S. Peter, vergl. oben Urk. Nro. 41.

**) Vergl. Faber Abh. von den Freygütern und Freyzinsen 72.

mes Ernistus, comes Siczo, Eguinhartus et filius eius Heinrich. Ministeriales: Sybolt et filius eius Gunthere, Dytmarus et frater eius Hermannus, Hawartus scultetus, Ennendtus, Cristanus scultetus in pluralio (?), Wernherus cellarius, Bertoltus magister fori, Conradus Fribethel, Bertholdus.

Acta sunt hec anno dominice incarnationis M.C.LVII, indictione IIII.

148. — *Erzbischof Christian I von Mainz befreit die Güter des Nonnenklosters zu Rupertsberg im Rheingau und in allen der Mainzer Kirche zugehörigen Orten von allen erzbischöflichen Steuern. — 1171. *)*

C. In nomine sancte et individue trinitatis. Cristianus dei gratia Maguntinę sedis archiepiscopus omnibus Christi fidelibus tam presentibns quam futuris. Siquid venerabilibus locis ad subsidia deo inibi servientium de his que iuris nostri sunt contulerimus, speramus et nobis et nostris successoribus ad perpetuam salutem profuturum, quibus inde memoria debetur orationum. Noverint igitur fideles tam nostre quam post future etatis, qualiter ego Cristianus Maguntine metropolis humilis provisor pro honore sancte dei genitricis ad ecclesiam eius, que sita est Pingvię in monte sancti Rûberti, talem iuris nostri usum propria manu ex consensu et hortatu priorum meorum contradidi, ut in pago Rheni et in omnibus locis, qui nostre attinent ecclesię, de curiis aliisve possessionibus sanctimonialium in prefatę ecclesię cenobio deo famulantium nullum deinceps supplementum episcopali nostre peticioni a nostris dispensatoribus exigatur, sed ab huius pensionis debito libera prorsus omnia que illic ad eas spectant ex auctoritate nostro traditionis perpetuo iurè habeantur. Et quoniam licet episcopis ut de facultatibus capitanę ecclesię pauperiores adiuvent ecclesias, ut hec nostra tradicio et nostris et successorum nostrorum temporibus inconvulsa perseveret, huic actionis contestativam paginam nostri impressione sigilli roboravimus.

Testes quoque quibus presentibus actum est annotavimus hi sunt: Arnoldus maior prepositus, Burcardus sancti Petri prepositus, Wernherus in campo sancte Marie prepositus, Bertoldus sancte Marie ad gradus prepositus, Heinricus cantor, Sifridus sancti Johannis prepositus, Cûnradus prepositus, Hermannus prepositus, Egeno, Babo, Helet, Berengerus cellerarius, Cûnradus. Laici: Gerlacus comes de Veldence, Gerhardus comes de Noringes, Cûnradus comes de Bouminburc, Walterus de Husen, Hartmannus de Bûtingen, Volmarus de Meti, Wernherus de Bonland, Dudo camerarius, ringravius senior et ringravius iunior, Arnoldus rufus, Reimboto, Cûnradus de Lettgesteren, Hermannus, Cûnradus de Rûdinsheim, Arnoldus de Gisnheim et frater eius Meingotus et alii quam plures.

Acta sunt hec anno dominice incarnationis M.C.LXXI, indictione IIII, regnante serenissimo imperatore Friderico.

Das aufgedrückte erzbischöfliche Siegel ist gut erhalten.

---

*) Vergl. Würdtwein Nov. subs. 3, pref. 7. Weidenbach Reg. Bing. Nr. 81.

149. — *Erzbischof Konrad I von Mainz, Cardinalbischof von Sabina bekundet, dass das Mainzer Lehn des Ministerialen Albert von Witterda nur dann nach kinderloser Ehe auf seine Frau Lucardis, die edler Herkunft ist, übergehen soll, wenn diese sich wieder mit einem Mainzer Ministerialen verheirathet, widrigenfalls dasselbe an die Mainzer Kirche zurückfällt. — 1196. *)*

In nomine sancte et individue trinitatis. Conradus dei gratia Moguntine sedis archiepiscopus, Sabinensis episcopus in perpetuum. Quoniam in specula cure pastoralis sumus expositi, ita divina gratia ordinante super gregem nobis creditum ea sollicitudine tenemur vigilare, ut non tantum ab his, qui presentes videntur, casibus, verum etiam ab inopinatis Moguntine debeamus providere ecclesie et Christi fidelibus. Ea propter notum fieri volumus tam futuris quam presentibus, quod Luchardis femina libere conditionis, filia Volradi de Elchisleme, nupsit Alberto de Witterthe, ministeriali ecclesie Moguntine et nos feodum, quod idem Albertus a nobis tenuit, iam dicte Luchardi concessimus hoc pacto, quod si prolem per eundem Albertum habeat, illa ei in feodum predictum iure hereditario succedat, si vero sine prole decesserit, feodum ad Moguntinam redeat ecclesiam; item si Albertum premori contingerit et Luchardum super vivere, ipsa non alii quam ministeriali Moguntine (ecclesie) tenetur nubere, iuxta quod simul cum ea pater eius et patruus nobis fideliter promiserunt, alioquin feodum predictum ad Moguntinam redibit ecclesiam.

Testes huic facto intererant: Gerwicus sancti Severi prepositus, Lutherus sancte Marie decanus, Bertholdus in Erffordia et Heliricus de Rusteberg vicedominus, Heinricus scultetus, Theoricus pincerna, Thirricus camerarius et alii quam plures tam laici quam clerici.

Acta sunt hec anno dominice incarnationis millesimo, centesimo, nonagesimo sexto, indictione quarta decima, domino Celestino apostolice sedi presidente, Heinrico gloriosissimo Romanorum imperatore imperium et regnum Sicilie gubernante.

---

*) Vergl. Faber Abh. von den Freygütern und Freyzinsen 74.

PERSONEN-REGISTER.

Päpste und ihre Curie.

Urbanus II (1088—99) vergl. *5.
Paschalis II (1102—14) 3. *5. 9. 12.
Honorius II (1125) 12. 13.
Innocentius II (1131—39) 17. 18. 19, 20.
    21. 22. vergl. 41. 131. vergl. Einl. 31.
Celestinus II (1143) 28. 29.
Lucius II (1144) 29. 30.
Eugenius III (1146—53) 35. 41. 42. 57.
Alexander III (1159—81) vergl. 131.
Victor IV antipapa (1161) 78.
Lucius III (1184—85) 101.
Clemens III (1189) 109.
Celestinus III (1196) 127.

Conradus Sabin. ep. (1143—44) 29. 30.
Conradus (Conradus) Sabin. ep. (1184—96)
    96. 102. 109. 110. 113. 114. 118. 121. 123.
    125. 127. 128. 130. 131. 132. 133. 150.
    vergl. Conrad Erzb. von Mainz und Con-
    rad Erzb. von Salzburg.
Crysogonus presb. card. tit. s. Praxedis
    (1139) 22.
Gregorius presb.. card. tit. Calixti (1143—
    1153) 29. 57.
Gregorius diac. card. ss. Sargii et Bachi
    (1143—44) 29. 30.
Guido card. s. Marie in porticu diac. (1153) 57.
Humboldus (Hubaldus) R. s. card. presb.
    (1145) 33. 34.
Jacintus diac, card. s. Marie in Cosmidin
    (1144) 30.

Lucas presb. card. tit. s. Johannis et Pauli
    (1139) 22.
Manfredus presb. card. tit. s. Sabine (1144) 30.
Octavianus presb. card. tit. s. Cecilie (1153) 57.
Odo diac. card. s. Nicolai in carcero (1153) 57.
Otto diac. card. s. Gregorii ad velum aureum
    (1143) 29.
Petrus Alban. ep. (1144) 30.
Petrus card. presb. tit. s. Susannae (1143) 29.
Stephanus Praenest. ep. (1143) 29.
Theodewinus s. Rufinae ep. (1143) 29.
Thietwinus ep. et apost. sedis leg. (1153) 58.
Thomas presb. card. s. Vestinae (1143—44)
    29. 30.
Villanus presb. card. s. Stephani in Celio
    monte (1144) 30.
Wido diac. card. ss. Cosme et Damiani
    (1144) 30.

Päpstliche Kanzlei:

Johannes S. R. E. diac. card. (1102—9)
    4. *6.
Petrus notarius regionar. et scriniarius s.
    pal. (1102) 4.
Aimericus (Almericus) S. R. E. diac. card.
    et cancell. (et biblioth.) (1126—39) 14.
    18. 21. 22. vergl. Einl. 31.
Gerardus S. R. E. card. et biblioth. (1143) 29.
Baronus S. R. E. subdiac. (1144) 30.
Guido S. R. E. diac. card. et cancell. (1148) 42.
Boso S. R. E. scriptor (1153) 57.

Erzbischöfe und Bischöfe.

Augsburg:
Conradus ep. (1153) 58.
Bamberg:
Otto I ep. (1128) 17.
Eberhardus II ep. (1157—58) 63. 68.

Brandenburg:
Sifridus I ep. (1179) 92.

Bremen-Hamburg:
Hartwicus archiep. (1157) 63.

Stifter und Klöster.

Die keine Dioecesaubezeichnung haben liegen im Sprengel des Erzbistbums Mainz

Alesburg vergl. Oelsburg.

Ansbach (Onoldesbach) Dioec. Wirzburg.
praep.: Heroldus (1153—56) 75.

(Arnstadt?)
S. Walburgiskl. (zu Hersfeld gehörig).
praep.: Gebehardus (1196) 128.

Aschaffenburg am Main.
praep.: Heinricus (1155) 60. vergl. Custos des Mainz. Domstiftes.
Wortwin (1186) 103.

Asolveroth vergl. Georgenthal.

Augsburg Dioec. Augsburg.
canonic.: Marcwordus (1158) 72.

Bingen (Pinguia) am Rhein.
praep.: Embrico (1158) 72.
Heinricus (1187) 106.
sacerd. capelle S. M.: Guntramus (1142—1143) 27.

Bischleben (Bischovesleibe) südl. von Erfurt.
archipresb.: Cunradus (1184) 99.

Bischofsberg (Johannesberg im Rheingau).
abbas: Anselmus (Anshelmus) (1143—58) 28. 69.

Bossenleben (Busleben), Dioec. Halberstadt.
praep.: Wernherus (1193) 120. vergl. Halberst. Domcust.

Braunschweig, Dioec. Hildesheim.
praep.: Eckhardus (Ekkehart) (1144—56) 32. 62.
S. Egidii abb.: Hermannus (1181) 94.

Breitenau (Bredenowe) an der Fulda.
abbas: Heinricus (1170) 85.

Burtfeld an der Weser.
abbas: Cesarius (1190) 114.

Capella vergl. Spieszkappel.

Cöln, Erzdioec. Cöln.
S. Andreae praep.: Arnoldus (1157) 63.

Corvei (Corbeia), Dioec. Paderborn.
abbas: Conradus, Cunradus (1162 — 79) 78. 92.

Disibodenberg (mons s. Disibodi) an der Mündung der Glan in die Nahe.
abbas: Cono, Cuno (1144—52) 31. 40. 43. 52. vergl. 113.
Helngerus, Helmgerus (1158) 69. vergl. 113.
Conradus (1184—86) 112.
prior: Albero (1184—86) 113.
fratres: Cuno, Thietmarus, Wernerus (1184—1186) 113.

Dorla (Thurlon) südl. von sächs. Mühlhausen.
praep.: Richardus (1128) 15. 16.
Godeboldus (1148) 45.

Eberach, Dioec. Wirzburg.
abbas: Adam (1147) 39.

Eberbach im Rheingau.
abbas: Rothart (1143) 28. Einl. 29.

Einbeck an der Ilme.
praep.: Ekehardus, Ekkehardus (1151—58) 51. 68.

Erfurt.
Cyriacusberg (mons s. Cyriaci).
praep. (primus): Roricus (1133) 19.
Folbertus (Volportus) (1143—57) 28. 32. 39. 44. 66. 148.
Ansolmus (*1162) *80.
Hospital.
praep.: Meinzo (1133) 19.
Hartwicus (1147—48) 39. 44.
Reinhardus (1157) 148.
S. Maria.
praep.: Embrico (Imbrico) (1119) 145. 146. 147.
Adelbertus (1128—33) 15. 19.
Heinricus (1143—52) 28. 32. 39. 40. 44. 45. 47. 56. vergl. Mainzer Domstiftscust.
Arnoldus (1157—95) 66. 98. 125. 148. vergl. Mainzer Domstiftscust.
Godefridus (1196) 128. 129.
Cunradus (1199) 140.
decan: Dietholdus (1119—23) 146. 147.
Waldricus (1128) 15.
Godefridus? (1139) 23.
Albertus (1157) 148.
Godefridus (1184) 98.
Lutherus (1195—99) 123. 128. 130. 140. 150.
custos: Erwinus (1119) 146.
Heinricus (1128) 15.

Hegeneks vergl. Höningen.

Heiligenstadt im Eichsfeld.
praep.: Godescalcus (1128—58) 16. 32. 34. 43. 56. 58. 60. 72.
decan: Dypoldus (1186) 103.
canonic.: Paginus (1186) 103.

Hersfeld.
abbas: Hartwigus (1072—88) vergl. 7.
Adelmannus (1126) 13.
Heinricus I (1131—53) 17. 41. 44. 59. 61.
Sifridus (1148—85) 101.
praep.: Wideradus 1146—53) 61.
Dudo (1162—87) 106.
decan: Sigebodo (1146—53) 61.
Albuinus (1153) 60.
Arnoldus (1154—55) 61.
Ditmarus (1162—87) 106.
magist. schol.: Uldaricus (1153) 60.
camerarius: Williboldus (1153—55) 60. 61.
Ruho (1154—55) 61.
portarius: Sigiboto (1162—87) 106.

Hernuithehusen vergl. Hardehausen.

Heusdorf (Hugisdorf, Husdorph)
östl. von Apolda.
priorissa: Jutha (1197) 135.
praep.: Adelbortus (1157) 66.
Reingotus (1184) 98.
Ludolfus (1197—99) 135. 140.
Heinricus (1200) 142.
canonic.: Bertholdus, Conradus, Statius (1197) 135.

Hildesheim, Dioec. Hildesheim.
Dompropst: Eilbertus? (1186) 103.
Heinricus? (1199—1200) 144.
de s. Cruce praep.: Hermannus (1158) 69.

Hilwartshausen (Hildewardeshusen)
an der Weser nördl. von Münden.
abbatissa: Gisla (1190) 114.
praep.: Arnoldus (1190) 114.

Höchst am Main (Hosteden)
zwischen Frankfurt und Mainz.
praep.: Hildiboldus (1146) 34.

Höningen (Hegenehe) Dioec. Worms.
praep.: Hartungus (1147) 39.

Hofgeismar (Chiesmare)
nördl. von Cassel.
praep.: Lambertus (1145) 34.
Gumperdus (1189) 110.

Hohnstedt (Honstad)
zwischen Nordheim und Einbeck.
archipresb.: Didricus (1145) 33.

Hornburg (Hornberc), Dioec. Merseburg.
praep.: Wolfram (1147) 39.

Hünfeld (Huneveld) Dioec. Wirzburg,
zu Fulda gehörig.
praep.: Conradus (1190) 126.

Hugisdorph vergl. Heusdorf.

Hundisburg (Hunoldesburc) Dioec. Magdeburg.
praep.: Witholdus (1166) 81.

Ichtershausen (Uchtericheshusen)
zwischen Erfurt und Arnstadt.
abatissa: Hochburga (1147—79) 37. 91.
Cunigundis (1184) 97.
priorissa: Agnetis (1179) 91.
praep.: Ludigerus (1148—79) 44. 63. 66. 81. 91.
Wolframus (1184—99) 98. 124. 133. 134. 140.
canonic.: Cunradus (1184) 99.
capella s. Petri in Uchters. presb.: Cristanus (vor 1157) 63.

Jechaburg (Jecheburg, Gicheburg)
westl. von Sondershausen.
praep.: Heinricus (1128—39) 14. 16. 17. 18. 19. 23. vergl. 36. Einl. 29 und erzb. Kanzlei und erzb. Capell.
Burchardus (1146—93) 35. 40. 43. 45. 46. 58. 66. 69. 70. 98. *112. 119. vergl. 132. 136 137. 138. Einl. 29, auch Propst von S. Peter in Mainz.
Wernerus (1196—1206) 130. 132. 136. 137. früher Domdechant zu Halberstadt.
decan: Hunoldus (1174) 86.
Vinoldus? (1193) 120.
Christianus (1206) 137.
custos: Hildebernus (1193) 120.
magist. schol.: Meizo (1193) 120.
Fridericus (1206) 137.
canonic.: Fridaricus, Hildebernus, Humbertus (1174) 86.
Theodericus liber iuvenis (1128) 15.
Theodericus de Sundreshusen (1175) 86.

Johannisberg vergl. Bischofsberg im Rheingau.

Kaltenborn (Kaltenbrunnen) Dioecese Halberstadt.
praep.: Godescalcus (1147—48) 39. 44.

Kaufungen
östl. von Cassel.
abatissa: Beatrix (1199) 141.

Königslutter (Luttere), Dioec. Halberstadt.
abbas: Everhardus (1144) 32.

Lamspringe, Dioec. Hildesheim.
praep.: Johannes (*1166) *83.

Langenselbold (Selbolt)
nordöstl. von Hanau.
praep.: Folbertus (1170) 84. 85.

Erzbischöflich-Mainzer Capellane.

Die wenigen nicht Mainzer Capellane sind besonders bezeichnet.

Geistliche ohne bestimmte Aemter und Würden.

Römisch-deutsche Könige und Kaiser und ihr Hof.

Herzoge, Markgrafen, Pfalzgrafen, Landgrafen und Grafen.

Honstein (Hohnstein, nördl. von Nordhausen) com. de: Edilgerus II et filius eius Edigerus III (1184) 100. vergl. com. de Ilfelt.

Ilfelt, Ilvelt (Ilefeld, nördl. von Nordhausen, hannöverisch) com. de: Edelgerus II (1157 —75) 63. 66. 86.

Johannes filius Petri leonis Rom. (1145) 33.

Kevernburc, Kevernbere-Swarzburg (Käfernburg bei Arnstadt, südl. von Erfurt) com. de: Sizzo (Sitzo, Syzho) III (1111 —57) 7. 23. 26. 39. 44. 66. 149. Heinricus I filius eius (1157—84) *65. 66. 92. 100. Guntherus IV frater Heinrici I (1179 —96) 92. 98. 116. 126. 128. Heinricus II filius Guntheri IV (1196) 126. 128. Guntherus V et Ludolfus filii Guntheri IV (1196) 126.

Kirberch, Kyrberch, Kereberch (Kyrberg. Kirn, westlich von Kreuznach, Wildgrafen) com. de: Conradus (Conrat) I (1143 —58) 28. 44. 71. 89. Emicho III de Boimeneburch frater eius (1143—58) 28. 69. vergl. 44. 71.

Kireberc, Kirchberg (westl. von Sondershausen) com. de: Fridericus I (1175—84) 86. 100. Heinricus filius eius (1184) 100. Gozmarus I (1193) 120. vergl. unter advocatus.

Lare (Lohra, bei Bleichrode westl. von Sondershausen) com. de: Lodewigus II (1150) 47. Ludewicus III (1184) 100.

Limburg, dux de: (Heinricus) (1147—90) 117.

Liningen (Leiningen, westl. von Worms, rheinpfälzisch) com. de: Emicho (Imico) II (1143—57) 28. 32. 34. 44. 63.

Lippe (-Detmold) com. de: Bernhardus II (1181) 94.

Loibam (Leube) com. circa, vergl. Thuringiae lantgr.

Lurenbure (Laurenburg-Nassau, an der Lahn) com. de: Rubertus I (1148) 44. vergl. com. de Nassowe.

(*Lusatia* [Lausitz]) march. de, vergl. Wettin.

Lutherberch (Lauterberg-Scharzfeld am obern Harz) com. de: Sigebodo II (1190) 114. Bertholdus frater eius (1190) 114. vergl. com. de Scartfelt.

Misnia (Meissen) march. de, vergl. Wettin.

Morle (Mörs, Meurs nördl. von Crefeld am Niederrhein) com. de: Sigefridus (1158) 72.

Nasowe (Nassau-Laurenburg an der Lahn) com. de: Rubertus II (der Streitbare) (1187—90) 115. 116.

Nethee, Nitehe (Nidda, nördl. von Hanau im grossh. Oberhessen) com. de: Bertholdus (Berchtoldus) I (1151—58) 51. 69. 72.

Noringee, Nuringee (Nuringen-Königstein, nordwestl. von Frankfurt a. M.) com. de: Gerhardus (1157—71) 63. 149.

Nuemburg com. de: Poppo (1170) 85.

Orlamund (Orlamünde an der Saale, sachsenaltenb.) com de: Sigifridus I (palatinus comes Rheni) (1111) 7. vergl. Palat. com. Rheni. Gertrudis coniux eius (pal. comitissa) (1111--19) 7. 146. Sigofridus II filius eorum (1119) 146. Sifridus III (1179—96) 92. 128.

Otto com. (de Winzenburg?) (1141) 26.

Palatini comit. (de Bavaria): vergl. Widelinesbach (Wittelsbach).

Palatini comit. Rheni: Sigifridus (de Orlamund) (1111) 7. Willelmus (de Orlamund) (1128) 17. Hermannus (frater Heinrici comitis de Cazenelenbogen) (1149—52) 46. 52. vergl. 68. uxor eius Gertrudis 68. (Heinricus der Welfe) (1196) 130. vergl. Welfen.

Palatinus comes Saxoniae vergl. Thuringiae lantgr.

Phollendorf (Pfullendorf, nördl. vom Bodensee, badisch) com. de: Rudolfus II (1179) 92.

(*Querfurt*, westl. von Merseburg) com. de: Wichmannus I (1119 — 23) 145. 146. vergl. canon. Erpesf. S. Mariae.

Ravenesberg, Rabenesberg (Ravensberg im teutoburger Wald, nordwestl. von Bielefeld) com. de: Otto I et Heinricus fratres (1162) 78. Hermannus I (III) (1179) 92. Richardis marchionissa (de Stade?) (1158) 68.

Rothenburg, Rodenberg (Rothenburg am Kyffhäuser, goldne Aue) com. de: Cristianus I (1156) 47. Godescalcus (1175) 87. Christianus II (1193) Einl. 28.

Rudolfus com. vergl. Stade.

Sarbrukkun (Saarbrück an der Saar, preuss.) com. de: Symon I (1143) 28. vergl. unten advocatus.

Saxonia, dux de, vergl. Welfen.

Scartfelt, Scartvelde (Scharzfeld nördl. von Dudorstadt, am Harz) com. de: Sigabodo I (1148) 40. Siboto (Sigebodo) II (1157 —89) 63. '65. 103. *112. vergl. com. de Lutherberch.

Scowenbure, Scovenburch (Schaunburg, westlich von Cassel) com. de: Sigebodo rugrave (1148) 43. Albertus IV (1170) 85. Bertoldus (1186) 103. vergl. hirsuti com.

Scowenbure, Chowenbure (Schaumburg [-Holstein] an der Weser bei Rinteln, kurhess.) com. de: Adolfus III (1199) 140.

Spaenheim (Sponheim, westl. von Kreuznach) com. de: Godefridus I (1158) 69.

(*Stade*, an der Elbemündung) com. de: Rudolfus I dictus marchio (1124) 16. eius conj. Richardis, et filii eorum Rudolfus II et Udo IV (1124) 16.

(*Suevia*) dux de: Fridricus II (Staufer) (1139) 23.

Swarzburc (an der Schwarza, südlich von Rudolstadt) com. de, vergl. com. de Kevernburc.

Thuringia (Thüringen), provincialia, patriae, com. de; lantgravius de : Ludovicus (der Salier) (II) com. circa Lolbam (1104—19) 2. 4. *5. 7. 146. vergl. 21. Ludovicus (III) lantgr. I. filius com. Ludovici (II) (1119 — 39) 23. 146. vergl. unten advocatus. Heinricus Raspe I filius com. Ludovici (II) (1119) 146. Lodovicus (IV) lantgr. II (1147 — 57) 39. 40.: 47. 63. Heinricus Respo II (1153—*57) 58. *65. Ludovicus (V) lantgr. III et com. Hassiae (1174 — 90) 85. 90. 92. 99. 109. 110. *112 (lantgr. Bavariae). 115. 116. Heinricus Raspo III frater eius (1179) 92. Hermannus I com. palat. Saxoniae (1184 — 90) 99. 116. 117 et lantgr. Thuringiae (1196—99) 126. 139. 141. uxor eius nepos Conradi I archiep. Mag. 116. Fridericus com. de Ziegenhagen, frater Ludovici lantgr. III (1186—99) 103. 117. 141.

Tununaha (Tonna, nördl. von Gotha) com. de, vergl. Glichen.

Veldenze (Veldenz, nordöstl. von Trier) com. de: Gerlaus II (1158—71) 70. 71. 149. Gerlaeus III (1191) 119.

Velsberch (Felsberg bei Fritzlar) com. de : Poppo (1170) 85.

Waltingeroth (Woltingerode , Woldenberg zwischen Wolfenbüttel und Gandersheim, hannöver.) com. de : Liudolfus I (1144) 32. Liudolfus II (1157) 62. 63. *65. Hogerus I frat. eius (1157) 62. *65.

Welfen, die : Heinricus (V) (der Löwe) dux Saxoniae (1144—61) 31. 32. 58 et dux Bavariae (1156 - 81) 62. 63. *65. 67. 77.

*18. 94. vergl. 86. dux de Brunswic (1186 — 90) 103. 114. vergl. auch Bomeneborch-Northeim. Heinricus. filius eius (1181 — 96) 94. (palat. com. Rheni) 130.

Wernigerode (westl. von Halberstadt) com. de: Gevehardus et filius eius Conradus et Fridericus nepos eius (1200) 141.

Wertheim (am Main, badisch) com. de: Wolframus II (1144—46) 32. 35. Ditherus frater eius (1146) 35.

Wettin (an der Saale, nördlich von Halle) die : Conradus I (der Grosze) marchio Misnensis (1148—56) 44. 75. Otto (der Reiche) marchio Misnensis (1158 — 90) 70. 92. 116. — Theodoricus IV marchio (Lusatiae) (1157 - 79) 63. *65. 92. Heinricus I (in Wettin) et Dodo VI (der Dicke) fratres eius (1157) 63. *85.

Wibertus com. (de Groitsch?) (1119) 146.

Widechenstein , *Widekindisteine* (Wittgenstein, nördl. von Nassau - Dillenburg, preussisch) com. de: Wernherus I (1187 — 95) 117. 119: 123.

Widelinesbach , *Wilhelingesbach* (Wittelsbach, nordöstl. von Augsburg) palat. com. de: Otto VI (1157—79) 63. 92. Conradus I archiep. Mag. (Salsb.) (1162—1200) vergl. oben Erzb. von Mainz (-Salzburg). Fridericus frater eius, quondam pal. (*1189 — 91) *112. 119 et Otto VII frater eorum (*1190) *112.

Ziegenhagen com. de, vergl. Cigenhagen.

Kanzlei Herzog Heinrichs des Löwen:

Geroldus notar. (1144) 32.
Heinricus notar. (1158) 62.
Johannes notar. (1181) 94.

Nobiles, liberi, milites.

Adeloldus mil. et filii eius Adelbertus et Hermannus (1197) 134.

Adilbertus ex lib. prosopia et conj. eius Hacecha (1122) 10.

Arinstein (Arnstein bei Nassau an der Lahn) de: Hermannus (1187—90) 117.

Badenheim (in der hess. Rheinprovinz) lib. de: Dammo (1158) 68.

Bendeleve (Bendeleben bei Sondershausen) lib. de: Aksuit (Eksuit) fem. (1136 --52) 21. 51.

Bergestat (Dierstatt bei Wiesbaden) lib. de: Marcwardus (1158) 69. 71. 72.

Berlestete , *Borlestad* (Pärlstädt bei Buttstedt, nordöstl. von Weimar) de: Heinricus (1157 - 84) 66. 91. Lutolfus (1184) 99.

Bickenbach (Bickenbach, östl. von Worms) de: Cunradus (1175) 89.

Bischovishusen (Bischofshausen) lib. de: Warnerus et uxor eius (1194) 121.

Bisenrot (Bösenrode, nordöstl. von Sondershausen in der goldnen Aue) de: Albertus (1196) 130.

Blankenborch (Blankenburg südl. von Halberstadt , braunschweig.) lib. de: Poppo (1144 - 58) 32. 68.

Bodenhusen , *Butenhusen* (Badenhausen? nordöstl. von Northeim) Rb. de: Helewicus (1148 - 89) 44. 112. Heinricus (1186 —*89) 103. *112.

Bolanden , *Bonlant* (Kirchheim-Bolanden, zwischen Worms und Kreuznach, rheinpfälzisch) de: Wernherus II (1157 — 90) 66. 106. 115. 116. 140.

Bornem (Bornum, nördl. von Gandersheim) lib. de: Haoldus (1158) 68.

Bovenhem (Bovenden nördl. von Göttingen) de: Otto (*1166) *83.

Brisenze (Priesznitz, südl. von Naumburg, meiningisch) de: Hugo (1184) 82.

Brunszkorn de: Udalricus (1152) 52.

Buche, Buchun (Buchen bei Wachenbuchen unweit Hanau) lib. de: Gerlachus (1146 —53) 35. 51.

Budingen, Butingen (Büdingen nordöstl. von Hanau im grossh. Oberhessen) de: Hartmannus (1171—91) 115. 116. 119. 149.

Buren (Beuern? im obern Eichsfeld) lib. de: Gothardus (1128) 15.

Burke, Burkun (Borken südl. von Fritzlar) nob. de: Volebertus, Volpertus (1151— 89) 49. 110; filil eius: Volbertus et Conradus (1189) 110; sororis suae Piae filii: Gumpertus et Arnoldus (1189) 110; fratruelis eius Conradus (1189) 110.

Burnstete (Bornstedt zwischen Eisleben und Sangershausen) de: Esich (1147) 39.

Cimberen (Zimmern bei Grünsfeld, südl. von Wirzburg, badisch) de: Sibodo (1196) 130.

Craneckfelt, Cranichfelt (Kranichfeld, südöstl. von Erfurt, meiningisch) de: Folradus (Volradus) I (1147—57) 39. 63. *65. 66. Sifridus (1147—57) 39. 66. Ludegerus (1147) 39. Folradus II (1179 —99) 92. 93. 140.

Crebezinvelt de: Irenfridus (1184) 99.

Dachebecke (Tachbach bei Themar, östl. von Meiningen) de: Gunzelinus et frater eius Folcmarus (1147) 89.

Dorstat (Dorstadt südl. von Wolfenbüttel) de: Arnoldus (*1162) *80.

Duringeberg, Torengeberg (Dornberg bei Ziernberg, westl. von Cassel) de: Eppo I (1151—58) 49. 74.

Eguinhartus et filius eius Heinrich, lib. (1157) 149.

Elchisleve, Elchenleibe (Elzleben nördlich von Erfurt) lib. de: Udalricus (1184) 98. Luchardis, filia Volradi (1196) 150. vergl. Witterthe minist. Mag.

Elkeno (Edlen bei Ziernberg, westl. von Cassel) de: Lutherus (1155—58) 74.

Engilde de: Albertus (1184) 98.

Inse de: Heinricus (1199) 141.

Eppenstein (Epstein, westl. von Frankfurt a. M., nassauisch) de: Gerhardus I (1187 —90) 116.

Eppilnsheim (Eppelsheim bei Worms), de: Borchard (1143) 23.

Erpha (Herph westl. von Meiningen) de: Hartungus (1157) 66.

Falkenstein (bei Ermsleben, südöstl. von Quedlimburg) lib. de: Burchardus (1158) 68.

Gamenburch, Ganburc de: Marquardt (1123) 147. Berengerus (1153—90) 75. 117.

Gastervelt de: Adelungus (1151) 50. Echehardus (1189) 110. Heinricus filius eius (1189—99) 110. 141.

Gebehardus nob. vir (1114) 8.

Gerlachus, frat. Hildebohli abb. Hasung. lib. (1155—58) 74.

Gerlahus lib. (1155—58) 74.

Gladebike (Gladebeck nördl. von Göttingen) de: Thidericus (*1189) *112.

Gran (westl. von Cassel) de: Trutwinus (1151) 49. Godescalcus (1155—58) 74.

Grifenborch (Greifenberg bei Jena) de: Burcardus (1184) 99.

Grumbach nob. de: Frideruna (propingua Heinrici I archiepisc. Magunt.) (1147— 48) 37. 38. 43. vergl. 63. *64. 90. 91. 97. Marcquardus (1147—57) 37. 38. 39. 43. 58. 63. *64. 66. vergl. 90. 91. 97. Albertus filius eius (1157—84) 63. 90. 97. vergl. unten advocatus. Marcwardus et Otto filii Marcquardi (1157) 63.

Gudenesberg, Wodenesberg (Gudensberg südl. von Cassel) de: Herimannus (1119 —28) 15. 146. Erkengerus (1155—89) 74. 110. Cunradus (1155—58) 74.

Gunderichesleiben (Günthersleben südöstl. von Gotha) de: Hartmannus et Ortwinus; Florentinus cognatus eorum (1196) 126.

Hagenowa (Hanau östl. von Frankfurt a. M.) lib. de: Dammo I (1144) 32. Arnoldus (1146—58) 35. 70. 71. Dammo II (1175) 89.

Haghen (Burg Hagen), de castro: Ludolfus (1181) 94.

Halunbertus miles (1137—58) 72.

Hartmannus, pater Strigerii, nob. (1196) 130.

Heldrungen (südl. von Frankenhausen, preussisch) de: Heinricus (1199) 140.

Heringen, Herugen (Heringen nördl. von Sondershausen in der goldenen Aue) mil. de: Hartmannus (1187?) 108. vergl. unten advocatus. Heinricus (1193) 121.

Heroldus mil. Popponis (1155—58) 74.

Hilbebrandus lib. (*1189) *112.

Hildenburc de: Albertus (1179) 92.

Hockelem, Hukelem (Höckelheim bei Northeim) de: Bernhardus et frater eius Godescalcus (*1162—81) *80. 91.

Hogerus adolesc. nob. (1146) 36.

Hohenberc de: Rentwicus (1189) 110.

Holebach mil. de: Hartungus (1187—93) 108. 121.

Holnstein de: Albertus (1179) 92.

Hostede (Höchst?) com.? de: Gotefridus (1148) 44.

Hovethe, Hovide lib.: Bruno vergl. 55. Gerlahus (1155—58) 73.

Husen (bei Essenheim bei Mainz) de: Waltherus (1157—71) 66. 149.

Immenhusen, Emmenhusen (Immenhausen nördl. von Cassel) de: Dedo, Dudo (1128 —44) 17. 31. et frat. eius Gevehardus (1128—89) 17. 31. 43. 110.

Insula (Werder, Gieselwerder in der Weser bei Lippoldsberg, kurhessisch) de: Thedericus (1151) 51.

Ischirstete (Isserstadt nordwestl. von Jena) de: Heinricus vergl. 143. Bertholdus (1200) 143.

Wichdorf, Wihdorf (bei Gudensberg südl. von Cassel) lib. de: Gumbertus et frat. eius Meingoz (1151—58) 49. 74.

Wilbere, Wiltbere (Wildberg) de: Bertholdus (1179—90) 22.

Andere, meist Mainzer, obrigkeitliche Personen.

advocatus:
Albertus de Gerunbach, adv. monast. Uchtrichishusensis (1184) 96.
Albertus com. de Scoemburch Ditmelle eccl. advoc. (1170) 85. vergl. Berichtig.
Arnoldus adv. de Embike; minist. ducis Heinrici de Sax. (1158) 68.
Berengarius (de Gamenburg) (1158) 71.
Christanus (com. de Kirchberg) subadv. eccl. Gigenburg. (1128) 14. 15. 16.
Cunradus I marchio Misnensis, summus adv. monast. Celle Wirzburgens. (1153 — 56) 75.
Erwin comes (de Glichen) et advoc. (1157) 148.
Gerart adv. (1153) 60.
Giso (IV de Gudensberg) sec. adv. (eccl. Hasungensis) (1122—24) 10. 11.
Gozmarus com. de Kirchberg, adv. Jecheburg. (1193) 120.
Hartmannus adv. de Scuzzebereg (1155 —58) 74.
Hartmannus de Herungen, adv. (1187) 108.
Heinricus adv. de Arnstete (1184) 98.
Hermannus adv. (Pinguensis) (1187) 106.
Hermannus adv. de Grona (*1189) *112.
Hertwicus adv. eccl. Steinensis (1157) 67.
Hugo adv. (Lippoldesbergensis?) (1137 —58) 72.
Liudolfus com. de Dassela, adv. (Hildewardeshusen.) (1190) 114.
Liudolfus adv., minist. ducis Heinrici de Sax. (1144) 32.;
Ludolfus adv. de Brunswich (1181) 94.
Ludovicus adv. Hasungensis (1122) 10.
Ludovicus I com. (de Thuringia) eccl. in Etteresburg adv. (1123) 147. maior adv. Gigeburg. (1128) 15. 16. princip. adv. Jecheburg. (1139) 23.
Meinfridus advoc. Hildewardeshusensis (1190) 114.
Poppo adv. (1155—58) 74.
Rubertus adv. de Northusen (1184) 100.
Sifridus adv. civitatis Northusensis (1206) 137.
Simeon com. (de Saarbruck) adv. monast. S. Disibodi (1143) 28.
Walbertus adv. monast. vet. in Maguntia (1184) 96.
camerarius:
Anno cam. (ducis Heinrici de Sax.) (1144 —*62) 32. 62. *80.
Arnoldus cam. civit. Magunt. (et prep. S. Petri Mag.) (1148—52) 43. 46. 55.

Dodo, Dudo, Thudo, Tuto (cam. Magunt.) (1171—90) 88. 95 (vergl. Berichtig.). 96. 106. 115. 116. 149.
Godewaldus cam. archiep. Magunt. (1141) 26.
Ludovicus cam. (Magunt.) (1187—80) 115.
Meingodus cam. civit. Magunt. (1133) 19.
Rocherus cam. (1148) 43.
Thirricus cam. archiep. Magunt. (1195 — 96) 124. 130. 150. Einl. 28.
castellanus (vergl. vicedomnus):
Herdegen cast. de Eckehardesberc (1199) 140.
dapifer:
Bertoldus dap. archiep. Mag. (1170) 85.
Cunradus (1144) 31.
Dodo dap. (Magunt.) et frat. eius Wichnandus (1128) 15.
Echelwardus dap. et fratres eius Rudolfus, Erhart et Heroldus (1133—39) 19. 23.
Guntherus dap. lantgr. Thuringiae et frater eius Cunimundus (1199) 140.
Helmevigus dap. (archiep. Magunt.) (1158) 72.
Hermannus dap. (lantgrav. Thuringiae) (1159) 110.
Heroldus dap. (archiep. Mag.) (1151) 51.
Jordanus dap. (ducis Heinrici de Sax,) (*1162—81) *80. 94.
Strigerius dap. (archiep. Mag.) (1190— 96) 114. 130.
Wernherus dap. (archiep. Mag.) (1144— 55) 32. 35. 43. 44. 46. 47. 60.
Wignandus dap. Fuld. (1196) 126.
exactor:
Gnanno (1122) 11.
magister fori:
Bertoltus mag. fori (Erpesf.) (1157) 149.
Hugo mag. fori (Erpesf.) (1193) Einl. 28.
marescalcus:
Conradus (1144—49) 32. 35. 43. 44. 46.
Gernodus (1133—49) 19. 31. 32. 46.
Godeboldus (1155—58) 60. 62. 71. 72.
Godebertus (1170) 85.
Hartmudus (1149—58) 46. 47. 51. 71. 72.
Hartvinus (1133—55) 19. 60.
Heidenricus (1148—51) 44. 46. 51.
Heinricus (1150) 47.
Heinricus (maresc. ducis Heinrici de Sax.) (*1162) *80.
Heinricus (maresc. lantgr. Thuringiae) frat. Hedwigae de Vargla (1199) 139.
Hellewigus (1184—90) 100. 103. 114. 115.

Hermannus de Ekarsperge (1200) 143.
Heroldus (1149—50) 46. 47.
Wilhelmus maresc. duc. Heinrici de Sax.
(1181) 94.

monetarius:
Adelbertus (1193) 120.

officiales:
Arnoldus, Cunradus, Godescalcus; — Bertholdus frater Arnoldi et Godescalci (1181) 95.

pincerna:
Arnoldus (1155) 60.
Cunradus (1144—51) 32. 35. 44. 46. 51.
Franco (1170) 85.
Giselbertus (1144) 31.
Heinricus pinc. (ducis Heinrici de Sax.)
(*1162) *80.
Heinricus pinc. lantgr. de Thuringia (1199)
140.
Heinricus (1200) 143.
Otto (1190) 114.
Rudolfus (1139) 23.
Rudolfus pinc. lantgr. de Thuringia (1184)
89.
Rupertus pinc. Fuld. (1196) 126.
Theodericus, Thirricus (1195—96) 124.
130. 150. Einl. 28.
Theodericus (1200) 143.

praefectus (vergl. vicedomnus):
Egehardus praef. in Hersveld. (1153—55) 60. 61.
Johannes praef. de Clettenberc (1193) 121.
Wigandus (*1180) *93.

ringrarius (comes Rheni, minist. Magunt.):
Embrico III (1147—52) 40. 43. 44. 46. 52.
Embrico IV, ringr. senior (1158—71) 69.
149. (Wernerus) ringr. iunior (1171) 149.

scultetus:
Arnoldus scult. de Olmino (1181) 95.
Dietherus scult. Magunt. (1175—87) 87.
95 vergl. Berichtig. 96. 106.
Fridericus scult. de Northusin (1206) 137.
Heinricus scult. de Erpesfort (1195—96)
124. 130. 150.
Helewicus scult. in Erfesfort (1175) 87.
Hermannus scult. (Magunt.) (1158) 69.
71. 72.

Siffridus scult. (Jechaburg.) et filius eius
Heinricus (1193) 120.
Wolframus (1157) 66.

thelonearius:
Heroldus cives de Selgestat (1175) 89.

vicedomnus:
Bertocns viced. de Apelen (Apolda) (*1180)
*93.
Bertoldus viced. in Erpesfordia (1175—99) 87. 98. 123. 128. 130. 141. 150.
Einl. 28. et frat. eius Theodericus camerar. et Theodericus pinc. (1195) 124.
Conradus viced. (in Aschafinburc) (1187—90) 115.
Dudo cast. (praef.) de Rusteberg (1146—51) 36. 51.
Embricho viced. Magunt. (1133—41)
19. 26.
Gerlahus viced. (de Rusteberg) (1155—56) 73.
Giselbertus viced. (de Erpesfort) (1139—41) 23. 26.
Heinricus viced. (de Erpesfort) (1147—57) 40. 44. 60. 66.
Heithenricus viced. de Rusteberg (1162—90) 80. *83. 85. 100. 103. 114. 115.
et frat. eius Hellewigus maresc.
Hellewicus viced. in Rusteberg (1194—96) 122. 150.
Helpericus viced. Magunt. (1157—58) 66.
69. 71. 72. et frater eius Hermannus
scult.
Lamberdus viced. (in Rusteberg) (1122—24) 11. vergl. 36.
Meingotus viced. archiep. (Magunt.) (1148—52) 43. 52.
Ruggerus viced. Magdeburg. (1166) 81.
Theodericus viced. de Apolda (1181—1200) 95. 143.

villicus:
Arnoldus (1122) 11.
Diethderich (1124) 11.
Dudo (in Selhoven) et frat. eius Warnherus (1143—53) 55.
Heinricus vill. in Erpesford (1193) Einl. 28.
Hezechinus, minist. Hersveld. (1146—55)
61.

walbodo:
Salemannus (1149) 44.
Ernestus (1158) 72.

Ministeriales (Dienstmannen).

Adelbero de famil. S. Mariae Erf. (1119) 146.
Adelbertus de famil. S. Mariae Erf. (1119) 146.
Adelbertus minist. (1128) 17.
Adelbertus Fiol (1146—51) 36. 51.
Albecho (Albig bei Alzey in der hessisch.
Rheinprovinz) de: Heinriens (1194) 122.
Albolshusen (Oetmannshausen bei Eschwege an der Werra) de: Heinricus (1194)
122.

Alexander minist. (1147) 40.
Alrstete (Arnstadt südl. von Erfurt) de:
Ludolfus (1199) 140.
Ambara de: Ekkehardus (1146—51) 37. 51.
Amera (Ammern nördl. von sächs. Mühlhausen) de: Rudolfus (*1180) *93.
Apolda, Apoltre, Abbolde de: Dietrich (1123) 147. Gunzelinus (1128) 14. 15.
Bertoldus (1184) 89.

Pernbitten (Berensbausen nördl. von Düderstadt im Eichsfeld)de: Sichebodo(1146)36.
Petrus minist. Magunt. (1158) 69.
Pingua (Bingen am Rhein) de: Regenbodo, Reinbodo (1152—90) 52. 95. 106. 115. 116. filius eius Reinbodo (1181) 95. Fridericus (1152) 52. Engelscalcus(1158)69.
Radele, Radenlere de: Arnost (1136—53) 21. 53.
Rechero de famil.S.Mariae Erpesf. (1119)146.
Raginbraht minist. Magunt. (1151) 49.
Reinbodo, Reinboto (1158—71) 69. 149.
Reinhard minist. Magunt. (1123) 147.
Riddageshusen (Riddagshausen bei Braunschweig) de: Engelfridus dictus Pine (1200) 144.
Riestede de: Heinricus mibint. comr. Lamberti (de Glichen) (1146) 37.
Ringelderode de: Helwicus (1184—93) 99. Einl. 28.
Risla de: Sigehardus (1193) 121.
Rode de: Theodericus (1193) 120.
Rodenbach de: Ottokar (1128) 17.
Rödenberch de: Thudo (1199) 141.
Rorberghe de: Hartmannus et Conradus (*1189) *112.
Rosla (Rosala bei Apolda) de: Diethmarus (1119) 146.
Rostorp de: Meinhardus et Heinricus (*1189) *112.
Ronkenhusen (Rockenhausen?) de: Warnerus (1194) 122.
Rucherode de: Adolfus (1194) 122.
Rudegerus de famil. S. Mariae Erpesf. (1119) 146.
Ruden de: Theodericus (1193) 120.
Rudingisdorf (Rudersdorf zwisch. Apolda und Eckartsberga) de: Wernherus (1199) 140.
Rudinsheim, Rödenesheim (Rüdesheim bei Bingen) de: Gisilbrath filius Arnoldi (1143) 28. Conradus (1171) 149.
Rudolfus (1158) 72.
Rudolfus et frater eius Cono (de Cornere) (*1180) *93.
Rusteberg, Rosteberg (Rustenberg bei Heiligenstadt im obern Eichsfeld) de: Conradus (1149) 40. Hartwicus (1170) 85. Othelricus, Hethenricus (*1189) *112. vergl. vicedom. — Hellewicus (*1189-96) *112. 124. 130. vergl. maresc.
Saleman minist. Magunt. (1158) 72.
Salzan (nördl. von Nordhausen) de: Theodericus (1206) 137.
Seidingen (Schidingen) de: Benno (1128)17.
Scowen (Schauen nordwestl. von Halberstadt) de: Fridericus et Heinricus frat. (1200) 142.
Senzzeberge de: Gerbodo (1155—58) 74.
Selun de: Godebertus et uxor eius (1158) 69.
Siboldus minist. Mag. (1144—50) 32. 40. 47.
Siboldus albus minist. Magunt. (1157) 66.
Siboldus filius Lampoldi minist. Magunt. (1157) 66.

Siboldus et filius eius Gunthere (1157) 149.
Siboldus senior. minist. Magunt. (*1180) *93.
Siffridus minist. abb. Steinensis (1157) 67.
Sigebodo de fam. S.Mariae Erpesf. (1119) 146.
Slathem, Slathein (Schlotheim nordöstl. von sächs. Mühlhausen, schwarzburg-rudolst.) de: Berthous (Bertocus) (1174—*80) 86. *93.
Slirbach de: Brun (1194) 122.
Sodelen (Södel im grossh. Oberhessen) de: Ditmari duo filii (1153—58) 71.
Sondershusen, Sundershusin (Sondershausen) de: Hugo et Heinricus minist. Magunt. (1175) 86. Ditmarus (1193) 120.
Stockhuson, Stoghuson (Stockhausen bei Sondershausen) de: Widego minist. Magunt. (1198) 15. Heinricus (1193—1206) 120. 137.
Stophinburch (Stauffenburg südl. von Gandersheim) de: Ernbertus (*1162) *80.
Stutrinkheim (Stotternheim nördl. von Erfurt) de: Albertus (1184) 99.
Sulingen (Sollingen westl. von Nortbeim) de: Heinricus (1181) 94.
Sunnebrunn (Sonneborn nordwestl. v. Gotha) de: Hartungus minist. Fuld. et uxor eius Berthrada (1184) 98. 99. vergl. 133. 134. Hartungus iunior filius eorum (1184—97) 98. 99. 133. 134. Berta germana eius (1197) 133. Bernoldus (1184) 99.
Sutheim (Sudheim südl. von Nortbeim) de: Aveza (1140) 36.
Teninestete (Tennstedt östl. von Langensalza) de: Waltherus (1184) 98.
Topfstet (Topfstedt zwischen Sondershausen und Welszensee) de: Reinhardus (1175) 90.
Trohtliebus (minist.Heresveld.) (1146-53)61.
Tuchen de: Heinricus (*1180) *93.
Tungesbrueken (Thamsbrück nördl. von Langensalza) de: Volbertus (1174) 86.
Tuteleiben (Teutleben westl. von Eckartsberga) de: Godefridus (1199) 140. 141. vergl. Dudeleben.
Uchtershuasen, Uchtricheshusen (Ichtershausen südl. von Erfurt) de: Heinricus (1150) 48. Warmundus et Karl (1184) 99.
Udo minist. lantgr. Thuringiae (1175) 90.
Udra (bei Heiligenstadt im obern Eichsfeld) de: Theodericus (1186) 103.
Ufhusin (Ufhausen südöstl. von Hersfeld) de: Erbo (1196) 126.
Utheleyben (Utheleben südl. von Nordhausen) de: Kristianus (1193) 121.
Velskecte de: Edelgerus iunior (*1180) *93.
Veltheim de: Rotherus (1181) 94.
Walbertus minist. Magunt. (1128) 15. 17.
Wangenheym (Wangenheim nordwestl. von Gotha) de: Berthogus minist. Fuldensis uxor eius Agnes vergl. 126. Ludewicus uxor eius Athelbeida, filii eorum Berthogus et Ludewicus (1196) 126.
Wernherus minist. Magunt. (1128—58) 16. 17. 40. 69.

Wernherus minist. Magunt. frat. Hartungi (1155) 60.

Wernherus cellarius (1157) 149.

Werra, *Wurre* (Werna nördl. von Nordhausen, hannöv.) de: Hermannus (1196) 130. Hermannus iunior (1206) 137.

Wichnandus minist. Magunt. (1128—58) 17, 69, 72.

Wichnandus frat. Dedonis dapif. (1128—48) 15, 40.

Wilhelmus minist. abb. Steinensis (1157) 67.

Winkele (Winkel im Rheingau) de: Wlvericus minist. Magunt. (1148) 42, 43.

Witha, *Wida* de: Heinricus minist. ducis Heinrici de Sax. (1156—90) 62, 68, 780, 115.

Withera, *Witterthe*, *Wytterde* (Witterda nordwestl. von Erfurt) de: Wernerus (1143—50) 28, 47. Albertus et uxor eius Luchardis (de Elchisleve) (1196) 150.

Wolberneshusen (Wolbershausen östl. von Göttingen) de: Bertoldus minist. ducis Heinrici de Sax. (1156) 62.

Wolvericus de famil. S. Marine Erpesf. (1119) 146.

Burgenses, cives, urbani (Bürger).

Adelbertus mercator (1124) 11.

Anyenstein (zwischen Göttingen und Northeim) cives de: Bodo, Crafft, Eckart de Northun, Eteler, Grafft, Herebert, Otelrich, Walderic, Wilhelm. (1157) 67.

Brizzenheim (Bretzenheim bei Mainz) cives de: Folcuit, Regenolt, Wicnant (1143—53) 55.

Cassele (Cassel) de: Gerlah, Gotfried, Leo, Meginward, Tammo (1155—58) 74.

Crispeleibe (Kerspeleben nordöstl. von Erfurt) cives de: Christianus, Egilfridus, Fridericus, Hedewiga, Heinricus, Hildebrandus (1197) 131.

Erfurt burgensis de: Wernerus (1109) 141.

Magontiae cives (1143—53) 54. iudices civitatis (1175) 67.

Magontiae cives: Conradus Winzo (1175—87) 88, 96, 108. Egelwart et filius eius Herdegen (1143—53) 55. Folcnandus carnifex (1186) 104. Heroldus (1175) 87, 88.

Magontiae cives extra civit.: Arnolt, Baldemarus, Bernhelm, Cunrat, Egelwart, Gotefrit, Hartmut, Heinrich de Angere, Heinrich, Meingoz (1143—53) 55.

Manese (Meensen östl. von Münden an der Weser) cives de: Conradus et. frat. eius Thidericus, Ekkehardus, Godescalcus (1153) 58, 59.

Northusen (Nordhausen) burgenses de: Hermannus deiswar, Heinricus de curia regis, Heinricus de porta, Petrus, Willehelmus cremaere (1206) 137.

Pinguia (Bingen) urbani de: Adelbero, Embrico, Gerlacus, Gernot, Godescalc et frater eius Cunrat, Lutrifridus, Volcnant, Vulvericus, Wortwinus, Zacho (1152) 52.

Selhoven (Selehofen bei Mainz) in: Arnolt, Arnolt (item), Baldemar, Dithere, Dragebodo, Egilwart et filius ipsius, Ernst, Ernst et duo filii illius, Godebolt, Herdegen, Heremannus, Ruthart et filius eius, Wernhere, Wicnant (1143—53) 55. Arnoldus (1187) 106.

Selgestat (Seligenstadt) cives de: Everhardus, Godeboldus et filius eius Gerlacus, Heroldus thelonearius, Walcnnus et frat. eius Conradus, Wolframus (1175) 82.

Ulma inferior (Niederulm an der Selz, südwestl. von Mainz) de: Bauwarus, Drutwin, Ernfrit, Gunther», Heinrich, Lutfrit, Meingoz, Ulrich (1143—53) 55.

Urbeke (Urbach östl. von Nordhausen) cives de: Albertus et Heidenricus fratres, Beio, Burchardus Nordel, Cristianus, Heidenricus cognom. Hereate, Heinricus Wnke, Swickerus et fratris sui filii Swickerus et Albertus (1187) 107, 108.

Wirceburg (Wirzburg) de civitate: Berhardus parvus, Bertoldus filius Loberici, Burchardus albus, Cunradus, Gernot filius Drutmanni de Broszoldesheim, Godefridus scinkae, Hartmannus filius Gerboldi, Heinricus Inkesinken, Heinricus qui dicitur Scepfmann, Heinricus sancti peleineus, Richelmus iuvenis filius Rickelmi (1158) 72.

Personen ohne alle weitere Bezeichnung.

Adelbertus (1124) 12.

Adelbertus albus, Ad. dives, Ad. filius Peregrini (1193) 120.

Adelungus (1124) 11.

Albertus (1186) 104.

Albertus (1187—90) 116.

Albertus (1194) 122.

Almar (1153) 60.

Altmannus (1119) 146.

Altwinus (1124) 12.

Anselm (1108) 5.

Arnolfus rufus (1175) 88.

Beringerus (1193) 120.

Bernherus (1193) 120.

Titericus Mour? (1187—90) 117.
Walthelmus (1181) 95.
Walther (1108) 5.
Waltherus (1193) 120.
Weiniek (1193) 120.
Weltre (1142—43) 27.
Wendela (1158) 68.
Werinherus (1124) 12.
Wernher (1186) 104.

Wezelo cum uxore sua Hazekan in Erpes-
ford (1137—61) 77.
Widolo, item Widolo (1124) 12.
Windolf et frat. eius (1153) 60.
Wipertus (1155—58) 74.
Wolfframus cum conj. sua Lucia (1153-
58) 75.
Wolknand (1187—90) 116. 117.
Wythigo et frat. eius (1193) 120.

TOPOGRAPHISCHES REGISTER.

Vergl. oben: Stifter und Klöster.

Abbattes-Winethen vergl. Attenwinethe.
Adeleshusen, Adelevissen (Alldshausen östl.
von Einbeck) 25. *79.
Ahornesstock, usque ad arborem (Ahorn),
Gränzbestimmung für das Klost. Georgen-
thal 109.
S. *Alban,* Klost. vergl. Maguntia.
Albecho (Albig nördlich von Alzey, hess.
Rheinprov.) 122.
Albodeshusen vergl. Awoldishusen.
Aldendorf, eccl. in, (Mark-Oldendorf? westl.
von Einbeck) 35.
Alden-Ritte (Altenritte südwestl.v.Cassel) 74.
Algisheim (Gaualgesheim bei Bingen) 115.116.
Almenhusen (Almenhausen bei Schlotheim,
östl. von sächs. Mühlhausen, schwarzburg-
sondersh.) 19. 23.
Alta-Ebra (Hohenebra südl. von Sonders-
hausen) 15.
Alta-villa, Alteville (Eltville im Rheingau)
72. 115. vergl. Eltville.
Altenburg (sächs. Altenburg) 94.
Amburne (Amwern? nördl. von sächs. Mühl-
hausen, für das Klost. Weende) *111. 120.
Amelungesburne (Abtei Amelungsborn im
braunschweig. Amte Eschershausen) 67.
Ameneburc, turris in (Amöneburg östl. von
Marburg) 115.
Anschete (Asche im hannöv. Amte Münden)
28. *80.
Aphelete (Auv.) (Apfelstedt, westl. Neben-
fluss der Gera im Gothaischen) 109.
Apolda, eccl. in (Apolda woimarisch) 145.
Appenheim (bei Bingen) 89. 96. 101. 105.
Argozesberc (in der sogenannten „hohen
Rieth" (Houwerith) zwischen dem Klost.
Georgenthal und Friedrichsrode im Go-
thaischen) 109.
Arnshusen (Arnshausen) 117.
Aroldeshusen! (wol gleich mit Awoldes-
husen vergl. unten).
Arondebech (am Schmalwasser im Gothai-
schen) 109.

Aschaffenburc, Aschafinburc (Aschaffen-
burc) 115. 116.
Aschera (zwischen Gotha und Langensalza
im Gothaischen) 12.
Ascolwesvenden, vic. Slavonic. (dem Stift
Jechaburg zugeh.) 18.viel=Attenwinethe?
Asolverod, Hasolderoth, vergl. Klost. S.
Georgii vallis.
Aspelingerod, Aspelingerot (dem Kloster
Weende zugehörig) *112. 120.
Attenwinethe (Altwenden zwischen Sonders-
hausen und Bleicbrode) 15. 21. 51.
Awoldishusen, Alboldeshusen (Oettmanns-
hausen im kurf. hess. Justizamt Bisch-
hausen, östl. von Waldkappel) 25. *80.
Azcelenwisen (für das Kl. Georgenthal) 109.
Babenbergensis eccl. (Bamberg) 17.
Badere (Badra nordöstl. von Sondershau-
sen) 137.
Balderichishusen, in pago Neddere an der
untern Werra 25.
Barchusen bei Georgenthal 109.
Barolveshusen im Gandersheimischen 33.
Basenheim (Basenheim bei Alzey, hess.
Rheinprovinz) 105.
Beckelnheim 115.
Begendale, Bingendal, Bogendal (Wüstung
unweit Boyneburg im kurf. hess. Justiz-
amt Sontra zwischen Werra und Fulda)
25. *80.
Beissem, villa, 36.
Belderichishusen (Wüstung im kurhess. Ju-
stizamt Naumburg, westl. von Cassel) 73.
Bendeleve (Bendelebeh, östl. von Sonders-
hausen) 21. 53.
Bercha (Berka zwischen Weimar und Ru-
dolstadt) 145.
Bercha (Berka an der Wipper östl. von
Sondershausen) 16.
Bergadeshusen (Bengehausen für das Klost.
Bursfeld) 62.
*Bergeridon villa prima, et Pergeriedon villa
secunda* (für die Kirche zu Dietenborn) *5.

Thorlon, vergl. Darlonn.

Thuoteliebe (Tottleben nordöstl. von Langensalza oder Töttleben nordöstl. von Erfurt, oder Tüttleben östl. von Gotha) 7.

Thuringia, provincia (Thüringen) 40. *64. 90. 116. 145.

Topfstet (Topfstedt zwischen Sonderhausen und Weiszensee) 90.

Truncum, ad (für das Kloster Northeim) 25 Anm.

Tudingehunm (für das Kloster Weende, vielleicht gleich mit Tutenhusen) *111.

Tutelstede (Dittelstedt östl. von Erfurt) 148.

Tutenhusen (Wüstung bei Wolfhagen, westl. von Cassel, vergl. auch Dodenhusen und Tutingehusen) 73.

Uchtricheshusen, Ochtricheshusen (Kloster Ichterhausen zwischen Erfurt und Arnstadt, gothaisch) 37. 44. 62. 63. *64. 65. 81. 90. 96. 98. 124. 128. 133. 134. 139.

Ulma inferior. vergl. Volmen inf.

Ulma superior, vergl. Volmen sup.

Ungerethe (vom Klost. Helmarshausen) 80.

Urbeke (Urbach südöstl. von Nordhausen in der goldenen Aue, hannöv.) 136.

Urecstede, vergl. Wercstide.

Utheleven (Utleben südl. von Nordhausen) 23.

Uthelradeshusen (für das Kloster Weende) 129.

Valedhe, Volede (Vahle bei Uslar, westlich von Northeim) 25. *80.

Vallis S. Georgii (Klost. Georgenthal) 109. 123. 135. vergl. S. Georgii vallis.

Vargla (Vargula östl. von Langensalza) 139.

Venneke (Venne, Wüstung bei Gudensberg, südl. von Cassel) 74.

Verona (Verona an der Etsch) 101. 102.

Vetus monasterium in Maguntia, vergl. Maguntia.

Vibeche (Vippach nordöstl. von Erfurt, weimarisch) 15.

S. Victoris eccl., vergl. Maguntia.

Vinsleve, Vinleve (aus den Stade'schen Besitzungen an das Klost. Northeim) 25. *79.

Vinzenrod (Berg Vinzenrod im Grafenhainer Forste, westl. von Ohrdruff, im Gothaischen) 109.

Viterbo (nördl. von Rom) 35.

Volcoldirode (Klost. Volkenroda, nordöstl. von sächs. Mühlhausen) *92. *93.

Volkesheim (an das Kloster S. Rupertsberg bei Bingen) 105.

Volmen, Ulma infer. (Niederolm südl. von Mainz) 54. 115. 116.

Volmen, Ulma super. (Oberolm südlich von Mainz) 54. 115. 116. 117.

Vulgeleraroth, item *Vulgeleraroth* (Volgeroth im Eichsfelde?) 25.

Wachtereswinkel (Kloster Wächterswinkel nördl. von Schweinfurt) 37. 65. 97.

Waffenliebe (an die Kirche zu Dietenborn) *5.

Waldo in novo monte (Neuenberg bei Fulda?) 127.

Walkenred, Walkenride, Walchenriethe (Kloster Walkenried nordwestl. von Nordhausen, braunschweigisch) 45 Anm. 100. 107. 108. 121. 132. 136. 137. 138. 142. 143.

Wanebrucken (Waunigsroda südlich von Gotha) 109.

Wardishusen, Wadirshusen (Woldershausen? östl. von Giboldehausen im Eichsfelde) 25. *79.

Wascekenroth (an das Kloster Gerode im Eichsfelde) 45.

Wasungen cast. (Burg Wasungen an der Werra, nördl. von Meiningen) 116.

Wawithe, arbustum (eine Baumpflanzung bei dem Klost. Ichterhausen) 128.

Weithersheim (Wertdersheim für S. Rupertsklost. bei Bingen) 68. 101. 105.

Welderikessen, Weddikisson (Wellersen südwestl. von Göttingen) 25. *80.

Welemannesdorph (Wallendorf? nördl. von Weimar) 145.

Wellengersheim (Welgersheim, hess. Rheinprovinz) 105.

Weltersbach, Wilversbach, Wiversbach (Weibersbach ausgegangener Ort im kurf. hess. Justizamt Bischhausen östlich von Waldkappel) 25. *80.

Wercstide, Urecstede (Wehrstedt bei Woldenberg, zwischen Wolfenbüttel und Gandersheim) 25. *80.

Were (ausgegangener Ort an der untern Werra) 25. *80.

Werengozesleiben (an das Kloster Ichtershausen) 124.

Werra fluv. (die Werra) 25.

Werthereshausen, Werdereshusen (Werxhausen im obern Eichsfelde) *83. *111.129.

Westerot, Westirrod (Westeroda bei Duderstadt im untern Eichsfelde) *112. 129.

Westheim (an das Klost. Lippoldsberg) 36.

Westhusen (Westhausen bei Heiligenstadt im obern Eichsfelde) 36.

Westrenenchelde (Westerengel südlich von Sonderhausen) 15.

Wicheringshusen (Klost. Wiebrechtshausen bei Northeim) 25 Anm.

Wichardeswinethe, Wichardeswineten (ausgegangener Ort im Leinegau?) 25. *80.

Wichardistorp (an das Klost. Hardehausen) 121.

Wickerstete, Wickersteth, Wickersten (Wickerstedt nordöstl. von Apolda) 75. 116. 142.

Widehi (in Germaramark an der untern Werra) 25.

Widekinstein cast. (Burg Wittgenstein nördl. von Nassau-Dillenburg, jetzt preussisch) 117.

Widermude (im obern Eichsfelde? an das Stift Jechaburg) 14.

Widilbrunnen (an die Kirche zu Kerspeleben, nordöstl. von Erfurt) 134.